普通高等教育经管类专业系列教材

项目管理
（第三版）（微课版）

秦效宏 李 蕾 主 编
递 春 田 桢 副主编

清华大学出版社
北 京

内 容 简 介

"一切都是项目,一切都将成为项目"已成为管理界的普遍共识,项目管理已经广泛应用在各行各业,并取得了显著的管理成效。本书遵从项目管理知识体系(PMBOK),主要内容包括项目管理概述、项目经理与项目组织、项目整合管理、项目范围管理、项目进度管理、项目成本管理、项目质量管理、项目资源管理、项目沟通管理、项目采购管理、项目风险管理和项目相关方管理。本书既注重项目管理通用知识的系统介绍,又注重项目管理知识的实践应用,可满足不同类型读者的需求。

本书可作为应用型本科高校经济管理类专业本科生和研究生教材,也可作为项目管理人员的培训教材和从事项目管理相关工作人员的参考用书。

本书配套的电子课件、教案和习题参考答案可以到 http://www.tupwk.com.cn/downpage 网站下载,也可以扫描前言中的二维码下载。扫描前言中的视频二维码可以直接观看教学视频。

本书封面贴有清华大学出版社防伪标签,无标签者不得销售。
版权所有,侵权必究。举报:010-62782989,beiqinquan@tup.tsinghua.edu.cn。

图书在版编目(CIP)数据

项目管理:微课版/秦效宏主编. -- 3 版. --
北京:清华大学出版社, 2025.3. -- (普通高等教育经管类专业系列教材). -- ISBN 978-7-302-68541-8
Ⅰ. F224.5
中国国家版本馆 CIP 数据核字第 20256LD407 号

责任编辑:胡辰浩
封面设计:周晓亮
版式设计:恒复文化
责任校对:马遥遥
责任印制:沈　露

出版发行:清华大学出版社
网　　址:https://www.tup.com.cn,https://www.wqxuetang.com
地　　址:北京清华大学学研大厦 A 座　　　邮　编:100084
社 总 机:010-83470000　　　邮　购:010-62786544
投稿与读者服务:010-62776969,c-service@tup.tsinghua.edu.cn
质 量 反 馈:010-62772015,zhiliang@tup.tsinghua.edu.cn
印 装 者:三河市铭诚印务有限公司
经　　销:全国新华书店
开　　本:185mm×260mm　　印　张:16.5　　字　数:382 千字
版　　次:2019 年 1 月第 1 版　　2025 年 5 月第 3 版　　印　次:2025 年 5 月第 1 次印刷
定　　价:79.00 元

产品编号:108349-01

前言

在社会和经济快速变革的信息时代，企业事务的一次性、独特性逐步取代了传统企业经营的重复性过程，项目已经成为企业的一种生存方式。以动态资源、柔性组织和生命周期为核心价值的项目管理顺应了信息时代管理变革的需要。

在当今社会中，一切都是项目，一切都将成为项目。项目作为一次性和独特性的社会活动普遍存在于人类社会之中，甚至可以说，人类各种物质成果的取得都是通过项目的方式实现的，因此，人类社会的各种活动都可以按项目来运作。如今项目管理已深入各行各业，并广泛应用于建筑、国防、制药、航天航空、通信、物流、金融等诸多行业和领域，项目管理已发展成为管理学的重要分支学科，项目管理能力已经成为企业的一种核心竞争力。

项目管理是一门融合管理学、经济学、工程技术等知识于一体，实践性很强的学科。本书遵从项目管理知识体系(PMBOK)，同时吸收了项目管理的最新实践成果，可满足不同层次读者的需求。

本书共12章，由西京学院的秦效宏教授和李蕾副教授担任主编。其中，第1~5章由秦效宏编写，第6~10章由李蕾、递春编写，第11~12章由田桢、王水娥编写；此外，王海元、王丽、梁林蒙、史高峰、郭文霞、王颖参与编写了部分案例，全书由秦效宏教授负责统稿。

本书在编写过程中借鉴和吸收了国内外关于项目管理的最新研究和实践成果，因篇幅有限，未能一一列出，在此谨向这些文献的作者致以诚挚的敬意并表示衷心的感谢。

由于编者水平和经验有限，书中难免存在疏漏和错误之处，恳请读者和同行批评指正，以便再版时改进。我们的邮箱是992116@qq.com，电话是010-62796045。

本书配套的电子课件、教案和习题参考答案可以到http://www.tupwk.com.cn/downpage网站下载，也可以扫描下方的"配套资源"二维码获取。扫描下方的"看视频"二维码可以直接观看教学视频。

配套资源

看视频

编 者
2024年10月

目 录

第1章 项目管理概述 ... 1

1.1 项目概述 ... 2
   1.1.1 项目的定义 ... 2
   1.1.2 项目的特征 ... 3
   1.1.3 与项目有关的概念 ... 4
   1.1.4 项目的分类 ... 5

1.2 项目管理相关概念 ... 6
   1.2.1 项目管理的概念 ... 6
   1.2.2 项目管理的要素 ... 6
   1.2.3 项目生命周期 ... 8
   1.2.4 项目管理过程 ... 9
   1.2.5 项目管理过程组 ... 9
   1.2.6 项目管理知识领域 ... 10
   1.2.7 项目管理的特点 ... 12
   1.2.8 项目管理的原则 ... 13
   1.2.9 项目运行环境 ... 13

1.3 项目管理的产生与发展 ... 14
   1.3.1 项目管理的传统阶段 ... 14
   1.3.2 项目管理的现代阶段 ... 15
   1.3.3 项目管理在中国的发展 ... 16
   1.3.4 项目管理的发展趋势和特点 ... 17

本章小结 ... 18
复习与思考 ... 18

第2章 项目经理与项目组织 ... 20

2.1 项目经理 ... 21
   2.1.1 项目经理的定义 ... 21
   2.1.2 项目经理的作用与地位 ... 21
   2.1.3 项目经理的主要职责 ... 23
   2.1.4 项目经理的工作原则 ... 24

2.2 项目经理需要具备的能力 ... 25
   2.2.1 领导能力 ... 25
   2.2.2 人才开发能力 ... 27
   2.2.3 沟通能力 ... 28
   2.2.4 人际交往能力 ... 28
   2.2.5 处理压力的能力 ... 29
   2.2.6 解决问题的能力 ... 29
   2.2.7 管理时间的能力 ... 30

2.3 项目经理需要具备的素质 ... 30
   2.3.1 良好的道德素质 ... 30
   2.3.2 健康的身体和心理素质 ... 31
   2.3.3 全面的理论知识素质 ... 31
   2.3.4 质量管理素质 ... 31
   2.3.5 创新素质 ... 32

2.4 项目团队发展阶段 ... 32
   2.4.1 项目团队的组建阶段及其特征 ... 33
   2.4.2 项目团队的震荡阶段及其特征 ... 33
   2.4.3 项目团队的规范阶段及其特征 ... 34
   2.4.4 项目团队的执行阶段及其特征 ... 34

2.5 项目组织结构 ... 35
   2.5.1 职能式组织结构 ... 35
   2.5.2 项目式组织结构 ... 37
   2.5.3 矩阵式组织结构 ... 38
   2.5.4 项目组织结构选择 ... 40

本章小结 ... 41
复习与思考 ... 42

第3章 项目整合管理 ... 44

3.1 项目整合管理概述 ... 46
   3.1.1 项目整合管理的概念 ... 46
   3.1.2 项目整合管理的主要内容 ... 47
   3.1.3 项目整合管理过程 ... 48

3.1.4 项目整合管理过程的发展趋势和
　　　　 新兴实践……………………………49
3.2 制定项目章程……………………………49
　　3.2.1 制定项目章程过程概述……………49
　　3.2.2 制定项目章程过程的输入…………50
　　3.2.3 制定项目章程过程的工具与技术…51
　　3.2.4 制定项目章程过程的主要输出……52
3.3 制订项目管理计划………………………53
　　3.3.1 制订项目管理计划过程概述………53
　　3.3.2 制订项目管理计划过程的输入……54
　　3.3.3 制订项目管理计划过程的工具与
　　　　 技术……………………………………54
　　3.3.4 制订项目管理计划过程的主要
　　　　 输出……………………………………55
3.4 指导与管理项目工作……………………55
　　3.4.1 指导与管理项目工作过程概述……55
　　3.4.2 指导与管理项目工作过程的输入…56
　　3.4.3 指导与管理项目工作过程的
　　　　 工具与技术……………………………56
　　3.4.4 指导与管理项目工作过程的输出…57
3.5 监控项目工作……………………………58
　　3.5.1 监控项目工作过程概述……………58
　　3.5.2 监控项目工作过程的输入…………59
　　3.5.3 监控项目工作过程的工具与技术…59
　　3.5.4 监控项目工作过程的输出…………60
3.6 实施整体变更控制………………………61
　　3.6.1 实施整体变更控制过程概述………61
　　3.6.2 实施整体变更控制过程的输入……62
　　3.6.3 实施整体变更控制过程的
　　　　 工具与技术……………………………62
　　3.6.4 实施整体变更控制过程的输出……63
3.7 结束项目或阶段…………………………63
　　3.7.1 结束项目或阶段过程概述…………63
　　3.7.2 结束项目或阶段过程的输入………64
　　3.7.3 结束项目或阶段过程的工具与
　　　　 技术……………………………………65
　　3.7.4 结束项目或阶段过程的输出………65
本章小结………………………………………66
复习与思考……………………………………66

第4章 项目范围管理……………………68

4.1 项目范围管理概述………………………69
　　4.1.1 项目范围管理的概念………………69
　　4.1.2 项目范围管理过程…………………70
　　4.1.3 项目范围管理的发展趋势和
　　　　 新兴实践………………………………70
4.2 规划范围管理……………………………71
　　4.2.1 规划范围管理过程概述……………71
　　4.2.2 规划范围管理过程的输入…………71
　　4.2.3 规划范围管理过程的工具与技术…72
　　4.2.4 规划范围管理过程的输出…………72
4.3 收集需求…………………………………73
　　4.3.1 收集需求过程概述…………………73
　　4.3.2 收集需求过程的输入………………73
　　4.3.3 收集需求过程的工具与技术………74
　　4.3.4 收集需求过程的输出………………75
4.4 定义范围…………………………………75
　　4.4.1 定义范围过程概述…………………75
　　4.4.2 定义范围过程的输入………………76
　　4.4.3 定义范围过程的工具与技术………76
　　4.4.4 定义范围过程的输出………………77
4.5 创建工作分解结构(WBS)………………78
　　4.5.1 工作分解结构概述…………………78
　　4.5.2 工作分解结构的步骤………………78
　　4.5.3 创建工作分解结构的过程…………79
　　4.5.4 创建工作分解结构的输入…………79
　　4.5.5 创建工作分解结构的工具与技术…80
　　4.5.6 创建工作分解结构的输出…………83
4.6 确认范围…………………………………83
　　4.6.1 确认范围过程概述…………………83
　　4.6.2 确认范围过程的输入………………84
　　4.6.3 确认范围过程的工具与技术………84
　　4.6.4 确认范围过程的输出………………85
4.7 控制范围…………………………………85
　　4.7.1 控制范围过程概述…………………85
　　4.7.2 控制范围过程的输入………………86
　　4.7.3 控制范围过程的工具与技术………86
　　4.7.4 控制范围过程的输出………………86
本章小结………………………………………87
复习与思考……………………………………87

第5章 项目进度管理 …………… 90

5.1 项目进度管理概述 …………… 91
- 5.1.1 项目进度管理的定义 …………… 91
- 5.1.2 项目进度管理过程 …………… 91
- 5.1.3 项目进度管理的发展趋势与新兴实践 …………… 92

5.2 规划进度管理 …………… 93
- 5.2.1 规划进度管理过程概述 …………… 93
- 5.2.2 规划进度管理过程的输入 …………… 93
- 5.2.3 规划进度管理过程的工具与技术 …………… 94
- 5.2.4 规划进度管理过程的输出 …………… 94

5.3 定义活动 …………… 94
- 5.3.1 定义活动过程概述 …………… 94
- 5.3.2 定义活动过程的输入 …………… 95
- 5.3.3 定义活动过程的工具与技术 …………… 95
- 5.3.4 定义活动过程的输出 …………… 96

5.4 排列活动顺序 …………… 97
- 5.4.1 排列活动顺序过程概述 …………… 97
- 5.4.2 排列活动顺序过程的输入 …………… 98
- 5.4.3 排列活动顺序过程的工具与技术 …………… 98
- 5.4.4 排列活动顺序过程的输出 …………… 102

5.5 估算活动持续时间 …………… 103
- 5.5.1 估算活动持续时间过程概述 …………… 103
- 5.5.2 估算活动持续时间过程的输入 …………… 103
- 5.5.3 估算活动持续时间过程的工具与技术 …………… 104
- 5.5.4 估算活动持续时间过程的输出 …………… 106

5.6 制订进度计划 …………… 106
- 5.6.1 制订进度计划过程概述 …………… 106
- 5.6.2 制订进度计划过程的输入 …………… 107
- 5.6.3 制订进度计划过程的工具与技术 …………… 108
- 5.6.4 制订进度计划过程的输出 …………… 111

5.7 控制进度 …………… 112
- 5.7.1 控制进度过程概述 …………… 112
- 5.7.2 控制进度过程的输入 …………… 113
- 5.7.3 控制进度过程的工具与技术 …………… 113
- 5.7.4 控制进度过程的输出 …………… 114

本章小结 …………… 115
复习与思考 …………… 115

第6章 项目成本管理 …………… 118

6.1 项目成本管理概述 …………… 119
- 6.1.1 项目成本管理的概念 …………… 119
- 6.1.2 项目成本管理的过程 …………… 119

6.2 规划成本管理 …………… 120
- 6.2.1 规划成本管理过程概述 …………… 120
- 6.2.2 规划成本管理过程的输入 …………… 120
- 6.2.3 规划成本管理过程的工具与技术 …………… 121
- 6.2.4 规划成本管理过程的输出 …………… 121

6.3 项目资源规划 …………… 122
- 6.3.1 项目资源规划过程概述 …………… 122
- 6.3.2 项目资源规划过程的输入 …………… 122
- 6.3.3 项目资源规划过程的工具与技术 …………… 123
- 6.3.4 项目资源规划过程的输出 …………… 124

6.4 项目成本估算 …………… 124
- 6.4.1 项目成本估算过程概述 …………… 124
- 6.4.2 项目成本估算过程的输入 …………… 125
- 6.4.3 项目成本估算过程的工具与技术 …………… 126
- 6.4.4 项目成本估算过程的输出 …………… 127

6.5 项目成本预算 …………… 128
- 6.5.1 项目成本预算过程概述 …………… 128
- 6.5.2 项目成本预算过程的输入 …………… 128
- 6.5.3 项目成本预算过程的工具与技术 …………… 129
- 6.5.4 项目成本预算过程的输出 …………… 129

6.6 项目成本控制 …………… 130
- 6.6.1 项目成本控制过程概述 …………… 130
- 6.6.2 项目成本控制过程的输入 …………… 130
- 6.6.3 项目成本控制过程的工具与技术 …………… 131
- 6.6.4 项目成本控制过程的输出 …………… 131

6.7 挣值分析法 …………… 132
- 6.7.1 挣值分析法的三个参数 …………… 132
- 6.7.2 挣值分析法的四个计算参数 …………… 132
- 6.7.3 使用挣值分析法预测项目成本 …………… 133

本章小结 …………… 134
复习与思考 …………… 134

第7章 项目质量管理 …………… 136

7.1 项目质量管理概述 …………… 137
- 7.1.1 项目质量管理的定义 …………… 137
- 7.1.2 项目质量管理理论 …………… 138

  7.1.3 项目质量的影响因素 ·················· 140
  7.1.4 项目质量管理过程 ······················ 141
  7.1.5 项目质量管理的趋势和新兴实践 ··· 141
 7.2 规划质量管理 ······························· 142
  7.2.1 规划质量管理过程概述 ··············· 142
  7.2.2 规划质量管理过程的输入 ············ 142
  7.2.3 规划质量管理过程的工具与技术 ··· 143
  7.2.4 规划质量管理过程的输出 ············ 145
 7.3 管理质量 ······································· 146
  7.3.1 管理质量过程概述 ······················ 146
  7.3.2 管理质量过程的输入 ··················· 147
  7.3.3 管理质量过程的工具与技术 ········· 148
  7.3.4 管理质量过程的输出 ··················· 149
 7.4 控制质量 ······································· 149
  7.4.1 控制质量过程概述 ······················ 149
  7.4.2 控制质量过程的输入 ··················· 150
  7.4.3 控制质量过程的工具与技术 ········· 151
  7.4.4 控制质量过程的输出 ··················· 151
 本章小结 ·· 152
 复习与思考 ·· 152

第8章 项目资源管理 ··············· 155

 8.1 项目资源管理概述 ························ 156
  8.1.1 项目资源管理过程 ······················ 156
  8.1.2 项目资源管理的趋势与新兴实践 ··· 157
 8.2 规划资源管理 ······························· 158
  8.2.1 规划资源管理过程概述 ··············· 158
  8.2.2 规划资源管理过程的输入 ············ 159
  8.2.3 规划资源管理过程的工具与技术 ··· 160
  8.2.4 规划资源管理过程的输出 ············ 160
 8.3 估算活动资源 ······························· 160
  8.3.1 估算活动资源过程概述 ··············· 160
  8.3.2 估算活动资源过程的输入 ············ 161
  8.3.3 估算活动资源过程的工具与技术 ··· 161
  8.3.4 估算活动资源过程的输出 ············ 162
 8.4 获取资源 ······································· 162
  8.4.1 获取资源过程概述 ······················ 162
  8.4.2 获取资源过程的输入 ··················· 163
  8.4.3 获取资源过程的工具与技术 ········· 163
  8.4.4 获取资源过程的输出 ··················· 164

 8.5 建设团队 ······································· 165
  8.5.1 建设团队过程概述 ······················ 165
  8.5.2 建设团队过程的输入 ··················· 166
  8.5.3 建设团队过程的工具与技术 ········· 166
  8.5.4 建设团队过程的输出 ··················· 167
 8.6 管理团队 ······································· 167
  8.6.1 管理团队过程概述 ······················ 167
  8.6.2 管理团队过程的输入 ··················· 168
  8.6.3 管理团队过程的工具与技术 ········· 168
  8.6.4 管理团队过程的输出 ··················· 169
 8.7 控制资源 ······································· 169
  8.7.1 控制资源过程概述 ······················ 169
  8.7.2 控制资源过程的输入 ··················· 170
  8.7.3 控制资源过程的工具与技术 ········· 170
  8.7.4 控制资源过程的输出 ··················· 171
 本章小结 ·· 171
 复习与思考 ·· 172

第9章 项目沟通管理 ··············· 174

 9.1 项目沟通管理概述 ························ 175
  9.1.1 项目沟通管理的概念 ··················· 175
  9.1.2 项目沟通管理过程 ······················ 175
  9.1.3 项目沟通管理的发展趋势和
     新兴实践 ··································· 176
 9.2 规划沟通管理 ······························· 176
  9.2.1 规划沟通管理过程概述 ··············· 176
  9.2.2 规划沟通管理过程的输入 ············ 177
  9.2.3 规划沟通管理过程的工具与技术 ··· 177
  9.2.4 规划沟通管理过程的输出 ············ 178
 9.3 管理沟通 ······································· 178
  9.3.1 管理沟通过程概述 ······················ 178
  9.3.2 管理沟通过程的输入 ··················· 179
  9.3.3 管理沟通过程的工具与技术 ········· 179
  9.3.4 管理沟通过程的输出 ··················· 180
 9.4 监督沟通 ······································· 180
  9.4.1 监督沟通过程概述 ······················ 180
  9.4.2 监督沟通过程的输入 ··················· 181
  9.4.3 监督沟通过程的工具与技术 ········· 181
  9.4.4 监督沟通过程的输出 ··················· 182
 本章小结 ·· 182

复习与思考 …………………………………… 183

第10章 项目采购管理 …………… 185

10.1 项目采购管理概述 …………………… 186
  10.1.1 项目采购管理过程 …………… 186
  10.1.2 项目采购管理的关键角色 …… 187
  10.1.3 采购管理的发展趋势和新兴
     实践 …………………………… 187
  10.1.4 裁剪项目采购过程时需要
     考虑的因素 …………………… 189
10.2 规划采购管理 ………………………… 189
  10.2.1 规划采购管理过程概述 ……… 189
  10.2.2 规划采购管理过程的输入 …… 190
  10.2.3 规划采购管理过程的工具与
     技术 …………………………… 190
  10.2.4 规划采购管理过程的输出 …… 191
10.3 实施采购 ……………………………… 192
  10.3.1 实施采购过程概述 …………… 192
  10.3.2 实施采购过程的输入 ………… 192
  10.3.3 实施采购过程的工具与技术 … 193
  10.3.4 实施采购过程的输出 ………… 194
10.4 控制采购 ……………………………… 195
  10.4.1 控制采购过程概述 …………… 195
  10.4.2 控制采购过程的输入 ………… 195
  10.4.3 控制采购过程的工具与技术 … 196
  10.4.4 控制采购过程的输出 ………… 197
本章小结 ……………………………………… 198
复习与思考 …………………………………… 198

第11章 项目风险管理 …………… 202

11.1 项目风险管理概述 …………………… 203
  11.1.1 项目风险管理的概念 ………… 203
  11.1.2 项目风险管理过程 …………… 204
  11.1.3 项目风险管理的发展趋势和
     新兴实践 ……………………… 205
  11.1.4 裁剪时需要考虑的因素 ……… 206
11.2 规划风险管理 ………………………… 207
  11.2.1 规划风险管理过程概述 ……… 207
  11.2.2 规划风险管理过程的输入 …… 207
  11.2.3 规划风险管理过程的工具与
     技术 …………………………… 208

  11.2.4 规划风险管理过程的输出 …… 208
11.3 识别风险 ……………………………… 208
  11.3.1 识别风险过程概述 …………… 208
  11.3.2 识别风险过程的输入 ………… 209
  11.3.3 识别风险过程的工具与技术 … 210
  11.3.4 识别风险过程的输出 ………… 210
11.4 实施定性风险分析 …………………… 211
  11.4.1 实施定性风险分析过程概述 … 211
  11.4.2 实施定性风险分析过程的输入 … 212
  11.4.3 实施定性风险分析过程的
     工具与技术 …………………… 212
  11.4.4 实施定性风险分析过程的输出 … 213
11.5 实施定量风险分析 …………………… 213
  11.5.1 实施定量风险分析过程概述 … 213
  11.5.2 实施定量风险分析过程的输入 … 214
  11.5.3 实施定量风险分析过程的
     工具与技术 …………………… 215
  11.5.4 实施定量风险分析过程的输出 … 215
11.6 规划风险应对 ………………………… 215
  11.6.1 规划风险应对过程概述 ……… 215
  11.6.2 规划风险应对过程的输入 …… 216
  11.6.3 规划风险应对过程的
     工具与技术 …………………… 217
  11.6.4 规划风险应对过程的输出 …… 219
11.7 实施风险应对 ………………………… 219
  11.7.1 实施风险应对过程概述 ……… 219
  11.7.2 实施风险应对过程的输入 …… 220
  11.7.3 实施风险应对过程的
     工具与技术 …………………… 220
  11.7.4 实施风险应对过程的输出 …… 220
11.8 监督风险 ……………………………… 221
  11.8.1 监督风险过程概述 …………… 221
  11.8.2 监督风险过程的输入 ………… 222
  11.8.3 监督风险过程的工具与技术 … 222
  11.8.4 监督风险过程的输出 ………… 223
本章小结 ……………………………………… 223
复习与思考 …………………………………… 224

第12章 项目相关方管理 ………… 227

12.1 项目相关方管理概述 ………………… 228

12.1.1 项目相关方管理的概念⋯⋯⋯⋯228
　　　12.1.2 项目相关方管理过程⋯⋯⋯⋯⋯228
　　　12.1.3 项目相关方管理的发展趋势和
　　　　　　新兴实践⋯⋯⋯⋯⋯⋯⋯⋯⋯⋯229
　　　12.1.4 裁剪时需要考虑的因素⋯⋯⋯⋯230
　12.2 识别相关方⋯⋯⋯⋯⋯⋯⋯⋯⋯⋯⋯230
　　　12.2.1 识别相关方过程概述⋯⋯⋯⋯⋯230
　　　12.2.2 识别相关方过程的输入⋯⋯⋯⋯231
　　　12.2.3 识别相关方过程的工具与技术⋯232
　　　12.2.4 识别相关方过程的输出⋯⋯⋯⋯232
　12.3 规划相关方参与⋯⋯⋯⋯⋯⋯⋯⋯⋯233
　　　12.3.1 规划相关方参与过程概述⋯⋯⋯233
　　　12.3.2 规划相关方参与过程的输入⋯⋯233
　　　12.3.3 规划相关方参与过程的
　　　　　　工具与技术⋯⋯⋯⋯⋯⋯⋯⋯⋯234
　　　12.3.4 规划相关方参与过程的输出⋯⋯234
　12.4 管理相关方参与⋯⋯⋯⋯⋯⋯⋯⋯⋯235
　　　12.4.1 管理相关方参与过程概述⋯⋯⋯235

　　　12.4.2 管理相关方参与过程的输入⋯⋯235
　　　12.4.3 管理相关方参与过程的
　　　　　　工具与技术⋯⋯⋯⋯⋯⋯⋯⋯⋯236
　　　12.4.4 管理相关方参与过程的输出⋯⋯236
　12.5 监督相关方参与⋯⋯⋯⋯⋯⋯⋯⋯⋯237
　　　12.5.1 监督相关方参与过程概述⋯⋯⋯237
　　　12.5.2 监督相关方参与过程的输入⋯⋯237
　　　12.5.3 监督相关方参与过程的
　　　　　　工具与技术⋯⋯⋯⋯⋯⋯⋯⋯⋯238
　　　12.5.4 监督相关方参与过程的输出⋯⋯238
　本章小结⋯⋯⋯⋯⋯⋯⋯⋯⋯⋯⋯⋯⋯⋯239
　复习与思考⋯⋯⋯⋯⋯⋯⋯⋯⋯⋯⋯⋯⋯239

参考文献 ⋯⋯⋯⋯⋯⋯⋯⋯⋯⋯⋯⋯⋯⋯243

附录 项目管理工具与技术
　　　介绍⋯⋯⋯⋯⋯⋯⋯⋯⋯⋯⋯⋯⋯244

第 1 章

项目管理概述

> 项目管理将站到21世纪管理舞台的中央。
>
> ——汤姆·彼得斯

📖 本章内容

- ○ 项目概述
- ○ 项目管理相关概念
- ○ 项目管理的产生与发展

📖 案例导入

我国伟大的民生工程——南水北调项目

水是生存之本、文明之源。中国地域辽阔，南北水资源分布极不平衡。长期以来，北方地区水资源短缺，这已成为制约经济发展和民生改善的重要因素。特别是华北地区，水资源紧张程度更为严重。自1952年10月30日毛泽东主席提出"南方水多，北方水少，如有可能，借点水来也是可以的"宏伟设想以来，1958年，中共中央首次提出南水北调的概念，经过多年的论证和筹划，南水北调工程于2002年正式启动建设。

南水北调工程分为东、中、西三条线路。东线主要沿京杭大运河北上，从江苏扬州出发，经过山东、河南、河北等地，最终到达北京；中线则从湖北丹江口水库引水，经过河南、河北，同样最终到达北京；西线计划从四川、青海等地引水，经过陕西、甘肃、宁夏等地，供应西北地区水资源。三条线路总长约1432公里，涉及多个省份和城市。

南水北调工程分为三期建设。第一期工程于2002年启动，主要包括东线和中线的建设。东线于2013年通水，中线于2014年通水。第二期工程于2008年启动，主要包括东线和中线的扩建。东线二期于2018年通水，中线二期正在加紧推进。第三期工程计划包括西线的建设，目前尚在论证阶段。

南水北调工程是我国重大战略性基础设施，功在当代，利在千秋。首先，南水北调工程有助于解决北方地区严重缺水问题，保障人民生活用水和工农业生产用水。其次，工程的实施有助于调整南北水资源分布，减轻南方地区水资源过剩带来的压力，降低洪涝灾害的风险。再次，南水北调工程为沿线城市的经济发展提供了有力支撑，促进了区域协调发展和城市化进程。最后，南水北调工程的建设也为我国水利工程技术的发展积累了宝贵经验，提高了我国水利建设的整体水平。

南水北调工程作为世界最大的人工水利工程，展示了中国水利建设的雄伟壮丽和技术实力。这一工程的实施，不仅缓解了华北地区严重的水资源短缺问题，还促进了区域协调发展，提高了人民生活水平。同时，南水北调工程的建设也为全球水资源管理提供了有益借鉴，为人类和谐共享水资源做出了重要贡献。

1.1 项目概述

在人们的日常生活和工作中，项目随处可见。小到举行一个生日聚会、一次迎新晚会、一场婚礼，大到举办一届国际奥林匹克运动会、建造一座楼房、修建一条地铁、开发一款商业软件应用程序，这些都属于项目。

项目无论大与小、简单与复杂，都具有一些共性。例如，所有的项目都有明确的起止时间，都有既定目标，都会受到人力和财力的限制等。人们生活或工作中的需要，则为项目要达成的目标，而人们为此努力则是为了实现项目的目标。

正如美国项目管理专业资质认证委员会主席保罗·格雷斯所言："在当今社会中，一切都是项目，一切也将成为项目。"

1.1.1 项目的定义

项目是为创造独特的产品、服务或成果而进行的临时性工作。

更具体来讲，项目是为达成特定的目标，使用一定的资源，在确定的时间内，为特定发起人提供某项独特的产品、服务或成果所进行的临时性的一次性努力。这里的资源指完成项目所需的人、财、物，时间指项目有明确的开始和结束时间，发起人指提供资金、确定需求并拥有项目成果的组织或个人。

项目可以在组织的任何层面上开展。一个项目可能只涉及一个人，也可能涉及一组人；可能只涉及一个组织单元，也可能涉及多个组织的多个单元。

项目的例子包括(但不限于)：为市场开发一款新产品；合并两家组织；改进组织内的业务流程；为组织采购和安装新的计算机硬件系统；一个地区的石油勘探；建造一座大楼；开发一款软件。

1. 独特的产品、服务或成果

开展项目是为了通过可交付成果达成目标。目标指的是工作所指向的结果、要达到的战略地位、要达到的目的、要取得的成果、要生产的产品，或者准备提供的服务。可交付成果指的是在某一过程、阶段或项目完成时，必须产出的任何独特并可核实的产品、成果或服务能力。可交付成果可以是有形的，也可以是无形的。

项目目标可能是以下一个或多个可交付成果。

(1) 一个独特的产品，可能是其他产品的组成部分、某个产品的升级版或修订版，也可能其本身就是新的最终产品(如一个最终产品缺陷的修正)。

(2) 一种独特的服务或提供某种服务的能力(如支持生产或配送的业务职能)。

(3) 一项独特的成果，如某个结果或文件(如某研究项目所创造的知识，可据此判断某种趋势是否存在，或判断某个新过程是否有益于社会)。

(4) 一个或多个产品、服务或成果的独特组合(如一个软件应用程序及其相关文件)。

某些项目可交付成果或活动中可能存在重复的元素，但这种重复并不会改变项目工作本质上的独特性。例如，即便采用相同或相似的材料，由相同或不同的团队来建设，但每个建筑项目仍具备独特性(如位置、设计、环境、参与项目的人员)。

2. 临时性工作

项目的"临时性"是指项目有明确的起止时间。"临时性"并不一定意味着项目的持续时间短，在以下一种或多种情况下，项目即宣告结束：

(1) 达成项目目标；

(2) 不会或不能达到目标；

(3) 资金耗尽或再无可能分配给项目资金；

(4) 项目需求不复存在(例如，客户不再要求完成项目，战略或优先级的变更致使项目终止，组织管理层下达终止项目的指示)；

(5) 无法获得所需人力或物力资源；

(6) 出于法律或便利原因而终止项目。

虽然项目是临时性工作，但其可交付成果可能会在项目终止后依然存在。项目可能产生与社会、经济、物质或环境相关的可交付成果。例如，国家纪念碑建设项目就是要创造一个流传百世的可交付成果。

1.1.2 项目的特征

虽然不同专业领域中的项目在内容上千差万别，形式上各式各样，但所有项目都具有一些共同点。项目的共同特征概括起来有以下几点。

(1) 项目的一次性。项目的一次性是指每个项目都有自己的起点与终点，并且每个项目必须有始有终。项目的一次性与项目持续时间的长短无关，无论项目持续的时间有多长，它都有自己的始终，没完没了或者重复进行的工作都不能称为项目。

(2) 项目的独特性。项目的独特性是指项目所生成的产品或服务有一定的独特之处，项目没有先例，将来也不会有完全相同的重复，任何项目都是独一无二的，任何项目都有不同于其他项目的自身特点，没有两个完全相同的项目。

(3) 项目的目的性。任何项目都是为实现特定的组织目标服务的，任何项目都必须根据组织目标确定明确的项目目标。项目实施过程中的各项工作都是为实现项目目标而进行的。

(4) 项目的制约性。项目的制约性是指每个项目在一定程度上都受到项目所处客观环境和各种资源的制约。项目需要运用各种资源来执行，这些资源包括人力资源、财力资源、物力资源、时间资源、技术资源、信息资源等。这是因为任何一个项目都在这些方面受到制约或限制，这些限制条件和项目所处环境的一些制约因素共同构成了项目的制约性。

(5) 项目的不确定性。客观条件和环境的发展与变化，以及人们认识的有限性，使得项目后果出现非预期的损失或收益的可能性。项目的各种资源条件和环境因素会发生变化，当对项目有利的情况发生时，项目就有可能获得非预期的收益；而当对项目不利的情况发生时，项目就有可能会遭受非预期的损失。

(6) 项目的过程性。项目的过程性是指项目是由一系列项目阶段、项目工作包和项目活动所构成的完整过程。在项目过程中，人们可以通过不断地计划、组织、实施和控制而最终生成项目的产出物并实现项目目标。由于项目具有过程性的特点，因此在进行项目管理时，将项目划分为若干阶段甚至更小的活动开展管理活动是非常必要的方法。

1.1.3 与项目有关的概念

某些类型的工作与项目相似并有密切联系，它们之间的区别往往不容易界定，现分别做如下说明。

(1) 计划。计划是一组互相协调管理的项目。有些计划还包括一系列不断展开的周期性运作过程。例如，中国20世纪末的高科技研发计划(863计划)，包含许多涉及当时科学前沿的科研项目；企业或机构的年度经营计划，涉及组织内许多项目和有规律的逐年不断的运作。

(2) 子项目。项目通常划分为多个容易管理的部分，即子项目。这些子项目常分派给组织内部的单位或发包给组织外部的承包人。子项目和其他项目一样要有可交付的成果，区别在于子项目的成果通常是局部性、阶段性的，不像项目成果能够独立地、完整地发挥效用和效益。例如，施工项目中的地基处理、上部结构、内部装修等都是它的子项目；软件开发项目中的系统分析、系统设计、系统实施等都是它的子项目；市场开发项目中的市场调研、市场分析、客户服务等都是它的子项目。

一般来讲，子项目是项目的子集，项目是计划的子集。不过，有的时候计划也可以是某个大项目的子集，如某环境治理项目也可以包括一个为进行公众环境意识宣传教育而设立的环保杂志出版计划。计划、项目和子项目的关系如图1-1所示。

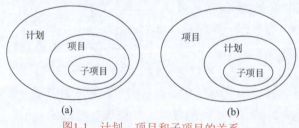

图1-1　计划、项目和子项目的关系

(3) 工程。在汉语中常以"工程"一词来称呼计划、项目或子项目。例如,希望工程(民间捐助的义务教育)、长江三峡工程、南水北调工程、"211"工程等。在某些应用领域中,工程管理、计划管理和项目管理被视为同义词;在一些场合,一个则是另一个的子集,这些含义上的多重性,要求在特定场合使用时对每个名词的定义做出明晰的约定。

(4) 运营。运营是对与产品生产和服务创造等密切相关的各项工作的总称。组织通过开展工作来实现各种目标,所开展的工作都可以分为项目和运营两大类。从企业管理的角度看,项目是企业某个阶段的单项工作任务,而运营是企业无数个项目的链接和延续。

项目和运营这两类工作具有的共同特征:由人来做;受制约因素的限制;需要规划、执行和监控;为了实现组织的目标或战略计划。

项目与运营的主要区别在于:运营是持续性的,生产重复的产品、服务或成果;项目是临时性的,有明确的起点与终点。运营是持续性的,维持组织的长久运转。运营不会因为当前目标的实现而终止,而会根据新的指令继续支持组织的战略计划。表1-1列出了项目与运营的一些区别。

表1-1 项目与运营的不同点

类别	项目	运营
工作性质	一次性的努力	存在大量、常规的重复活动,持续不断地进行
运作目标	强调项目目标的实现	强调效率和有效性
运作环境	环境相对开放和不确定	环境相对封闭和确定
组织体系	组织体系是相对变化和相对暂时的,按项目团队来划分	组织体系一般是相对不变和相对持久的,基本按部门来划分
管理模式	按照项目的过程和活动进行管理	一般按照部门的职能性和直线指挥系统进行管理

1.1.4 项目的分类

项目的分类主要有如下几种。

(1) 业务项目和自我开发项目。业务项目是由专业的项目公司为特定的客户或普通客户所完成的项目;自我开发项目是企业内部的项目团队为实现企业目标而组织和实施的各种项目。

(2) 企业项目、政府项目和非营利机构的项目。企业项目是由企业提供投资或资源,并作为项目客户的项目;政府项目是由国家或地方政府提供投资或资源,并作为客户的项目;非营利机构的项目是指由学校、社团、社区等组织提供投资或资源,为满足这些组织的需要而开展的各种项目。

(3) 营利性项目和非营利性项目。营利性项目是以获取利润为目标而开展的项目;非营利性项目是以增加社会福利或公益为目标所开展的项目。

(4) 大型项目、项目和子项目。按照项目的规模和统属关系不同,项目分为大型项目、项目和子项目三类。一个大型项目可以包括很多项目,一个项目又可以包括若干子项目,子项目是项目的最小实施部分。

1.2 项目管理相关概念

1.2.1 项目管理的概念

项目管理是伴随着技术进步和项目的复杂化、大型化而逐渐形成的一门管理学科。项目管理的理念在人们生产实践中起到越来越重要的作用,应用项目管理理论在实践中取得成功使得人们越来越重视项目管理理论,它对提高项目管理效率起到了重要的作用。

现代项目管理认为,项目管理就是运用各种知识、技能、工具与技术,为满足或超越项目有关各方对项目的要求与期望所开展的各种计划、组织、领导和控制等方面的活动。根据这一定义,项目管理的内涵包括以下几个方面。

(1) 项目管理的根本目的是满足或超越项目有关各方对项目的要求与期望。

(2) 项目管理的根本手段是运用各种知识、技能、工具与技术开展管理活动。

(3) 项目管理的内容包括计划、组织、领导和控制等方面的活动,即时间、质量、成本、范围、风险等各个专项管理。

(4) 项目管理聚焦于目标,以计划为基准,以控制为手段,以沟通为保证,最大限度地利用内部资源,以达成项目目标。

有效的项目管理能够帮助个人、群体,以及公共和私人组织:①达成业务目标;②满足相关方的期望;③提高成功的概率;④在适当的时间交付正确的产品;⑤解决问题和争议;⑥及时应对风险;⑦优化组织资源的使用;⑧识别、挽救或终止失败项目;⑨管理制约因素(如范围、质量、进度、成本、资源);⑩平衡制约因素对项目的影响(如范围扩大可能会增加成本或延长项目周期);⑪以更好的方式管理变更。

项目管理不善或缺乏项目管理可能会导致:①超过时限;②成本超支;③质量低劣;④返工;⑤项目范围扩大导致项目失控;⑥组织声誉受损;⑦相关方不满意;⑧正在实施的项目无法达成目标。

项目是组织创造价值和效益的主要方式。在当今商业环境下,组织领导者需要应对预算紧缩、时间缩短、资源稀缺及技术快速变化的情况。商业环境动荡不定,变化越来越快。为了在全球经济中保持竞争力,企业日益广泛利用项目管理,来持续创造商业价值。

有效和高效的项目管理应被视为组织的战略能力。它使组织能够:①将项目成果与业务目标联系起来;②更有效地展开市场竞争;③实现可持续发展;④适当调整项目管理计划,以应对商业环境改变给项目带来的影响。

1.2.2 项目管理的要素

所谓项目管理的要素,是指项目管理过程中项目经理可以支配的管理要素,它可以是有形的,也可以是无形的。这里就资源、目标、干系人、需求、组织、环境要素分别予以说明。

(1) 资源。资源这一概念的内容十分丰富,可以理解为一切具有现实和潜在价值的东西,包括自然资源和人造资源、内部资源和外部资源、有形资源和无形资源。例如,人力和人才、原料和材料、资金和市场、信息和科技等都是资源。此外,专利、商标、信誉及某种社会联系等,也是十分有用的资源。特别是在知识经济时代,知识作为无形资源的价值更加突出。

由于项目具有一次性的特点,因此项目资源不同于其他组织机构的资源,它多是临时拥有和使用的。项目实施过程中资源需求变化非常大,有些资源用毕后要及时偿还或遣散,任何资源的积压、滞留或短缺都会给项目带来损失,因此资源合理、高效的使用对项目管理尤为重要。

(2) 目标。项目要求达到的目标,包括项目实施范围、质量要求、利润或成本目标、时间目标,以及必须满足的法规要求等,这里的质量要求指的是狭义的质量,如项目及项目成果的技术指标和性能指标等。在一定范围内,质量、成本、进度三者是互相制约的,其关系如图1-2所示。当进度要求不变时,品质要求越高,则成本越高;当成本不变时,品质要求越高,则进度越慢;当品质标准不变时,进度过快或过慢都会导致成本的增加。通过管理实现快、好、省的有机统一和均衡。

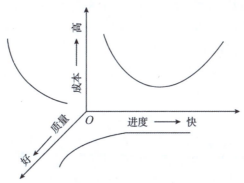

图1-2 质量、成本、进度三者的相互关系

(3) 干系人。项目干系人是积极参与项目或其利益受项目实施或完成的积极或消极影响的个人或组织。简而言之,影响项目的人或者受项目影响的人,都是项目干系人。

(4) 需求。项目要求达到的目标是根据需求和可能来确定的。一个项目的各种不同干系人有各种不同的需求,有的需求相差甚远,甚至互相抵触。这就要求项目管理者对这些不同的需求加以协调,统筹兼顾,以取得某种平衡,最大限度地调动项目干系人的积极性,减少他们对项目的阻力和消极影响。

项目干系人的需求往往是笼统而含糊的,他们有时缺乏专业知识,难以将其需求确切、清晰地表达出来,因此需要项目管理人员与干系人充分合作,采取一定的步骤和方法将干系人的需求确定下来,明确项目要求达到的目标。项目干系人在提出需求时,未必充分地考虑了实现的可能性,因此项目管理者还应协助客户进行可行性研究,评估项目的得失,调整项目的需求,优化项目的目标。项目管理者有时可引导客户和其他干系人追求更高层次的目标,有时要帮助他们放弃不切实际的需求,有时甚至要否定一个项目,避免不必要的损失。项目干系人的需求在项目进展过程中往往还会发生变化,项目需求的变化将引起项目目标、范围和计划等一系列相应的改变。因此,根据需求和可能性进行管理自始至终都是项目管理中极为重要的内容。

(5) 组织。项目组织是在项目管理中将各种人力资源进行合理地组织，对他们进行领导、协调、激励、配备等。只有做好项目的组织管理工作，构建合理的组织结构，才有可能最大限度地发挥项目团队的作用，以实现项目的目标。

(6) 环境。任何项目都处于一定的环境中，项目环境包括外部自然环境、社会环境及组织内部环境等。

1.2.3 项目生命周期

项目是在一定的时间、资源、环境等约束条件下，为了达到特定的目标所做的一次性任务或努力。项目的最大特点是有始有终，即具有明确的开始和结束日期。为了管理上的便利，人们习惯于把项目从开始到结束划分为若干阶段，这些不同的阶段便构成了项目的生命周期。

项目生命周期是指项目从启动到完成或从开始到结束所经历的一系列阶段。它为项目管理提供了一个基本框架。不论项目涉及的具体工作是什么，这个基本框架都适用。

项目生命周期的阶段划分并不是唯一的，有的划分很笼统，有的划分很详细。最为典型的阶段划分就是启动阶段、计划阶段、执行阶段、控制阶段和收尾阶段的五阶段划分法，但是也有些项目的生命周期可以分为六个、十个甚至更多阶段。

不同的项目，阶段的划分也不尽相同。如工程建设项目的生命周期可划分为：项目评估阶段、设计准备阶段、设计阶段、施工阶段、验收与移交阶段。产品研发项目的生命周期可划分为：市场调研、产品设计、零件采购、样件制造、测试及小批量生产。药品开发项目的生命周期可划分为：基础和应用研究、发现与筛选药物来源、动物实验、临床试验、登记投产与审批。软件开发项目的生命周期可划分为：需求分析、系统分析、初始设计、详细设计、编程、调试、内部发行版、商业发行版。

项目生命周期既是对项目的一种描述，也是一种管理工具。人们为开展项目管理而将项目划分为一系列的项目阶段，从而产生了项目生命周期的管理方法。其内涵主要包括以下几个方面。

(1) 项目阶段。人们可以将一个项目分成一系列前后连接且便于管理的项目阶段，并给出项目阶段的可交付成果，从而可以使人们据此开展项目的管理。

(2) 项目时限。任何一个项目都是有时间限制的。项目时限不仅需要说明项目的起点和终点，还要说明项目各阶段的起点和终点；不仅要进行时点性的说明(项目或项目阶段开始的时间点和结束的时间点)，还要进行时期性的说明(项目或项目阶段持续时间长度的说明)。

(3) 项目任务。项目任务包括项目各阶段的主要任务和项目各阶段主要任务中的主要工作。通过项目生命周期的分析，人们可以定义和给出项目、项目阶段究竟包括哪些任务，从而使项目的范围有相对严格的界定。这样就可以明确、清楚地知道"什么时候应该干什么"。

(4) 项目成果。项目成果实际上就是项目一个阶段的"里程碑"。通常而言，项目生命周期各阶段的成果都应该在下一个项目阶段开始之前提交。但如果有些项目后序阶段在项目前序阶段工作成果尚未交付之前便已开始，交付前序阶段就可能会引发项目阶段性成果最终无法通过验收的风险，有时还会出现项目上一个阶段的错误不能及时发现，从而造成项目后一个阶段错误扩大并形成损失的后果。

1.2.4 项目管理过程

项目生命周期是通过一系列项目管理活动完成的，这些活动构成了项目管理过程。所谓过程，是指利用输入实现预期结果的相互关联或相互影响的一组活动。每个项目管理过程通过合适的项目管理工具与技术将一个或多个输入转化成一个或多个输出。输出可以是可交付成果或结果，结果是过程的最终成果。也可以说，项目管理是由一系列过程构成的，每个项目管理过程又是由一系列项目管理的具体活动构成的。项目管理是一个循序渐进的过程。一般来说，项目管理包含五个过程：启动过程、计划过程、实施过程、控制过程与收尾过程，这五个过程贯穿项目的整个生命周期。

各项目管理过程通过它们所产生的输出建立逻辑联系。过程可能包含在整个项目期间相互重叠的活动。一个过程的输出通常是另一个过程的输入或者是项目或项目阶段的可交付成果。图1-3说明了一个过程的输入、工具、技术和输出的关系，以及与其他过程的关系。

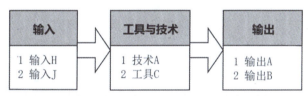

图1-3 过程示例：输入、工具与技术，以及输出

过程迭代的次数和过程间的相互作用因具体项目的需求而不同。过程通常分为以下三类。

(1) 仅开展一次或仅在项目预定义点开展的过程。例如，制定项目章程，以及结束项目或项目阶段。

(2) 根据需要定期开展的过程。例如，在需要资源时开展获取资源过程，在需要使用采购品之前开展实施采购过程。

(3) 在整个项目期间持续开展的过程。例如，可能需要在整个项目生命周期中持续开展定义活动过程，特别是当项目使用滚动式规划或适应型开发方法时。从项目开始到项目结束需要持续开展许多监控过程。

1.2.5 项目管理过程组

项目管理过程组是指对项目管理过程进行逻辑分组，以达成项目的特定目标。过程组不同于项目阶段。一般认为，项目管理是由如下五个基本过程组组成的，即启动过程组、规划过程组、执行过程组、监控过程组和收尾过程组。

(1) 启动过程组。即定义一个新项目或现有项目的一个新阶段，授权开始该项目或阶段的一组过程。

(2) 规划过程组。即明确项目范围，优化目标，为实现目标制定行动方案的一组过程。

(3) 执行过程组。即完成项目管理计划中确定的工作,以满足项目要求的一组过程。

(4) 监控过程组。即跟踪、审查和调整项目进展与绩效,识别必要的计划变更并启动相应变更的一组过程。

(5) 收尾过程组。即正式完成或结束项目、阶段或合同所执行的过程。

项目各过程组不是相互分立的、一次性的事件。在整个项目的每个阶段,它们都会不同程度地重叠。从图1-4可以看出,在项目执行过程中,执行过程组所占的比例最大,需要付出的人力、物力、财力最多,关系到项目的成败,而监控过程组则贯穿项目始终,保证执行不偏离既定目标,同时根据内外部环境的变化,适时调整计划,保证计划的有效性。

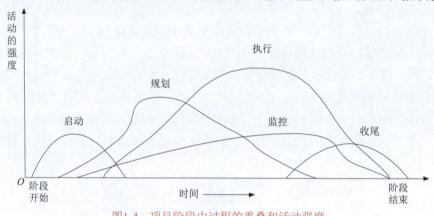

图1-4 项目阶段中过程的重叠和活动强度

1.2.6 项目管理知识领域

项目管理知识领域是指项目管理按所需知识内容来定义的项目管理领域,并用其所含过程、实践、输入、输出、工具和技术进行描述。虽然知识领域相互联系,但从项目管理的角度来看,它们是分别定义的。大多数情况下,大部分项目通常使用十大知识领域。

项目管理十大知识领域包括如下方面。

(1) 项目整合管理。其包括为识别、定义、组合、统一和协调各项目管理过程组的各个过程和活动而开展的过程与活动。

(2) 项目范围管理。其包括确保项目做且只做所需的全部工作以成功完成项目的各个过程。

(3) 项目进度管理。其包括为管理项目按时完成所需的各个过程。

(4) 项目成本管理。其包括为使项目在批准的预算内完成而对成本进行规划、估算、预算、融资、筹资、管理和控制的各个过程。

(5) 项目质量管理。其包括把组织的质量政策应用于规划、管理、控制项目和产品质量要求,以满足相关方期望的各个过程。

(6) 项目资源管理。其包括识别、获取和管理所需资源以成功完成项目的各个过程。

(7) 项目沟通管理。其包括为确保项目信息及时且恰当地规划、收集、生成、发布、存储、检索、管理、控制、监督和最终处置所需的各个过程。

(8) 项目采购管理。其包括从项目团队外部采购或获取所需产品、服务或成果的各个过程。

(9) 项目风险管理。其包括规划风险管理、识别风险、开展风险分析、规划风险应对、实施风险应对和监督风险的各个过程。

(10) 项目相关方管理。其包括识别影响项目或受项目影响的人员、团队或组织，分析相关方对项目的期望和影响，制定合适的管理策略来有效调动相关方参与项目决策和执行。

某些项目可能需要一个或多个其他的知识领域。例如，建筑施工项目可能需要财务管理和安全与健康管理。表1-2列出了项目管理过程组和知识领域。

表1-2 项目管理过程组与知识领域

知识领域	项目管理过程组				
	启动过程组	规划过程组	执行过程组	监控过程组	收尾过程组
项目整合管理	制定项目章程	制订项目管理计划	指导与管理项目工作	监控项目工作 实施整体变更控制	结束项目或阶段
项目范围管理		规划范围管理 收集需求 定义范围 创建WBS		确认范围 控制范围	
项目进度管理		规划进度管理 定义活动 排列活动顺序 估算活动持续时间 制订进度计划		控制进度	
项目成本管理		规划成本管理 项目资源规划 估算项目成本 预算项目成本		控制项目成本	
项目质量管理		规划质量管理	管理质量	控制质量	
项目资源管理		规划资源管理 估算活动资源	获取资源 建设团队 管理团队	控制资源	
项目沟通管理		规划沟通管理	管理沟通	监督沟通	
项目采购管理		规划采购管理	实施采购	控制采购	
项目风险管理		规划风险管理 识别风险 实施定性风险分析 实施定量风险分析 规划风险应对	实施风险应对	监督风险	
项目相关方管理	识别相关方	规划项目相关方参与	管理项目相关方参与	监督相关方参与	

项目管理的十大知识领域整体称为项目管理知识体系。项目管理知识体系可以进一步划分为三部分。

第一部分是关于项目目标或指标的管理和控制，这是涉及项目成败考核指标管理的部分，包括项目成本管理、项目进度管理和项目质量管理。

第二部分是关于项目资源和条件的管理与控制，这是涉及项目资源性和保障性管理的部分，包括项目资源管理、项目沟通管理、项目采购管理和项目相关方管理。

第三部分是关于项目决策和集成方面的管理与控制，这是涉及项目全局性和综合性管理的部分，包括项目整合管理、项目范围管理和项目风险管理。

这三部分构成了一种项目目标、资源保障和管理保障的逻辑关系，每部分中的项目专项管理相互关联和相互作用，从而构成一个项目管理知识体系的整体。不同知识领域的关联关系可以用图1-5(图中省略项目二字)表示。

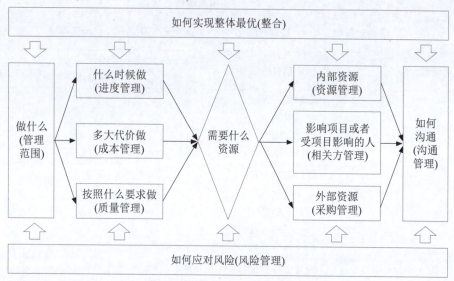

图1-5 项目管理知识的关联关系

1.2.7 项目管理的特点

与其他管理方式相比，项目管理有许多特点，表现为以下几个方面。

(1) 项目管理具有独特性和创新性。项目的唯一性和独特性，决定了每实施一个项目都要具有一定的创新性。项目管理必须承担风险、勇于探索、发挥创造力才能成功。这也是它与一般重复性管理的主要区别。

(2) 项目管理具有复杂性。项目一般由多个部分组成，工作跨越多个部门或机构，需要运用多种学科的知识来解决问题。项目工作通常没有或很少有可以借鉴的经验。项目实施中有很多不确定性因素和风险。项目团队往往由来自不同组织、具有不同背景和经验的人员组成，管理上难度较大。这些因素都决定了项目管理是一项复杂的工作。

(3) 项目管理的整体性。项目是为实现特定目标而展开的多项任务的集合，是一系列的活动或过程。项目管理追求整体目标的整体优化，而不是某个活动或过程的优化，即项目没有局部最优，只有整体最优。

(4) 项目管理需要更多协调与沟通。项目的复杂性随着范围不同而变化很大。项目越大越复杂,所涉及的学科、技术、知识和技能等的要求也越高。同时在项目进行过程中,冲突是一种常态,在整个项目的生命周期中,存在各种各样的冲突,如范围、时间、成本和质量的冲突,不同项目利益相关者需求和期望的冲突,项目经理必须对这些冲突迅速做出反应。缺乏良好组织协调和沟通的项目管理根本不可能成功。

(5) 项目管理的集成性。项目的复杂性和整体性决定了项目管理中不能孤立地开展项目各个专项或专业的独立管理。项目的复杂性和整体性主要体现在以下几个方面:项目管理中不同知识领域的活动相互关联和集成;项目工作和组织的日常工作相互关联和集成;项目管理活动和项目具体活动相互关联和集成;项目范围、时间、成本、质量、风险、采购等各个专项管理相互关联和集成;等等。

1.2.8 项目管理的原则

项目管理要遵循管理学的基本原则。尽管管理学有多种学派,但仍存在一些普遍适用的原则,如需求引导,面向顾客;重视效益,整合优化;适应变化,推行柔性管理;在管理中重视人的因素;创新与继承性原则等。同时,还有一些原则在项目管理中需要特别予以强调。

(1) 项目经理必须关注项目成功的三个标准:一是准时;二是预算控制在既定的范围内;三是质量以用户满意为准则。

(2) 任何事都应当先规划,再执行。

(3) 采用渐进的方式逐步实现项目目标。

(4) 要想获得成功必须对项目目标进行透彻的分析。

(5) 所有项目目标和项目活动必须生动、形象地得以交流与沟通。

(6) 全目标管理原则。即要面向系统、组织、人员三大目标,全面满足质量、进度和费用的要求。

(7) 按过程进行管理原则。过程是事情进行或事物发展所经过的程序。事物发展都有一定的规律,按规律办事,就要遵循程序,按过程进行管理。项目管理的过程是指项目生命周期产生某种结果的行动序列,分为管理过程和技术过程两类。

(8) 整合管理原则。即运用项目管理的系统化思维、方法和工具,统筹项目从启动到收尾整个过程的动态关系,系统整合项目资源,以达到或实现项目设定的目标或投资收益。

1.2.9 项目运行环境

项目所处的环境可能对项目的开展产生有利或不利的影响。这些影响的两大主要来源为事业环境因素和组织过程资产。

1. 事业环境因素

事业环境因素是指项目团队不能控制的,将对项目产生影响、限制或指令作用的各种条件。这些条件可能来自组织的内部或外部。事业环境因素是很多项目管理过程,尤其是大多数规划过程的输入。这些因素可能会提高或限制项目管理的灵活性，并可能对项目结果产生积极或消极的影响。

从性质或类型上讲，事业环境因素是多种多样的。有效开展项目，就必须考虑这些因素。组织内部的事业环境因素包括：组织文化与结构和治理、设施和资源的地理分布、基础设施、信息技术软件、资源可用性、员工能力。组织外部的事业环境因素包括：市场条件、社会和文化影响与问题、法律限制、商业数据库、学术研究、政府或行业标准、财务考虑因素、物理环境要素。

2. 组织过程资产

组织过程资产是执行组织所特有并使用的计划、过程、政策、程序和知识库，会影响对具体项目的管理。组织过程资产包括来自任何(或所有)项目执行组织的，可用于执行或治理项目的任何工作、实践或知识，还包括来自组织以往项目的经验教训和历史信息。组织过程资产可能还包括完成的进度计划、风险数据和挣值数据。组织过程资产是项目管理过程的输入。组织过程资产存在于组织内部，在整个项目期间，项目团队成员可对组织过程资产进行必要的更新和增补。

1.3 项目管理的产生与发展

1.3.1 项目管理的传统阶段

项目管理实践可以追溯到数千年前的大型项目，如古埃及的金字塔、古罗马的斗兽场、我国的都江堰，这些大型的项目往往需要几年、数十年的努力。更为极端的例子是我国的万里长城，其修建历经2000多年：从春秋战国、秦、汉一直到明代，不知动用了多少人力、物力。然而，它却不是一个成功的现代意义上的项目管理实践，因为它没有时间和费用的约束，仅仅是帝王意志的实现而已。帝王说行，项目就结束了。而如前所述，项目必须受到时间、费用和质量的约束。

值得我们思考的是，古时候的大型项目是如何进行管理的，完成后到底是如何遣散人员的，这都值得历史学家考证。一些比较极端的个案是虐杀人员，如陵墓建设，项目完成之日便是建设者死亡之时，这与现代项目管理的理念，简直相差十万八千里。

我国摆脱半殖民地半封建社会才几十年，西方资本主义社会也只经历了几百年，而在之前长达几千年的专制社会中，是不可能产生现代意义上的项目管理的。因为专制社会不是一个讲科学和民主的社会，也不是一个说理的社会，对事情成败的衡量标准是统治阶级的意志。而现代意义上的项目管理必须"以数据说话"，这正体现了现代社会的说理特征。不过，劳动人民的智慧多多少少也抵御着长期专制统治的影响，这恐怕就属于文化的魅力。以下是一些代表性的个案。

(1) 田忌赛马。战国时，大户田忌与齐威王赛马，各出3匹马，输一马付千金。如果一一对应，田忌的马不如齐威王的马，但是在比赛中，田忌以己之下马对齐威王之上马，再以己之上马对齐威王之中马，最后以己之中马对齐威王之下马。田忌终以2∶1取胜。

(2) 都江堰工程。战国时期，李冰父子修都江堰，为岷江分洪，精心设计了宝瓶口引水、鱼嘴分流、飞沙堰排沙三大主体工程，附属渠堰120个，灌溉4个县500万亩良田，解决了川西平原灌溉问题，造福后世。

(3) 丁谓修宫。北宋真宗时期，皇宫被大火烧毁，大臣丁谓受命修宫。他先在宫前大街挖沟，取土烧砖；引开封附近汴水入沟，运来上游木材；竣工后，再将废料填沟，修复大街，"一举而三役济"。

(4) 群炉汇流。明代永乐年间，铸"万钧铜钟"，该铜钟重40多吨，而当时最大熔炉的容量只有1吨，故工匠采用小炉冶炼、大件浇铸的方法，连续浇铸最终取得成功。

以上项目所注重的是个人经验和智慧，没有形成相对独立的体系和标准，缺乏科学性，还不算是项目管理。

20世纪初，人们就开始探索项目管理的科学方法。1917年，亨利•甘特发明了著名的甘特图，用于日常工作安排、监控项目的进展状况。甘特图直观而有效，使项目经理按日历制作任务图表，这标志着科学的项目管理的出现。

1.3.2 项目管理的现代阶段

甘特图的明显弱点是因其难以展示工作环节间的逻辑关系而不适应于大型项目，因此，20世纪30年代出现过协调图以克服上述缺陷。与此同时，在规模较大的工程项目和军事项目中广泛采用了里程碑系统。里程碑系统的应用虽未从根本上解决复杂项目的计划和控制问题，但为网络概念的产生充当了重要的媒介。进入20世纪50年代，美国军界和各大企业的管理人员纷纷为管理各类项目寻求更为有效的计划和控制技术。在各种方法中，最有效的方法和技术莫过于网络计划技术。网络计划技术克服了条线图的种种缺陷，能够反映项目进展中各工作间的逻辑关系，能够描述各工作环节和工作单位之间的接口界面以及项目的进展情况，并可以进行科学安排，因而给管理人员对项目实行有效的管理带来了极大的方便。

现代项目管理以网络计划技术的产生和应用为标志。20世纪50年代，美国出现了关键路径法(CPM)和计划评审技术(PERT)，这是现代项目管理出现的标志。

1957年，杜邦公司将关键路径法应用于设备维修，使维修停工时间由125小时锐减为78小时。1958年，美国在北极星导弹设计中，应用计划评审技术，将项目任务之间的关系模型化，使设计完成时间缩减了2年。

20世纪60年代，著名的阿波罗登月计划采用网络计划技术使耗资300亿美元、2万家企业参加、40万人参与、涉及700万个零部件的项目顺利完成。

项目管理从美国最初的军事项目和宇航项目很快扩展到各种类型的民用项目，其特点是面向市场、迎接竞争。项目管理除计划和协调外，还对采购、合同、进度、费用、质量、风险等给予了更多重视，初步形成了现代项目管理的框架。

1965年，第一个专业性国际项目管理学会(international project management association,

IPMA)在瑞士洛桑成立。

1969年，美国成立项目管理协会(project management institute，PMI)。

1976年，PMI在蒙特利尔会议上开始制定项目管理的标准，形成项目管理职业雏形。

1984年，美国项目管理协会推出项目管理知识体系(project management body of knowledge，PMBOK)和基于PMBOK的项目管理专业证书(project management professional certification，PMP)两项标准。

进入20世纪90年代，项目管理有了新的进展。为了在迅猛变化、急剧竞争的市场中迎接经济全球化、一体化的挑战，项目管理更加注重人的因素、注重顾客、注重柔性管理，力求在变革中生存和发展。在这个阶段，项目管理应用领域进一步扩大，尤其在新兴产业得到了迅速的发展，例如，电信、软件、信息、金融、医药等现代项目管理的任务已不仅仅是执行任务，而且要开发项目、经营项目，以及为经营项目完成后形成的设施、产品和其他成果准备必要的条件。

一般认为，项目管理作为一门学科和专业化管理职业是以IPMA和PMI的成立为标志的。从此，项目管理在全球得到迅速的推广和普及，经过30多年来的不断发展，走过了第一代——传统的项目管理、第二代——全过程管理、第三代——组合管理，以及第四代——变化管理等阶段。变化管理的出现，使项目管理顺应了当前社会和科技越来越迅猛发展的需要，具有了与时俱进的特点。与此相适应，我们认为，项目管理最基本的方法论就是对项目的动态控制。

1.3.3　项目管理在中国的发展

中国对项目管理的系统研究和行业实践起步较晚。20世纪50年代，我国接受苏联的156个项目援助并对其进行管理，奠定了工业化基础。1980年，邓小平同志亲自主持了我国与世界银行合作的教育项目会谈，从此，中国开始吸收、利用外资，而项目管理作为世界银行项目运作的基本管理模式随着中国各部委世界银行贷款、赠款项目的启动而开始被引入并应用于中国。随后，项目管理开始在我国部分重点建设项目中运用。云南鲁布革水电站是我国第一个聘用外国专家、采用国际标准、应用项目管理进行建设的水电工程项目，并取得成功。

1991年6月，中国项目管理研究委员会(project management research committee，China，简称PMRC)成立。这是中国优选法、运筹法与经济数学研究会下属的民间组织，也是我国唯一的跨行业、全国性、非营利的项目管理专业组织。其后，PMRC隔年一次的会议对项目管理的学科建设产生了巨大的推动作用。这几次会议分别是：1991年的西安会议，主题是网络计划技术及其应用与发展；1993年的沈阳会议，主题是中国的项目管理——理论与实践；1995年的西安会议，这次会议是我国首届项目管理国际会议；1997年的山东会议，主题是发展中的项目管理——时代与变革。在这些研究成果的基础上，PMRC成立了专家小组负责起草C-PMBOK，于2001年5月正式推出了《中国项目管理知识体系》(C-PMBOK)，同时建立了符合中国国情的《国际项目管理专业资质认证标准》(C-NCB)，C-PMBOK和C-NCB的建立标志着中国项目管理学科体系的成熟。C-PMBOK的突出特点是以生命周期为主线，以模块化的形式来描述项目管理所涉及的主要工作及其知识领域。基于这一编写思路，C-PMBOK将项目管理的知识领域分为88个模块。C-PMBOK模块结构的特点，使其具有了各种知识组合的可能性，特别是对于结合行业领域和特殊项目管理领域知识体系的结构非常实用。

值得我们铭记的是，我国著名数学家华罗庚的不朽工作。早在20世纪60年代，华罗庚就倡导、研究和推广网络计划技术。当时把这些内容定名为"统筹法"和"优选法"，其中"统筹法"的得名来源于当时我国"统筹兼顾，全面安排"的政策。以下是华罗庚的一些标志性的成果。

1964年，华罗庚带领中国科技大学部分老师和学生到西南三线建设工地推广应用统筹法。该统筹法在修铁路、架桥梁、挖隧道等工程项目管理上取得了成功。

1965年，华罗庚著《统筹方法平话及补充》，由中国工业出版社出版。该书的核心是所提出的一套较系统的、适合我国国情的项目管理方法，包括调查研究、绘制箭头图、找主要矛盾线，以及在设定目标条件下优化资源配置等。

1970年5月，华罗庚带领陈德泉、计雷两位助手到上海炼油厂蹲点，在"酚精炼扩建改建工程"上应用统筹法。该设备每天产值20多万元，原计划需停工一个多月才能开展和完成的扩建改建工程，应用统筹法后实际只用了5天便得以完成。

20世纪70年代初，华罗庚创建并带领"推广优选法和统筹法小分队"，到全国23个省、市、自治区推广统筹法和优选法，中国特色的项目管理在全国各地全面开花。

1980年后，华罗庚和他的助手们开始将统筹法应用于国家特大型项目，如"两淮煤矿开发"项目、"准噶尔露天煤矿煤、电、运同步建设"项目。

以上工作实际上已经使华罗庚成为我国项目管理学科的创始人，从某种意义上讲，我们可以称华罗庚为中国项目管理之父。

1.3.4 项目管理的发展趋势和特点

21世纪是一个项目管理的时代，其发展趋势体现为全球化、多元化和专业化。它的主要特点有以下四个。

1. 项目管理的应用领域不断扩展

项目管理已经从最初的工程领域扩展到社会的各个领域，涉及世界的方方面面。软件、信息、机械、文化、石化、钢铁等各种领域的企业更多采用项目管理的管理模式。项目的概念在原有工程项目的领域中有了新的含义，一切皆项目，按项目进行管理成为各类企业和各行各业发展的共识。

2. 项目管理的学科地位得到肯定

项目管理成为一门新学科，形成了完整的学科体系，成立了各种学会、协会和认证中心，培养了项目管理专业方向的本科生、研究生。

在我国，项目经理与项目管理人员多为各行各业的技术骨干。项目经理通常要花5~10年的时间，甚至需要付出昂贵的代价后，才能成为一个合格的管理者。基于这一现实及项目对企业发展的重要性，项目管理的非学历教育走在了学历教育的前边。

3. 计算机技术在项目管理中的应用迅速发展

单项性能的计算机软件得到了广泛应用，并向集成化方向发展，如项目管理信息系统、项目决策支持系统、项目专家系统等。

4. 项目管理融入了更多学科

组织行为学、管理理论和技术方法等学科与项目管理有机结合，使项目管理学科的理论性和实践针对性更强。

本章小结

项目是为创造独特的产品、服务或成果而进行的临时性工作。概括起来，项目的共同特征有：一次性、独特性、目的性、制约性、不确定性和过程性。

项目管理就是运用各种知识、技能、工具与技术，为满足或超越项目有关各方对项目的要求与期望所开展的各种计划、组织、领导和控制等方面的活动。

项目管理的要素是指项目管理过程中项目经理可以支配的管理要素，它可以是有形的，也可以是无形的。它主要包括资源、目标、干系人、需求、组织、环境等要素。

项目生命周期是指项目从启动到完成或从开始到结束所经历的一系列阶段。根据项目在生命期中所表现的特征，通常把项目的生命期划分成启动阶段、计划阶段、执行阶段和收尾阶段。

项目管理过程组包括启动过程组、规划过程组、执行过程组、监控过程组和收尾过程组。

项目管理包括如下10个方面：项目整合管理、项目范围管理、项目进度管理、项目成本管理、项目质量管理、项目资源管理、项目风险管理、项目沟通管理、项目采购管理、项目相关方管理。

复习与思考

一、单选题

1. 随着项目生命周期的推移，资源的投入( )。
   A. 逐渐变大　　　B. 逐渐变小　　　C. 先变大后变小　　D. 先变小再变大
2. 对项目而言，"一次性"是指( )。
   A. 每个项目都有明确的起止时间
   B. 项目周期短
   C. 项目将在未来不能确定的时候完成
   D. 项目随时可能取消

3. 确定项目是否可行是在( )工作过程中完成的。
   A. 项目启动　　B. 项目计划　　C. 项目执行　　D. 项目收尾

二、多选题

1. 项目管理的基本特征有( )。
   A. 目的性　　B. 独特性　　C. 普遍性
   D. 创新性　　E. 集成性
2. 项目管理的过程有( )。
   A. 启动过程　　B. 计划过程　　C. 执行过程
   D. 监控过程　　E. 收尾过程

三、简答题

1. 什么是项目管理？
2. 项目管理的特点是什么？
3. 项目的分类是什么？

四、案例分析题

A食品生产公司扩产项目

A食品生产公司已有厂房不能满足扩产需求，因此需要修建能满足需求的新厂房。新厂房的总包单位不属于本省企业，但是已经办理相关入省进市手续。在打桩时，质监站要求检测管桩，其用回弹仪检测后说不合格(实际上所用的回弹仪最大测试范围只到C60，而管桩是C80强度，并且它检测的是已经打入地下的管桩，明显不符合相关规定)，由此下达了停工令。后几经交涉，质监站又提出管桩需要做钻芯试验，要求送到指定中心检测，结果按其要求送检合格后依旧提出检测结果不符合要求，要求二次送检。打桩分包单位后来态度也比较强硬，不再理会质监站，理由是如果说管桩不合格，那么近期××市开工的项目都得停工，因为这些项目用的都是同一厂家的管桩。

这样看来，停工的原因基本可以肯定不是技术问题，而是关系问题，可能总包单位或打桩分包单位在与质监站关系处理上出现了一些问题。

问题：
该项目工期非常紧张，A食品生产公司是否要介入？如果介入，有没有不良影响？应该如何介入？

第 2 章

项目经理与项目组织

> 项目经理：设定目标—组织—激励—沟通—衡量—开发人力。无论是否意识到，每位项目经理都做着这样的事情，他可能做得很好，也可能不尽人意，但总是在做着这些事情。
>
> ——彼得·德鲁克

📖 本章内容

- 项目经理
- 项目经理需要的能力
- 项目经理需要具备的素质
- 项目团队发展阶段
- 项目组织结构

📖 案例导入

ᴥ 小李是一个称职的项目经理吗？ ᴥ

A公司是一家生产电子设备的中型公司，该公司目前同时开展着10个项目，并且这些项目处于不同阶段。该公司有很多项目经理，他们全都向总经理负责，项目团队成员既要受职能部门经理领导，也要受项目经理领导。例如，电气工程师既要归电气工程部经理领导，又要由所在项目的项目经理安排工作。有些人只为一个项目工作，有些人则分时间段在几个不同的项目中工作。

小李某大学电气工程专业硕士毕业后6年间一直在该公司工作，他目前的级别是高级电气工程师，向电气工程部经理负责。前不久，公司获得一个2000万元的合同，小李被提升为项目经理负责这一项目。

小李被提升为项目经理后,高级电气工程师这一职位空缺,于是公司招聘了一位新员工小王。小王与小李的专业相同,已获得博士学位,而且已经有8年的工作经验,专业能力很强。小王进入公司后被分配到小李的项目团队中。

由于小李不了解小王的工作方式,因此他经常找小王谈话,建议他怎样进行方案设计等,但是小王根本不理会他的看法。有一次,小王告诉小李,他有一个可以使系统成本降低的创新设计方案。小李听了以后说:"尽管我没有博士头衔,我也知道这个方案毫无意义,不要这样故作高深,要踏实地做好基本的工程设计工作。"这使得小王很不高兴,他觉得电气工程部经理对他的设计方案很是认可,小李的质疑很没道理。他认为小李的做法根本就不像一个项目经理所为,还是从事技术工作比较适合。

2.1 项目经理

2.1.1 项目经理的定义

从职业角度来讲,项目经理(project manager)是指企业建立以项目经理责任制为核心,对项目实行质量、安全、进度、成本管理的责任保证体系,为全面提高项目管理水平而设立的重要管理岗位。项目经理是为项目的成功策划和执行负总责的人,是项目团队的领导者。项目经理首要的职责是在预算范围内领导项目小组按时优质地完成全部项目工作内容,使客户满意。为此,项目经理必须在项目的计划、组织和控制活动中做好领导工作,从而实现项目的目标。

项目经理的角色不同于职能部门经理或运营经理。一般而言,职能部门经理专注于对某个职能领域或业务部门的管理监督。运营经理负责保证业务运营的高效性。项目经理是由执行组织委派,领导项目团队实现项目目标的个人。

项目经理在现代项目管理中具有关键性作用,是决定项目成败的关键角色。充分认识和了解项目经理这一角色的作用和地位、职责范围及其必须具备的素质和能力,对上级组织而言是培养和选拔合适的项目经理并确保项目成功的前提条件。

2.1.2 项目经理的作用与地位

1. 项目经理的作用

(1) 领导作用。项目经理的领导作用主要表现在如下4个方面:①对项目整体进行设计与规划;②选择合适的项目组成员;③对项目组成员进行培训与指导;④分层授权。如果没有合理的规划,又找不到合适的人选,项目经理就难以承担项目的领导工作。此外,项目经理还应该维护项目组成员的正常利益,充分调动他们的积极性和创造性,激励他们努力工作。

(2) 管理作用。为了实现对项目的领导、计划、指挥和协调，项目经理要依靠行政手段、经济手段、法律手段等对项目进行管理，如发布命令和指示、建立和健全经济责任制、制定各种规章制度。此外，项目经理还应不断提高自身的管理水平，改善管理作风，增加管理的艺术性。

(3) 协调作用。协调也就是通过协商、调度、运筹等方式处理汇集到工程项目的指令、信息、计划、办法、方案、建议制度等，使项目保质保量，如期完成。此外，项目经理可通过进度计划和活动明细单等形式对各种资源进行协调。合理的计划和良好的工作氛围都离不开项目经理协调作用的发挥。

(4) 专家作用。项目管理是一项综合性很强的工作，项目管理组通常是由企业内的专家、专业工程师组成的，因此，项目经理不仅要掌握专业技术，还应具备相当高的管理水平和组织能力。项目经理必须根据项目特点和实施目的来确定人员工作标准和管理方法。在大型项目中，项目经理的主要任务是制订计划和进行工作协调，因此其总体决策能力和组织能力尤为重要；对于小型项目，项目经理则要亲自处理技术问题和某些专业管理工作，因此其专业知识和工作经验尤为重要。

(5) 决策作用。决策是以信息为基础的，项目经理要根据掌握的项目信息对项目的进展、资源的利用和人员的调配做出决策，并确保做出决策的最佳时机。

(6) 激励作用。项目经理应能够在项目实施过程中激发成员的工作热情，调动成员的积极性。经常与下属进行沟通、交流和公开讨论是激发工作热情的一种良好方法。尤其在遇到困难时，向项目组成员讲明项目的目标和当前的困境，同他们一起找原因、定措施，可以发挥成员各自的优势，也能弥补项目经理在能力和经验上的不足。

(7) 社交作用。为协调和解决项目实施过程中遇到的某些问题，项目经理需要经常与内部、外部人员协商和谈判。要想取得好的谈判效果，除要讲究谈判艺术外，还要对谈判时间和谈判事项等加以灵活掌握和控制。因此，项目经理必须掌握一定的谈判技巧，才能更好地发挥社交作用。

2. 项目经理的定位

项目经理是协调各方关系的桥梁和纽带。对外，项目经理作为企业的项目代理人，代表和维护着企业和项目的利益；对内，项目经理对项目行使管理权，对项目目标的实现承担全部责任。因此，项目经理是决定项目成败的关键。

项目经理是项目法律责任的直接当事人。项目经理受企业的委托，在合同关系上负责处理与客户、中间商等社会各方的关系，按合同履约是其一切行动的最高准则；拒绝承担合同以外的其他各方强加的干预、指令、责任是项目经理的基本权利；在合同与法律范围内组织项目实施是项目经理的基本义务。

项目经理是项目信息沟通的发源地和控制者。在项目实施过程中，来自项目外部的客户、政府、当地社会环境、国内外市场的有关重要信息，要通过项目经理来汇总、沟通、交涉；对于项目内部，项目经理需要及时掌握来自本项目各个方面的消息，以便在项目管理过程中制订计划、做出决策、组织实施和协调指挥。

3. 项目经理与职能部门经理角色的比较

通常情况下，人们习惯于将项目管理定位为中层管理，但由于项目管理及项目环境的特殊性，项目经理所行使的"中层管理"与职能部门经理所行使的"中层管理"在管理职能上有所不同。通常而言，项目经理的决策职能有所增强而控制职能有所淡化，且行使控制职能的方式也有所不同，并且在长期稳定的组织背景下，由于项目组织的临时性特点，项目经理通常是"责大权小"。为便于理解项目经理所扮演的角色及其在组织中的作用和地位，现将其与职能部门经理这一角色进行比较，如表2-1所示。

表2-1 项目经理与职能部门经理角色的比较

比较项目	项目经理	职能部门经理
扮演角色	为工作找到适当的人，一起完成工作	直接指导他人完成工作
知识结构	是某一技术专业领域的专家	具有丰富经验和广博知识的通才
管理方式	目标管理	过程管理
工作方法	系统的方法	分析的方法
工作手段	个人实力——责大权小	职位实力——权责对等
主要任务	对项目的质量、安全、进度、成本、目标等进行全面管理	规定谁负责任务、如何完成、完成任务的经费

2.1.3 项目经理的主要职责

项目经理是项目管理的关键角色，是实现项目目标的责任人。项目经理在项目中的角色(如一个球队的教练、一个乐队的指挥)，需要协调各成员的活动，使其成为一个和谐的整体，完成项目工作。具体而言，项目经理应确保项目的全部工作在预算范围内按时、优质地完成，并使利益相关者满意。因此，项目经理须对项目的上级组织、项目本身及项目团队成员负责。

项目经理的职责视具体的项目而定，通常项目经理的主要职责是按照技术规范的要求在目标和限定时间内交付项目，并实现规定的效益。

项目经理的职责包括计划、组织、决策、控制、协调等，具体内容如下。

(1) 计划、安排项目工作并形成书面计划，包括作业分析、编制进度计划和提出预算。

(2) 组织、选择和安排项目小组，协调任务和配置资源。

(3) 同有关方面联络，包括与中间商、顾问、用户和上级管理部门进行洽商。

(4) 有效地调用项目小组中的每个成员。

(5) 监控项目进展状况。

(6) 鉴别技术和功能问题。

(7) 直接解决问题或知道从哪里可以寻求帮助。

(8) 处理项目进程中的各类危机和解决各种矛盾。

(9) 当目标不能实现时，对项目进行调整或更改，必要时终止项目。

某建筑公司项目经理的职责描述

1. 计划
- 对所有的合同文件完全熟知。
- 对项目的实施和控制制订计划。
- 指导项目程序的准备。
- 指导项目预算的准备。
- 指导项目进度安排的准备。
- 指导项目的基本设计准则及总的规范的准备。
- 指导现场建筑活动的组织、实施和控制计划的准备。
- 定期对计划和相关程序进行检查、评价,在必要时对项目的计划和程序进行调整。

2. 组织
- 开发项目组织图。
- 对项目中的各职位进行描述,列出项目主要监管人员的职责范围。
- 参与项目主要监管人员的挑选。
- 开发项目所需的人力资源。
- 定期对项目组织进行评价,必要时对项目组织结构及人员进行调整。

3. 指导
- 指导项目合同中规定的工作。
- 在项目中建立决策系统,以便在适当的层次做出决策。
- 监督项目主要执行人员和监管人员的工作,并帮助他们不断成长。
- 设立项目经理目标,并为主要监管人员建立绩效标准。
- 培养团队精神。
- 解决项目的不同部门或小组之间的分歧或问题。
- 了解项目总体进展情况,避免或减少潜在问题的发生。
- 对关键问题确立书面的战略指导原则,清楚定义责任和约束。

4. 控制
- 监督项目的进展,使项目目标与公司的总体政策保持一致。
- 监督项目的进展,使其与合同、计划、程序及客户的要求保持一致。
- 对人员进行控制,保证其遵守合同条款。
- 密切监督项目的有关活动,建立有关"变更"的沟通程序,对有关项目范围内可能的变更进行必要的评价和沟通。
- 对成本、进度及质量进行监控,保证项目顺利进行,并形成项目报告。
- 与客户及有关组织保持有效的沟通。

2.1.4 项目经理的工作原则

一个合格的项目经理需要掌握如下工作原则。

(1) 弄清自己所面临的问题、机会和期望。

(2) 知道项目团队将会有冲突，但冲突是团队成长过程中必然存在的。

(3) 弄清谁是项目相关方，以及这些项目相关方的目的和愿望。

(4) 认识到组织的权力格局并利用权力手段获得优势。

(5) 认识到项目管理必须精于领导，同时做到灵活机动。

(6) 明确判断项目成功的四个标准：预算、进度、绩效标准、客户满意程度。

(7) 组建一个和谐的团队，充当成员的激励者、教练、活跃气氛者、和解人员与冲突裁决者。

(8) 经常做一些"如果……如何"的假设，避免安于现状。

(9) 不要因小事而停滞不前，迷失了项目的大方向。

(10) 有效地利用时间。

(11) 做好计划，这是项目经理的首要任务。

2.2 项目经理需要具备的能力

对于一个成功的项目，项目经理是不可或缺的主要因素。除了在项目的计划、组织、控制方面发挥领导作用，项目经理还应具备一定的素质和能力，以激励员工完成工作，赢得客户的信赖。出众的领导能力、人才开发能力、非凡的沟通技巧、良好的人际交往能力、处理压力和解决问题的能力，以及管理时间的能力，都是一个优秀项目经理所必备的能力。

2.2.1 领导能力

1. 参与和顾问式的领导方式

(1) 为成员设定目标及愿景。有效的项目管理需要采取参与和顾问式的领导方式，项目经理以这种方式对项目团队起到导向和指导作用。这种方法较之等级制的独断和指挥性的管理方式更为行之有效。领导作用要求项目经理提供指导而不是指挥工作。项目经理所需做的工作是制定准则和纲要，由项目成员自己决定具体如何实施。领导工作包括激励项目成员齐心协力地工作，以成功地实现项目目标。当项目经理为团队设计了全新的目标时，随后就应将这一目标生动地描绘出来，把这一项目的情况向成员解释明白，表达清楚。这样，当项目团队成员明白了项目要达成的目标时，便会知道计划的实施步骤，以及完成项目后能够得到的奖励及个人成长，就会更加热情地投入工作，努力完成项目任务。

(2) 员工参与领导工作。项目领导工作需要团队成员的参与，每个人对自己的工作都应拥有掌握和控制权，以表明他们有能力完成任务，迎接挑战。项目经理要使成员参与涉及其自身工作的决策中去，并在自己的职责范围内拥有决定权。创造这样一种授权的项目文化，不仅要根据项目任务给成员分配职责，还要使其承担制订工作计划、决定如何完成任务、控制工作进程以及解决妨碍工作进展的问题等责任，使成员形成一定的动力，不辜负信任，按时在预算范围内开展工作。

向成员授权的同时，项目经理还应制定一个明确的纲领，甚至一些限制。例如，团队成员有权力在预算和进度计划范围之内，补偿自己因解决问题所受到的损失。但如果这种补偿超出了预算的范围，就应与团队领导或项目经理进行协商。同样，如果一个团队内的某个人或团队成员所做的决定对其他成员的工作、预算或进度计划产生不利影响，那么，其也要与项目经理进行会晤。

2. 不断激励团队成员

(1) 激励团队成员的方式。有能力的项目经理懂得如何激励团队成员，并能创造出一种积极向上的工作环境，使大家能在这一环境下激发潜力，更出色地完成工作。项目经理可以通过以下方法营造积极的团队氛围：促成项目会议，请全体成员加入讨论；与成员单独会谈，倾听他们的个人意见；让成员出席各种与客户或公司管理层之间的演示会，并表达自己的见解。当项目经理向团队成员讨教意见和建议时，应对他们的付出表示肯定和认同。另外，项目经理也应鼓励团队成员相互交流学习，听取对方的意见，这样不仅能让每位成员学到其他成员的知识和技能，而且能使成员的专有技能得到充分发挥，创造出合作的工作氛围。

(2) 避免出现影响团队士气的情况。项目经理应竭力避免出现使大家沮丧的局面。当项目前景不明朗时，就有可能出现这种情况。另一种令成员沮丧的情况是安排他们做一些没必要的工作，若给成员安排分配毫无挑战性的、大大低于其能力水平的工作，则会令成员士气低落。此外，过度管理即教导成员怎样工作，这种管理方式也是不合理的，会使成员觉得项目经理对他们不信任，其结果是产生员工工作动力不足的情况，工作情绪也会受到影响。由此看来，优秀的项目经理不仅要善于建立一种支持鼓励的工作环境，还要避免产生负面影响。

(3) 奖励表现优秀的团队及人员。项目团队为一个整体，每个团队成员都需要获得认同和奖赏。项目经理可以通过这种方法培养团队的士气，在项目进展过程中，而不是在项目竣工之时奖励表现优秀的团队及人员。奖励会使成员觉得他们对项目所做出的贡献得到了相应的认可。奖励有多种方式，口头鼓励、表扬、赞赏或者奖品、现金，都可以产生效果。积极的表扬对期望的行为具有激励作用，被认同或得到奖赏的行为就会重复发生。一个项目团队可能会因在预算范围内提前完成一项重大任务，或尝试了一种可加快项目进程的工作方法而受到奖励，这样会鼓励整个团队在未来的工作中保持和发扬这一良好行为。

奖赏应在工作获得认同后尽快付诸实施。如果一次良好的行为在过了很长时间以后才予以奖励，那么，奖励对于保持和发扬这种行为的作用就会减弱。同时，成员也会认为项目经理对他的工作付出不是很感兴趣。

(4) 创造舒适的项目环境。项目经理要建立一种相互信任、充满乐趣，又有发展空间的工作环境，为项目团队的工作确立基调。为建立起成员的信任，项目经理要言行一致，身体力行。如果工作不能像计划或设想的那样圆满完成，项目经理应对此向成员做出解释。优秀的项目经理从不会自己独占风头或将别人的工作成绩和功劳据为己有。

(5) 项目经理应信赖项目团队成员。有才干的项目经理对项目团队中的每个成员都有较高的期望，相信团队必会尽力达到项目要求的水平。如果项目经理对团队成员信心十足，并对他们的工作有较高的期望，那么，团队成员通常会竭尽全力地工作。项目经理要有乐观的态度，即使遇到一些明显阻碍项目进展的困难，也要以乐观的心态面对和克服。

3. 项目工作应该充满乐趣

项目经理应从工作中寻找乐趣，并以此鼓励项目团队成员同样在工作中获得乐趣。绝大多数从事项目工作的人都会寻求归属感和社会认同，他们不愿意单独工作。项目经理应在团队成员之间创造一种同志式的友谊与忠诚，例如，为项目团队举办不定期的活动，如聚餐、旅游等就十分有效；还可以将所有项目团队成员聚集在一起办公，加强成员间相互的交往和了解，从而增强团队的凝聚力。此外，在工作取得一点小成绩时，项目经理可以给团队成员分发一些小零食，或者为每位成员订一份午餐以表鼓励。这类活动会增加成员间交流的频率，使彼此间更加熟悉，使之后的工作配合更默契，并使工作趣味盎然。

4. 项目经理应以身作则

项目经理应为项目团队树立一个良好的榜样，应言行一致。项目经理所说的和所做的一切都会成为团队成员的榜样，如果项目经理为了使工作赶上计划进程而希望成员留下来加班，他就应该带头留下来。项目经理必须保持一种积极的态度，杜绝使用消极、埋怨、诋毁的话语，因为这类言语会使团队工作受到极大的负面影响。优秀的项目经理需要有一种"没问题"的态度，一种达到目的和克服困难的渴望，他们在挑战中成长壮大，他们努力寻求完成工作的方法。优秀的项目经理不会因障碍或借口退缩不前，他们自信并相信项目团队的每个成员。

2.2.2 人才开发能力

1. 对项目成员进行训练和培养

优秀的项目经理会对项目工作人员进行训练和培养，因为他将项目视为每个成员增加自身价值的良好机会，使每个成员在项目结束时能够拥有比项目开始时更丰富的知识和更强的竞争能力。项目经理应创造一种学习环境，使成员能在他们所从事的工作中、所经历或观察的过程中获得知识，也应经常就自我发展的重要性与团队成员交流意见，在项目团队会议上论述自我发展的重要意义。另外，项目经理可以在开始分配项目任务时约见团队成员，鼓励他们根据自己的任务扩展其知识和技能。优秀的项目经理相信每个成员对项目组都是有价值的，并坚信成员们通过不断的学习，可以做出更大的贡献。项目经理应该强调自我提高的意义，鼓励成员积极进取，使成员在项目中拓展知识和技能，培养能力，如沟通交流、解决问题、掌控谈判及管理时间等。

2. 鼓励和帮助成员

有能力的项目经理会鼓励成员进行创新，勇于承担风险，大胆做出决策，使实施项目的过程成为团队成员学习和发展的良机。在学习和发展的过程中，犯错误是难免的，项目经理不应该给项目成员制造失败的恐惧，反之，应尽可能给成员分配比较全面的任务，丰富他们的经验，并且在出现错误时及时进行纠正，帮助他们。另外，项目经理还可以让经验不足的成员通过日常工作不断向经验丰富的成员学习。

2.2.3 沟通能力

项目经理一定要具备良好的沟通能力，他需要与项目团队以及承包商、客户、公司高层管理人员定期交流沟通。经常进行有效的沟通，可以保证项目的顺利进行，及时发现潜在问题，征求改进项目工作的建议，保证客户的满意度，以及避免发生意外。

1. 多渠道沟通

项目经理需要通过多种渠道进行沟通，了解相关情况。例如，会见项目团队成员、客户及公司上层管理人员，与这些人进行非正式的谈话，并向客户以及公司上层管理人员提交书面报告，这些工作要求项目经理具备良好的沟通能力。听比说要获益更多，因此，优秀的项目经理要花更多的时间来倾听别人的想法，如注意倾听客户所表达的期望和要求，以及项目团队成员的意见和关注点。为了引导大家在重要问题上踊跃参与，项目经理要首先发言，提出问题让团队成员讨论，并发表对这些问题的看法和意见。

2. 维护与客户的关系

项目经理应与客户建立一种及时的沟通渠道，使客户能够随时了解项目进展情况，并了解客户对项目的期望是否有变化，从而使客户在项目的整个进程中都感到满意。

项目经理的沟通应及时、真实和明确，接纳不同的意见。成员需要掌握及时的信息，特别是客户反馈的信息，这可能会使项目工作范围、预算及进度计划有重大的改变。有效的沟通能建立起信誉和相互的信任；及时的沟通为团队和客户提供及时的反馈，这尤其重要。

2.2.4 人际交往能力

人际交往能力是项目经理必备的技能，这项技能需以良好的口头表达能力和书面沟通能力为基础。

1. 与项目团队成员的交往

为了使每位项目成员知道自己在实现项目目标中的重要作用，项目经理要为成员确立起明确的期望。为此，项目经理应鼓励团队成员参与制订项目计划，让他们了解每个人所承担的工作任务并将这些任务结合起来。项目经理应高度重视、肯定每位成员在成功地执行计划过程中所做出的贡献。

良好的交际能力可以使项目经理在特殊情况下更好地理解成员，这些特殊情况也许是一位团队成员在开发软件过程中遇到了技术难题，或者为其爱人因交通事故受伤而着急苦恼。在这个时候，项目经理需要为成员提供真挚的鼓励和帮助。

2. 与客户、公司高层的协调

项目经理所具备的良好人际交往能力会影响其他人员的思想和行为。项目实施过程中，项目经理也要与客户和公司的高层管理者进行协商工作。项目经理应在遵守项目合同内容、投标承诺、项目目标要求的前提下，充分运用有效的项目管理方法和技巧，积极引导客户的行为，改善与客户的关系。项目经理是公司高层管理者派往项目的管理者，其言行必须对高层管理者负责，按照高层管理者的意图完成对项目的生产及全面管理。因此，项目经理要与公司高层保持良好的人际关系，以获得更多的支持和认可。

2.2.5 处理压力的能力

1. 项目团队的压力

项目工作的进程中必然会出现各种各样的压力，项目经理要有能力应对这些压力。当项目工作陷入困境时，可能因为成本超支、计划延迟，以及设备、系统等的技术问题而无法实现目标；当客户变更目标工作范围，或团队内就某一问题的解决方案产生争议时，压力可能会更大，使项目工作变得更加紧张、迫切。这个时候项目经理不能急躁，必须保持冷静。

2. 项目经理处理问题的方式

优秀的项目经理需要具备应对不断变化局势的能力，毕竟再精心拟订的计划也会遇到不可预见的情况。项目经理要保持镇定、冷静，避免项目团队、客户和公司高层管理者因惊慌而陷入困境。在某些情况下，项目经理要在项目团队与客户、团队与高层管理者之间起缓冲作用。如果客户或公司高层管理者对项目进程不是十分满意，项目经理要首先承担责任，以免使项目团队受到打击。其与项目团队成员就不足之处进行沟通时，要用一种积极的方式鼓励他们迎接挑战。项目团队有时也会无法理解客户的要求或不愿做出变更，这时同样要求项目经理充当缓冲器，化解这些矛盾，然后将其转化为与团队成员共同奋斗的动力。

3. 缓解压力的其他方法

由于项目经理要为团队树立典范，向团队成员展示哪些行为是允许的，哪些行为是不被允许的，因此项目经理自身应保持乐观、积极的态度，也可适当地展现幽默感，幽默能帮助项目经理在面对压力时，打破紧张局面。项目经理应经常锻炼身体，增加营养，保持健康的体魄，以增强处理压力的能力。项目经理也可为团队组织一些活动，如打球、爬山、旅行等，缓解项目团队成员的压力。

2.2.6 解决问题的能力

项目经理要成为一个问题解决专家。发现问题要比解决问题容易，首先项目经理要能够及时发现潜在问题，越早发现问题，解决问题的花费越少，对项目其他部分的影响也会越小。做好发现问题这一工作,就要有一个及时准确的信息传送系统,在项目团队、承包商及客户之间进行开放且及时的沟通,并采取一些建立在经验基础上的果断行动。

项目经理要鼓励项目团队成员及早发现问题并独立将其解决,解决问题时,项目团队要自我指导,不依赖项目经理的说教和指挥。

如果遇到的问题很严重,并可能影响项目目标的完成,团队成员就要提前与项目经理汇报有关情况,以便项目经理能带领大家一起解决问题。一旦发现了这样的问题,项目经理可能需要更多的资料并进行询问调查,澄清问题,从而弄清问题的实质及其复杂性。项目经理可以向团队成员询问一些解决这些问题的建议,并与相应的成员一起,利用分析技术,对可能的结果做出估计,再提出最佳的解决方案。形成可行性方案后,项目经理再将实施方案的权力委派给团队内合适的人员。

2.2.7　管理时间的能力

优秀的项目经理能够合理、充分地利用时间。项目工作要求人们有充沛的精力,因为要同时面临许多工作及无法预见的事情,因此项目经理要合理安排工作时间,能够辨明先后主次,并愿意授权,尽可能有效地利用时间。

2.3　项目经理需要具备的素质

一个优秀的项目经理能够推动一个项目的圆满完成。项目经理是项目实施阶段的最高管理者,负责项目的方方面面,这就要求项目经理必须拥有全面、综合的素质。项目管理的实践证明,并不是任何人都可以成为合格的项目经理。项目及项目管理的特点要求项目经理必须具备相应的素质与能力,才能圆满地完成任务。通常一个合格的项目经理应该具备良好的道德素质、健康的身体和心理素质,以及全面的理论知识素质、质量管理素质、创新素质等。

2.3.1　良好的道德素质

人的道德观决定了人的行为和处世准则。项目经理必须具备良好的道德素质,这种道德素质大致可以分为如下两个方面。

1. 社会道德素质

项目经理应具备良好的社会道德素质,必须对社会的安全、文明和经济的发展负有道德责任。有些投资项目虽然预期的经济效益较为可观,但有可能建立在牺牲社会利益的基础之上。例如,某一客户欲委托项目经理在风景区投资兴建一个稀有金属的开采项目,该自然风景区中此种稀有金属含量较多,国内外市场奇缺,有着广阔的市场前景,该项目的投建势必有很高的经济回报。但是从社会的利益、公众的角度考虑,该项目的投建必然会破坏风景区的整体效果,而且会造成环境污染、生态环境的破坏。虽然项目经理并不能阻碍客户的投资动机，但具有高度社会责任感的项目经理，可以通过项目规划和建议，将此类项目的社会负面效应降到最低。

2. 个人道德素质

在当今市场经济和商品经济环境下，有些人往往利欲熏心，在利益的驱动下，一些项目经理也可能会置道德与法律于不顾。在现代项目管理中，项目经理面对大型复杂的工程项目，控制着巨大的财权和物权，如果个人道德素质不佳，则很容易出现贪赃枉法，以权谋私的行为。

优秀的项目经理必须遵守法律、规章和准则，以身作则，树立良好的模范榜样；要保证自己的项目团队成员严格遵纪守法，坚决抵制和杜绝贪污、挪用公款、逃税、漏税、瞒报等违法行为，绝不能因小失大，害人害己。

2.3.2 健康的身体和心理素质

项目管理的目的是在一定的约束条件下达到项目的目标，它的工作负荷要求项目经理具备良好的身体素质。例如，一个复杂的大规模项目，从项目计划的制订到执行，每个阶段都有大量的工作，需要一个拥有健康体质的项目经理。此外，合格的项目经理还应具备良好的心理素质，并且性格开朗，胸襟豁达，能与各种人交往，不能过于内向；有坚强的意志，能经受挫折和暂时的失败；既有主见、不优柔寡断、能果断行事，又遇事沉着冷静、不冲动、不盲从；既有灵活的应变能力，又不失原则、不固执、不钻牛角尖等。当然，金无足赤，人无完人，对人的性格也不能过于苛求，但优秀的项目经理会不断完善自己，使自身更适合工作的需要。

2.3.3 全面的理论知识素质

项目经理是项目管理者，应具备系统的项目管理理论知识。项目管理已经发展成为一门学科，具备完整的理论知识体系，如美国项目管理协会制定的项目管理知识体系、国际项目管理协会制定的项目管理知识体系，以及我国项目管理研究委员会制定的中国项目管理知识体系等。要对项目进行有效的管理，就必须懂得项目及项目管理相关的理论知识。

项目经理也应是相关行业(或项目类型)的专家。一些大型复杂的工程项目，其工艺、技术、设备的专业性要求越强，对项目经理的要求也就越高。作为项目实施的最高决策者，项目经理如果不懂技术就无法决策，也就无法按照工程项目的工艺流程完成项目施工。

2.3.4 质量管理素质

质量管理理念要求项目经理以顾客(建设项目)为中心，坚持质量为本，以质量求发展，以质量求效益；坚持诚信守约，重合同、守信誉；坚持精益求精，科学管理；坚持技术创新，管理创新，持续改进产品质量。项目经理作为项目质量管理、质量责任第一人，必须以强化项目质量责任制和项目经营承包为动力，以现代质量管理理论和控制技术为手段，不断完善过程控制，确保质量目标的实现。

在保证产品质量的同时，项目经理还应当重视服务质量，考虑客户的期望、习惯和价值观念，充分了解各方人员的期望，并能在合理的成本范围内保证结果超出他们的预期。尊重客户，随时向客户报告项目进展情况，在整个项目建设过程中不断听取客户的意见，在客户与施工单位之间起到连接和沟通的作用，以诚恳务实的态度让各方都感到满意。只有提高了服务质量，才能保证信誉，从而获得更多的合作机会。

2.3.5 创新素质

创新是一个民族的灵魂。中国的项目管理事业起步较晚，在技术和理念上落后于国外，企业要想在国内外市场占有一席之地，就必须不断开拓创新，这就给项目经理提出了挑战，期待他们在项目管理领域能够取得突破。

1. 观点和理念创新

项目经理要不断吐故纳新，充分利用当今发达的信息技术，关注时代的脉搏，在工作实践的过程中要敢于想象和假设，勇于提出新的观点和理念。整个团队必须具有集体的创新智慧和创新文化，项目经理通过对其团队成员在战术层面授予更多的权限，能有效地激发他们的创造性。注重交流和沟通，互相启发，往往会有意想不到的收获。

2. 生产技术的创新

通过实践经验的积累，项目经理对工程技术、施工工艺、技术管理等要有一定的研究，经过工程项目的锻炼和操作，具备不同程度的潜在能力，进一步推进新技术、新工艺、新设备、新材料的应用，积累专业技术储备或节约工程成本。在发展过程中产品形式的推陈出新，生产设备的换代更新，生产工艺的改革提高，人力资源的优化调整，都是创新精神的充分体现。

2.4 项目团队发展阶段

项目团队又称为项目组。团队是为实现一个共同目标而协同工作的一组成员。团队工作就是团队成员为实现这一共同目标所做的努力。

项目团队如同项目本身，组成和规模有很大的不同，有大也有小；有些要解决复杂的问题，有些则只做常规工作；有些动态性强，人员经常更换，而有些却相对稳定。团队是一组人的集合，他们为共同的目标工作，各成员的努力必须协调一致。

组建一个和谐、士气高昂的项目团队，对最终完成项目目标具有重大意义。团队建设是项目管理的一项必要技能。布鲁斯·塔克曼(Bruce Tuckman)定义了团队发展的四个阶段，即组建阶段、震荡阶段、规范阶段和执行阶段，如图2-1所示。

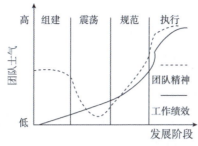

图2-1 项目团队发展的4个阶段

从图2-1中可以看出，项目团队的士气随着项目的发展有所变化，第一阶段是较高的，当发展到第二阶段时，士气出现下降的趋势，随着第三阶段的来临，士气开始回升，最后一个阶段士气是最高的。

2.4.1 项目团队的组建阶段及其特征

组建阶段是团队发展进程中的起始步骤。在这一阶段，团队中的成员开始相互认识，成员总体上处于一种积极的心态，急于开始工作。此时，团队要树立形象、明确方向，对要完成的工作制订计划并进行初步分工。由于这个阶段团队成员不了解自己的职责及项目团队其他成员的角色，因此几乎无法展开实际工作。

在组建阶段，团队成员的情绪特点包括：激动、希望、怀疑、焦急和犹豫。每个人在这一阶段都有许多疑问，例如，我们的目的是什么、团队其他成员是谁、他们怎么样等，每个人都急于想知道自己能否与其他成员合得来，能否被接受。成员会怀疑他们的付出不能得到承认，担心他们在项目中的角色与个人的职业发展目标和兴趣不一致。

在形成阶段，项目经理要进行团队的指导工作。为使项目团队明确方向，项目经理一定要向团队说明项目目标，并描述项目成功所产生的效益，公布项目的工作范围、质量标准、预算和进度计划等；项目经理要提出项目团队的组成、选择团队成员的原因，他们的互补能力和专业知识，以及每位成员为协助完成项目目标所充当的角色。项目经理在这一阶段还要进行组织构建工作，包括确立团队工作的初始操作规程，规范沟通渠道、审批及文件记录等工作。这类工作规程将在未来的阶段发展中不断完善、提高。为减轻成员的焦虑情绪，项目经理要与他们探讨团队未来的工作及管理方式和期望，并鼓励团队成员参与制订项目计划。

2.4.2 项目团队的震荡阶段及其特征

团队发展的第二阶段是震荡阶段。在这一阶段，项目目标更加明确。成员们开始运用技能着手执行分配的任务，开始缓慢推进工作，这时，实际工作中可能会有很多偏离原计划的问题发生。例如，任务比预计的更繁重或更困难，成本或进度计划的限制可能比预计的更严重；成员也会越来越不满意项目经理的指导或命令，他们可能会消极对待项目经理以及他在形成阶段建立的一套操作规程，甚至会利用一些基本原则来考验项目经理的灵活性。在震荡阶段，会有冲突产生，气氛紧张，士气也很低迷，成员们可能会因抵制而抱团,因为他们要表达不利于团队凝聚力的个性。

震荡阶段的情绪特点包括：挫折、愤怨、对立等。工作过程中,每个成员对自己的角色及职责会产生更多的疑问,会怀疑规程的实用性和必要性,希望了解自己的控制程度和权力大小。

在震荡阶段,项目经理仍然要进行指导,要对每个人的职责及团队成员相互间的行为进行明确和分类,让每个成员明白无误。在必要时请团队成员一起解决问题,共同做出决策。项目经理要接受及容忍团队成员的不满,更要允许成员说出他们所关注的问题,这是项目经理创造一个理解和支持的工作环境的好方法。项目经理要做好导向工作,致力于解决矛盾,通过不断的协调消除成员的不满情绪,将初期计划中不合理的内容进行调整,确保项目的顺利实施。

2.4.3　项目团队的规范阶段及其特征

经过震荡阶段,项目团队就进入了规范发展阶段。团队成员之间、团队与项目经理之间的关系已确立,同时,随着个人期望与现实情形相统一,人们的不满情绪也逐渐减少。项目团队接受了工作环境,项目规程得以改进和规范化。控制及决策权从项目经理移交给了项目团队,凝聚力开始形成,每个人都会觉得自己是团队的一员,也接受其他成员的工作方式和处事方法。每个成员为取得项目目标所做的贡献均得到认同和赞赏。

在这一阶段,随着成员之间开始相互信任,成员们会频繁地交流信息、观点和感情,合作意识增强,可以自由地、建设性地表达自己的情绪及评论意见。团队经过这个社会化的过程后,建立了信任和友谊。

在规范阶段,项目经理应尽量减少指导性工作,给予成员更多的支持性工作,工作进展加快,效率提高,此时项目经理应对项目团队所取得的进步予以表扬。

2.4.4　项目团队的执行阶段及其特征

项目团队发展成长的第四个阶段,即执行阶段。在这一阶段,项目团队积极工作,急于实现项目目标,工作绩效很高,团队成员有集体感和荣誉感,信心十足。项目团队成员间能开放、坦诚、及时地进行沟通,相互依赖程度高,他们经常合作,并在自己的工作任务外尽力相互帮助。团队能感觉到高度授权,如果出现问题,则由适当的团队成员组成临时小组,解决问题,并决定如何实施方案。随着工作的不断进展以及工作中获得的荣誉,团队成员得到满足感。个体成员会意识到为项目工作可以让他们获得职业上的发展。

在执行阶段,项目经理完全授权,赋予团队成员一些权力。而项目经理的工作重点是帮助团队执行项目计划,并对团队成员的工作进程和成绩给予表扬。这一阶段,项目经理集中注意力于预算、进度、工作范围及计划方面的项目业绩。如果实际进程落后于计划,项目经理的任务就是协助修正原计划以及推动项目的执行,同时,项目经理在这一阶段也要做好培养工作,帮助项目成员获得职业上的成长和发展。

项目团队4个阶段的特征总结见表2-2。

表2-2 项目团队的4个阶段及其特征

每阶段不同方面的特征	组建阶段	震荡阶段	规范阶段	执行阶段
团队任务	队员不了解团队的工作和对他们的期望	在工作中有许多不同的意见,有些成员过分关心团队给他们的成功机会	团队的工作正向好的方面发展	团队的目标正在实现,时间得到充分利用
信息分享	成员共同分享许多信息资源	成员只为自己着想	成员各抒己见,并不断提出问题,从其他成员处获得信息	成员探究各自观点,并从团队中或外界听取新的建议
工作情况	成员各自隐藏自己的工作情况	成员开始相互了解彼此的工作情况	成员真正了解各自的工作情况	成员已经相互接受彼此的工作情况
冲突	成员避免引起冲突	成员经常表达不同意见,并引起冲突	成员学会如何相处,进而解决冲突	成员以诚相待,不怕争论和意见分歧
参与	只有少数成员参与讨论,其他人很少说话	当有些成员保持沉默或等待事态发展时,一些人则设法影响其观点	大多数成员提出建议和意见,并积极参与团队讨论	每个成员积极参与,团队会议变得活跃、有实效
人际关系	成员之间害羞、犹豫和警觉	成员之间既合作又竞争	成员互相信任并开始传递和接收反馈信息	成员相互信任,成为一个紧密合作的整体

2.5 项目组织结构

从项目管理的角度看,项目应作为一个独立的实体来运行,它不受现有的职能组织的束缚,具有相对的自主权,但与各职能部门有着千丝万缕的联系。一方面,项目组织有它自己的程序要求与业务目标,它要求能相对独立地运作;另一方面,项目组织又必须在母体组织的大环境下进行,必须符合母体组织的有关政策与制度,这就要求项目组织能获得明确授权,具备相应的权力与职责。项目经理与各职能部门经理必须相互理解对方的立场,明确权力及职责,并能经常进行磋商。组织的最高管理者应迅速而有效地解决项目组织与职能部门之间因优先级的不同、资源矛盾及其他方面问题而产生的冲突。项目活动能否有效地开展,项目目标能否最终实现,在很大程度上取决于该项目组的组织结构能否支持项目管理方式。

2.5.1 职能式组织结构

职能式组织结构是当今世界上应用最普遍的项目组织形式之一。职能式组织形式是一个金字塔结构,高层管理者位于金字塔的顶部,中层和低层管理者沿着塔顶向下分布,公司的经营活动按照设计、生产、营销和财务等职能划分成部门。

图2-2是一个典型的职能式组织结构。一个项目可以作为公司中某个职能部门的一部分,这部分应该是对项目实施最有帮助的或最有可能使项目成功的部门。例如,某公司要开发一个财务会计信息系统,这个项目可以被安排在财务部门的下面,直接由财务部门的

经理负责。

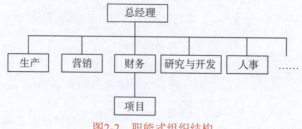

图2-2 职能式组织结构

1. 职能式组织结构的优点

职能式组织结构的优点如下。

(1) 在人员的使用上具有较大的灵活性。只要选择一个合适的职能部门作为项目的上级，那么这个部门就能为项目提供它所需的专业技术人员。这些人员可以被临时调配给项目，待所要做的工作完成之后，再回到原来的工作岗位。

(2) 技术专家可以同时被不同的项目所使用。职能部门的技术专家一般具有较强的专业基础，可以在不同的项目之间穿梭工作。

(3) 同一部门的专业人员在一起便于交流知识和经验，这可使项目获得部门内所有的知识和技术支持，对创造性地解决项目的技术问题非常有帮助。

(4) 当所有人员离开项目组甚至离开公司时，职能部门可以作为保持项目技术连续性的基础。同时，将项目作为部门的一部分，还有利于在过程、管理和政策等方面保持连续性。

(5) 职能部门可以为本部门的专业人员提供晋升途径。成功的项目虽然可以给参加者带来荣誉，但他们在职业上的发展和进步还需要有一个相对固定的职能部门作为基础。

2. 职能式组织结构的缺点

职能式组织结构的缺点如下。

(1) 职能式组织结构不能以客户为中心。由于职能部门有自己的日常工作，因此无法将全部的精力投入项目之中，客户的利益往往得不到优先考虑。

(2) 在职能式组织结构中，有时会出现没有人承担项目全部责任的问题。由于责任不明确，当项目存在问题时，可能会出现相关人员相互推诿的情况，而工作中也会产生协调困难、局面混乱的情形。

(3) 对客户要求的响应比较迟缓，因为在项目和客户之间存在多个管理层次。

(4) 项目常常得不到很好的支持。由于业绩压力等问题，职能部门人员更倾向于处理项目中与职能部门利益直接有关的问题，而那些无法为其带来利益的工作则很有可能遭到冷落。

(5) 被安排到项目组的人员，其积极性往往不是很高，也不把项目看作他们的主要工作。有些人甚至将项目任务当成是额外的负担。

(6) 技术复杂的项目通常需要多个职能部门的共同合作，但各部门往往更注重本领域的工作，而忽略整个项目的目标，并且跨部门的交流沟通也是比较困难的。

2.5.2 项目式组织结构

项目式组织结构是指项目从企业的组织中分离出来,作为独立的单元,有自己的技术人员和管理人员。有些企业对项目的行政管理、财务、人事及监督等方面做了详细的规定,而有些公司则在项目的责任范围内给予项目充分的自主权。项目式组织结构的典型形式如图2-3所示。

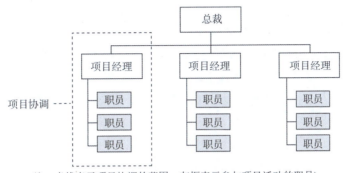

(注:虚线表示项目协调的范围,灰框表示参与项目活动的职员)

图2-3 项目式组织结构

1. 项目式组织结构的优点

项目式组织结构的优点如下。

(1) 项目经理有充分的权力调动项目内外部资源,因为他对项目全权负责。

(2) 项目经理避开了直接与公司的高层管理者进行沟通,项目内部沟通也更加顺畅,沟通速度更快,途径更加便捷。

(3) 当存在类似项目时,项目式组织可以保留一部分在某些技术领域具有突出才能的专家作为固定成员。

(4) 项目的目标是统一的,项目成员能够集中精力,团队精神可以得到充分发挥。

(5) 权力的集中使决策的速度得以加快,整个项目组织能够对客户的需求和高层管理者的意图做出更快的响应。

(6) 可做到命令协调一致,每个成员只有一个领导,排除了多重领导的可能。

(7) 项目式组织从结构上来说,简单、易于操作,在进度、成本和质量等方面的控制也较为灵活。

2. 项目式组织结构的缺点

项目式组织结构的缺点如下。

(1) 一个公司常常有多个项目,每个项目都有自己的一班人马,这就有人员、设施、技术和设备的重复设置等问题,从而增加了成本。

(2) 为储备项目随时需要的专业技术人员等关键资源而增加了成本。

(3) 将项目从职能部门的控制中心分离出来,容易造成在公司规章制度执行上的不一致性。

(4) 在相对封闭的项目环境中,行政管理上的敷衍时有发生。

(5) 在项目内部,成员与项目经理之间、成员与成员之间都有着很强的依赖关系;而在项目外部,项目成员与公司其他部门之间缺乏沟通。

(6) 项目成员缺乏归属感,缺少职业生涯的规划。

2.5.3 矩阵式组织结构

职能式组织结构和项目式组织结构都有各自的不足,要解决这些问题,就要在职能部门积累专业技术的长期目标和项目的短期目标之间找到平衡点。矩阵式组织结构正是为了最大限度地发挥项目式和职能式组织的优势,尽量避免其弱点而产生的一种组织方式。

职能式组织和项目式组织是两种极端的情况,矩阵式组织是两者的结合,它在职能式组织的垂直层次结构上,重叠了项目式组织的水平结构。作为职能式和项目式组织的结合,矩阵式组织可采取多种形式,这取决于它偏向哪个极端。

下面介绍一个强矩阵形式,它类似于项目式组织,但项目并不从公司组织中分离出来作为独立的单元。如图2-4所示,项目A的经理向大项目经理报告,而大项目经理同时管理其他多个项目。需要指出的是,在矩阵式组织形式中,项目经理决定什么时候做、做什么,而职能部门经理决定将哪些人员派往项目组、要用到哪些技术。

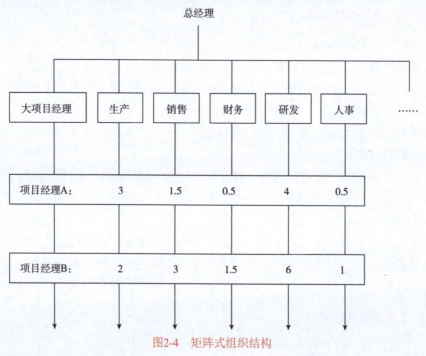

图2-4 矩阵式组织结构

从图2-4可看出,项目A的人员主要来自生产和研发部门,所以该项目可能包括一个新的生产过程的设计和安装。同样,项目B可能是一个新产品或一个营销计划的研究问题等。与此同时,职能部门一直进行着它们各自的日常工作。一般公司组织中没有某个固定的机构来主管项目,如果项目是属于一个大项目的,那么项目经理通常向大项目经理汇报,而很少向职能部门汇报,或者直接向总经理或某个副总经理汇报。

矩阵式组织还存在与职能式组织类似的弱矩阵形式。项目可能只有一个全职人员,即项目经理，项目成员不从职能部门直接派调过来，而是利用他们在职能部门的工作为项目提供服务。项目所需要的工程、计算机软件、产品测试及其他服务，都可由相应的职能部门提供。

在强矩阵形式和弱矩阵形式之间的是平衡矩阵形式。

1. 矩阵式组织结构的优点

矩阵式组织结构的优点如下。

(1) 项目是工作的焦点。有专门的人即项目经理负责管理整个项目，负责在规定的时间、经费范围内完成项目的要求。矩阵式组织具有项目式组织的长处。

(2) 由于项目组织是覆盖在职能部门上的，它可以临时从职能部门抽调所需的人才，因此项目可以分享各个部门的技术、人才及设备。当有多个项目时，这些人才对所有项目都是可用的，从而可以大大减少项目式组织中出现的人员冗余的情况。

(3) 项目组成员对项目结束后的忧虑减少了，虽然他们与项目具有很强的联系，但他们又分属各职能部门，不会有项目结束即无事可做的危机感。

(4) 对客户要求的响应与项目式组织同样快捷，而且对公司组织内部的要求也能做出较快的反应。

(5) 矩阵式组织的项目中会有来自行政部门的人员，他们会在项目规章制度的执行过程中与公司保持一致。

(6) 当有多个项目同时进行时，公司可以平衡资源以保证各个项目都能顺利进行。公司可以在人员及进度上统筹安排，优化整个系统的效率，而不会以牺牲其他项目为代价去满足个别项目的要求。

(7) 职能部门可以为项目提供人员，也可以只为项目提供服务，从而使得项目的组织具有很大的灵活性，所以矩阵式组织可以被许多不同类型的项目所采用。

2. 矩阵式组织结构的缺点

矩阵式组织结构的缺点如下。

(1) 在职能式组织中，职能部门是项目的决策者；在项目式组织中，项目经理是项目的权力中心；而在矩阵式组织中，权力是均衡的。由于没有明确的责任人，因此项目的一些工作会受到影响。当项目成功时，大家会争抢功劳；而当项目失败时，大家又会争相逃避责任。

(2) 在矩阵式组织中，多个项目在进度、费用和质量方面能够取得平衡，这既是矩阵式组织的优点，又是它的缺点，因为这些项目必须被当作一个整体仔细地监控，这可是一项艰难的工作。而且资源在项目之间的流动容易引起项目经理之间的争斗，每个项目经理都更关心自己项目的进展，而不是以公司的总体目标为前提。

(3) 在按矩阵方式组织的项目中，项目经理主管项目的行政事务，职能部门经理主管项目的技术问题。这种做法说起来简单，但项目经理在执行过程中要将项目和职能部门的责任及权力分清楚，并不是件容易的事。项目经理必须就各种问题(如资源分配、技术支持及进度等)与部门经理进行谈判，这就要求项目经理必须具备很好的谈判、协调能力，如果项目经理在这方面有所欠缺，那么项目成功的可能性就会降低。

(4) 矩阵式组织违反了命令单一性的原则，项目成员至少有两个领导，即项目经理和部门经理，当他们的命令有分歧时，会令成员感到左右为难，无所适从。项目成员需要对这种窘境有清楚的认识，否则将无法适应这种工作环境。

2.5.4 项目组织结构选择

前面介绍了几种可供选择的项目组织结构形式，究竟哪一种形式最好呢？或者对某一项目来说，有没有唯一的最优选择呢？要回答这一问题是非常困难的。一方面，衡量选择的标准难以确定；另一方面，正如人们常说的，管理是科学也是艺术，而艺术性体现在权变性地将管理理论应用于管理实践。项目内外环境的复杂性及如上所述每种组织形式的优劣，使得几乎没有明确的方法来决定需要什么类型的组织结构，可以说项目组织结构的选择是项目管理者知识、经验及直觉等综合的结果。

前面介绍的三种项目组织结构形式，即职能式、项目式和矩阵式，各有优劣，主要的优缺点比较如表2-3所示。

表2-3 三种组织结构形式的比较

组织结构	优点	缺点
职能式	没有重复活动，职能优异	狭隘、不全面；反应缓慢；不注重客户
项目式	能控制资源；向客户负责	成本较高；项目间缺乏信息交流
矩阵式	有效利用资源；职能部门所有专业知识可供所有项目使用；促进学习、交流知识；沟通良好；注重客户	双层汇报关系；需要平衡权力

不同的项目组织结构形式对项目的影响也不同，表2-4列出了主要的组织结构形式及其对项目的影响。

表2-4 项目组织结构形式及其对项目的影响

组织结构形式特征	职能式	矩阵式			项目式
		弱矩阵	平衡矩阵	强矩阵	
项目经理的权限	少或没有	有限	小到中等	中等到大	高、全权
全职工作人员比例	几乎没有	0～25%	15%～60%	50%～95%	85%～100%
项目经理投入时间	半职	半职	全职	全职	全职
项目经理常用头衔	项目协调员	项目协调员	项目经理	项目经理	项目经理
项目管理行政人员	兼职	兼职	半职	全职	全职

在具体的项目实践中，究竟选择何种项目组织形式没有一个可循的定式，一般在充分考虑各种组织结构的特点、企业的特点、项目的特点和项目所处的环境等因素的条件下，才能做出较为适当的选择。因此，在选择项目组织形式时，需要了解哪些因素制约着项目组织的实际选择，表2-5列出了一些可能的因素与组织结构形式之间的关系。

表2-5 影响组织结构形式选择的关键因素

影响因素	组织结构		
	职能式	矩阵式	项目式
不确定性	低	高	高
所用技术	标准	复杂	新
复杂程度	低	中等	高
持续时间	短	中等	长
规模	小	中等	大
重要性	低	中等	高
客户类型	各种各样	中等	单一
对内部依赖性	弱	中等	强
对外部依赖性	强	中等	强
时间限制性	弱	中等	强

一般来说，职能式组织结构比较适用于规模较小、偏重技术的项目，不适用于环境变化较大的项目，因为环境的变化需要各职能部门之间的紧密合作，而职能部门本身的存在及权责的界定成为部门之间密切配合、不可逾越的障碍。当一个公司中包括许多项目或项目的规模较大、技术复杂时，应选择项目式组织结构。同职能式组织结构形式相比，在应对不稳定环境时，项目式组织结构形式显示了自己潜在的长处，这来自项目团队的整体性和各类人才的紧密合作。同前两种组织结构相比，矩阵式组织结构形式无疑在充分利用企业资源上显示出了巨大的优越性，由于其融合了两种结构的优点，因此这种组织形式在进行技术复杂、规模较大的项目管理时会呈现出明显的优势。

本章小结

项目经理是为全面提高项目管理水平而设立的重要管理岗位。项目经理是为项目的成功策划和执行负总责的人，是项目团队的领导者。项目经理具有领导作用、管理作用、协调作用、决策作用、激励作用和社交作用。项目经理在项目中的角色(如一个球队的教练、一个乐队的指挥)作用是协调各成员的活动，使其成为一个和谐的整体，完成项目工作，其职责主要包括计划、组织、决策、控制、协调等。

项目经理需具备领导能力、人才开发能力、沟通技巧、人际交往能力、处理压力的能力、解决问题的能力和时间管理的能力等。

项目经理需具备良好的道德素质、健康的身体与心理素质、全面的理论知识素质、质量管理素质和创新素质等。

项目团队又称为项目组。团队是为实现一个共同目标而协同工作的一组成员。项目团队发展的四个阶段包括组建阶段、震荡阶段、规范阶段和执行阶段。

项目组织结构主要有职能式组织结构、项目式组织结构和矩阵式组织结构。每种组织结构的形式各有优缺点，具体根据实际情况选择合适的项目组织结构形式。

复习与思考

一、单选题

1. 项目经理在（　　）中权力最大。
   A. 职能式组织　　B. 项目式组织　　C. 矩阵式组织　　D. 协调式组织
2. 项目经理在（　　）组织结构中的角色是兼职的。
   A. 职能式　　　　B. 项目式　　　　C. 强矩阵式　　　D. 弱矩阵式
3. 在项目团队的发展过程中，在团队的（　　）冲突最大。
   A. 组建阶段　　　B. 震荡阶段　　　C. 规范阶段　　　D. 执行阶段
4. 在以下组织中，最为机动、灵活的组织机构是（　　）。
   A. 职能式　　　　B. 项目式　　　　C. 矩阵式　　　　D. 混合式
5. 矩阵式组织结构的最大优点是（　　）。
   A. 改进了项目经理对资源的控制　　　B. 团队成员有一个以上的领导
   C. 沟通更加容易　　　　　　　　　　D. 报告更加简单

二、判断题

1. 一般来说，职能式组织结构不适用于环境变化较大的项目。　　　　　　　　（　　）
2. 项目式组织结构与职能式组织结构类似，其资源可实现共享。　　　　　　　（　　）
3. 在职能式组织结构中，团队成员往往优先考虑项目的利益。　　　　　　　　（　　）
4. 项目经理是项目的核心人物。　　　　　　　　　　　　　　　　　　　　　（　　）
5. 选择项目经理的时候，必须考虑项目经理候选人的素质和能力。　　　　　　（　　）

三、简答题

1. 成功的项目经理通常使用哪些方法来管理项目？
2. 项目经理老王负责组织内部的一个系统集成项目，组织内部的很多人对该系统及其进展感兴趣，因此他决定准备一份项目沟通管理计划。他该如何准备这一计划的第一步？理由是什么？
3. 项目团队成长的阶段各有哪些，它们有何特点？

四、案例分析题

某小型IT公司最近承接了一个大的订单，为某一家世界五百强企业开发一套管理信息系统，该项目实施成功会对该IT公司今后的发展起到至关重要的作用。从某种意义上说，该项目只能成功，不能失败。于是，该IT公司准备选择一名最优秀的员工作为本项目的项目经理，进入候选的有两人：一个是某名牌大学计算机专业毕业的高材生，年龄四十二岁，有着近二十年的项目系统设计和软件开发工作经验，曾担任某计算机公司的软件开发部经理，专业能力很强；另一个人年龄四十岁，高中毕业后首先从事了近八年的软件销售工作，然后通过自学考试取得了管理学本科文凭，后来先后在不同企业的人力资源部、市场部和合约部从事了十几年的管理工作。

问题：

1. 应该选择谁作为本项目的项目经理？
2. 是否还有其他途径来选择项目经理？
3. 选择项目经理的标准有哪些？

第 3 章

项目整合管理

> 协调是所有组织成功的秘诀。
>
> ——亨利·福特

本章内容

- 项目整合管理概述
- 制定项目章程
- 制订项目管理计划
- 指导与管理项目工作
- 监控项目工作
- 实施整体变更控制
- 结束项目

案例导入

星辰大海中的经济航标：中国航天多型号项目整合管理纪实

在中国航天科技集团公司的辉煌征程中，每项航天任务都承载着国家的期望与民族的梦想。随着航天事业的蓬勃发展，集团公司面临着前所未有的挑战：多个重要型号项目并行推进，技术复杂、投资巨大，经济管理问题烦琐至极。然而，正是在这样的背景下，集团公司凭借项目整合管理的智慧，特别是在经济管理领域的创新实践，书写了一段段振奋人心的故事。

项目背景

近年来，中国航天事业取得了举世瞩目的成就，从嫦娥奔月到天问探火，从北斗导航到空间站建设，每项成就都凝聚着航天人的心血与汗水。然而，辉煌的背后是无数航天人默默的付出与坚守。面对多型号项目并行推进的艰巨任务，集团公司深知，这不仅是对技术实力的考验，更是对国家意志和民族精神的锤炼。因此，他们决定将项目整合管理理念融入经济管理，以更加科学、高效的方式，确保每一个项目都能顺利推进，为国家航天事业的发展贡献力量。

整合管理的挑战

资金分配难题与团队协作：面对多个项目同时开展的情况，如何合理分配有限的资金成为一大难题。集团公司深知，只有团结一心，才能共克时艰。因此，他们成立了中央经济管理团队，负责统筹协调各项目的经济管理工作，确保每个项目都能获得必要的支持。

成本控制压力与集体智慧：航天项目技术复杂，成本高昂。为了有效控制成本，集团公司发动全体员工的集体智慧，通过优化设计方案、调整采购策略、加强内部管理等措施，深入挖掘成本节约潜力。

预算管理复杂性与集体行动：多个项目的预算管理相互交织，如何制定科学合理的预算计划成为重中之重。集团公司通过推进预算管理信息化，实现预算管理的自动化和实时监控。这一举措大大提高了预算管理的效率和准确性，体现了集体行动的力量。

整合管理的实施

在中央经济管理团队的精心策划下，集团公司实施了一系列创新的经济管理措施。他们建立了统一的经济管理标准，确保各项目经济管理的规范性和一致性；实施了动态资金调度策略，根据项目进展和资金需求情况及时调整资金分配方案；并推进了预算管理信息化，提高了预算管理的效率和准确性。

然而，在项目推进的过程中，一个关键型号项目遇到了前所未有的技术难题，导致成本急剧上升。面对这一紧急情况，中央经济管理团队迅速响应。他们组织专家团队对项目成本进行了全面梳理和分析，并制定了有针对性的成本控制措施。同时，他们还紧急调拨了部分储备资金，确保项目研发的顺利进行。在全体员工的共同努力下，项目团队成功控制了成本超支问题，并按时完成了研发任务。

这一事件不仅展示了项目整合管理在经济管理领域的强大作用，还进一步增强了集团公司应对复杂项目挑战的信心和能力。更重要的是，它彰显了航天人爱国奉献、团结协作的集体主义精神。

项目成果

通过实施项目整合管理理念下的经济管理措施，中国航天科技集团公司成功应对了多型号项目并行推进带来的经济管理挑战，各项目资金分配合理、成本控制有效、预算管理规范有序。这些成果不仅保障了各项目的顺利进行和成功实施，还为集团公司的持续发展奠定了坚实基础。

3.1 项目整合管理概述

3.1.1 项目整合管理的概念

项目整合管理也称项目整体管理,是运用项目管理系统化思维、方法和工具,统筹项目从启动到收尾整个过程的动态关系,系统整合项目资源,以达到或实现项目设定的目标或投资效益。项目整合管理是为确保项目各项工作之间能够有机协调与配合而开展的综合性、全局性的项目管理活动。它是以项目整体利益最大化为目标,对项目的范围、进度、成本、质量等各种项目管理要素进行协同和优化的一种综合性管理活动。

项目整合管理包括对隶属于项目管理过程组的各种过程和项目管理活动进行识别、定义、组合、统一和协调的各个过程。在项目管理中,整合兼具统一、合并、沟通和建立联系的性质,这些行动应该贯穿项目始终。项目整合管理包括:资源分配,平衡竞争性需求,研究各种备选方法,为实现项目目标而裁剪过程,管理各个项目管理知识领域之间的依赖关系。

项目整合管理由项目经理负责。虽然其他知识领域可以由相关专家(如成本分析专家、进度规划专家、风险管理专家)管理,但是项目整合管理的责任不能被授权或转移。项目经理负责整合所有其他知识领域的成果,并掌握项目总体情况。项目经理必须对整个项目承担最终责任。

项目与项目管理本质上具有整合性质。例如,为应急计划制订成本估算时,项目成本管理、项目进度管理和项目风险管理知识领域中的相关过程就需要进行整合;在识别出与各种人员配备方案有关的额外风险时,上述某个或某几个过程可能需要再次进行整合。

项目管理过程组的各个过程之间经常反复发生联系。例如,在项目早期,规划过程组为执行过程组提供书面的项目管理计划;然后,随着项目的进展,规划过程组还将根据变更情况,更新项目管理计划。

对于一个项目来说,项目的整合管理有以下三点重要作用。

1. 合理配置有限资源

项目是由共同发挥作用的各部分、各子项目组成的,项目整合管理可以调集和调整资源组合,如人力、资金、物资、产品、服务、技术等,充分考虑各种资源的相互作用和依存性,并且将其适当地配置到若干个有联系的子项目上,避免由于某一个成分的短缺和削弱而影响项目的整合效果。

2. 界定项目范围

项目整合管理可以清晰地界定项目范围,划分和实施达到项目目标所要完成的全部工作。只有站在整合的角度,才能有效地利用工作分解结构工具。项目整合管理将项目范围分解成一个完整的,反映项目内在功能特征的,界面清晰、层次分明、便于管理的工作结构,确保项目的成功。

3. 减少项目实施过程中的矛盾与冲突

项目全过程有较多的外部企业、组织的参与，还存在各种利益相关者(项目相关方或项目干系人)。由于项目干系人各自的需求可能不同，因此难免会产生冲突；又由于项目的各个目标不同，如质量、进度、费用等都相互制约，因此难免会存在矛盾。项目整合管理能在此发挥充分的作用，通过协调各方利益化解这些冲突、矛盾，使项目团队成员密切配合，成本、质量及费用管理等都为项目的整合目标服务，从而最终成功地完成项目。

项目整合管理在项目整个生命周期中，结合范围管理、进度管理、质量管理、成本管理、采购管理、风险管理、沟通管理和资源管理工作，共同推进，实现预定的项目目标。

项目整合管理的主要内容包括整合项目目标和计划，协调项目内、外部环境因素的关系，对项目整体进行计划与控制，系统考虑项目的时间、费用和质量问题，因此项目整合管理具有系统性、综合性和全局性的特征。

3.1.2 项目整合管理的主要内容

项目管理涉及很多方面，贯穿于项目整个生命周期与项目管理整个过程，而项目整合管理在整个项目管理中起到统筹兼顾、保持平衡、综合协调、稳步推进的作用。项目整合管理的主要内容大致包括以下几个方面。

1. 项目全方面整合管理

项目全方面整合管理就是对项目各个方面的全面整合管理，即对项目全过程整合管理、项目全团队整合管理和项目全要素整合管理，以及对上述三个方面相互之间进行的统筹、协调与控制，最终形成项目全方面整合管理的要求结果，并实现项目目标。

2. 项目全过程整合管理

项目全过程整合管理是指项目团队根据项目目标和项目产出物，结合项目生命周期及其各个阶段的关系，对项目实施全过程的各项工作和活动进行的整合规划与协调，其目的就是找出并按照项目各过程之间的合理配置关系，对项目过程进行合理的规划与安排。项目管理过程组的各过程会相互作用，项目经理与项目团队就需要对项目管理过程进行持续整合，并与项目的整合规划进行整合，确保项目各工作的协调与统一性。例如，在项目早期已经完成的项目管理计划，随着项目实施，可能还将根据项目实际的变更情况对其进行重新规划与更新。

3. 项目全团队整合管理

项目全团队整合管理主要是进行项目团队组建、建设与管理，对项目人力资源进行合理配置，并根据项目目标与项目干系人的不同要求和期望，平衡相互竞争的目标和方案，进行合理的资源配置与构建良好的关系，平衡项目团队与干系人各方的要求和期望，促进各方协调一致。

4. 项目全要素整合管理

项目的实施是一项系统工程，任何项目要素的变化都会直接或间接地对项目产生影响。项目全要素整合管理是指对设计项目质量、范围、时间、成本、资源、风险等各要素按它们之间的配置关系进行协调和综合平衡的管理。项目全要素整合管理以项目整合最优为目标与原则，根据项目各个要素或专项管理之间应有的合理配置关系开展项目各要素的配置与协调管理，以防止各利益相关主体中考虑某方面的最优而造成项目整合的失败。

3.1.3 项目整合管理过程

项目整合管理过程包括以下几点。

1. 制定项目章程

该过程为编写一份正式批准项目，并授权项目经理在项目活动中使用组织资源的文件的过程。

2. 制订项目管理计划

该过程为定义、准备和协调项目计划的所有组成部分，并把它们整合为一份综合项目管理计划的过程。

3. 指导与管理项目工作

该过程为实现项目目标而领导和执行项目管理计划中所确定的工作，并实施已批准变更的过程。

4. 监控项目工作

该过程为跟踪、审查和报告整体项目进展，以实现项目管理计划中确定的绩效目标的过程。

5. 实施整体变更控制

该过程为审查所有变更请求，批准变更，管理对可交付成果、组织过程资产、项目文件和项目管理计划的变更，并对变更处理结果进行沟通的过程。

6. 结束项目或阶段

该过程为终结项目、阶段或合同的所有活动的过程。

图3-1概括描述了项目整合管理的各个过程。虽然各项目整合管理过程以界限分明和相互独立的形式出现，但在实践中它们往往会相互交叠和相互作用。

整合管理中的短板原理：由长短不同的木板做成的一只水桶，它能盛多少水，是由最短的那块板所决定的，而其他木板虽然较长，但没有使木桶盛更多的水。因此可以说，项目整合管理就是为了避免项目实施中的"短板"而做出的各种改进、控制、整合和提升。

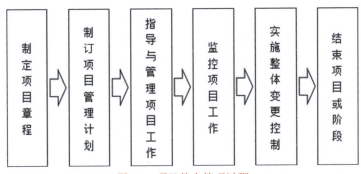

图3-1 项目整合管理过程

3.1.4 项目整合管理过程的发展趋势和新兴实践

项目整合管理知识领域要求整合所有其他知识领域的成果。与整合管理过程相关的发展趋势包括(但不限于)以下几点。

(1) 使用自动化工具。项目经理需要整合大量的数据和信息,因此有必要使用项目管理信息系统(PMIS)和自动化工具来收集、分析和使用信息,以实现项目目标和项目效益。

(2) 使用可视化管理工具。有些项目团队使用可视化管理工具,而不是书面计划和其他文档,来获取和监督关键的项目要素。这样便于整个团队直观地看到项目的实时状态,促进知识转移,并提高团队成员和其他相关方识别及解决问题的能力。

(3) 项目知识管理。项目人员的流动性和不稳定性越来越高,就要求采用更严格的过程,在整个项目生命周期中积累知识并传递给目标受众,以防止知识流失。

(4) 增加项目经理的职责。项目经理被要求介入启动和结束项目,如开展项目商业论证和效益管理。按照以往的惯例,这些事务均由管理层和项目管理办公室负责。现在,项目经理需要频繁地与他们合作处理这些事务,以便更好地实现项目目标以及交付项目效益。项目经理也需要更全面地识别相关方,并引导他们参与项目,包括管理项目经理与各职能部门、运营部门和高层管理者之间的接口。

(5) 混合型方法。经实践检验的新做法会不断地融入项目管理方法,例如,采用敏捷或其他迭代做法,为开展需求管理而采用商业分析技术,为分析项目复杂性而采用相关工具,以及为在组织中应用项目成果而采用组织变更管理方法。

3.2 制定项目章程

3.2.1 制定项目章程过程概述

项目章程是由项目启动者或发起人发布的,正式批准项目成立,并授权项目经理动用组织资源开展项目活动的文件。项目章程的批准意味着项目正式启动,它是在项目启动决策之后而编制、批准和确定的关于项目管理的文件,它为人们提供了项目具体的要求、目标、规则和方向,以及对于项目经理的正式授权和项目团队与其他项目相关利益主体相互关系等方面的规定。

项目章程一般由项目发起人或经授权的项目经理进行编写,并经发起项目的实体批准后正式生效。项目章程是组织内部协议,是一份文件,而不是合同。首先,它正式确立项目的合法地位;其次,项目章程授权项目经理使用组织资源,确立项目的正式地位,以及高级管理层直述他们对项目的支持;最后,项目章程从高层次明确定义项目开始和项目边界,是指导项目实施和管理的"根本大法"。

制定项目章程是编写一份正式批准项目并授权项目经理在项目活动中使用组织资源的文件的过程。本过程的主要作用是,明确项目与组织战略目标之间的直接联系,确立项目的正式地位,并展示组织对项目的承诺。图3-2描述制定项目章程过程的输入、工具与技术,以及输出。

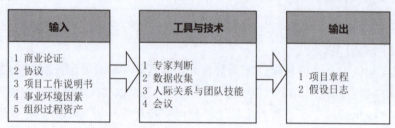

图3-2 制定项目章程过程的输入、工具与技术,以及输出

3.2.2 制定项目章程过程的输入

任何项目文件都不可能是凭空想象编制出来的,项目章程往往是以项目决策的相关文件为基础,通过项目团队对项目的综合分析而编制的,项目章程编制的主要依据有以下几个方面。

1. 商业论证

经批准的商业论证或类似文件是最常用于制定项目章程的商业文件。商业论证从商业视角描述必要的信息,并且据此判断项目的期望结果以及项目是否值得投资。高于项目级别的经理和高管们通常使用该文件作为决策的依据。一般情况下,商业论证会包含商业需求和成本效益分析,以论证项目的合理性并确定项目边界。

2. 协议

协议定义了启动项目的初衷、项目的标的,以及协议各方的主要权利与义务,是项目章程制定的重要依据。项目的协议有多种形式,主要包括项目主体合同,以及相关有效的协议书、补充协议、意向书、谅解备忘录等。通常,为外部客户做项目时,就需要用合同。

3. 项目工作说明书

项目工作说明书(statement of work,SOW)是对项目所需交付的产品、服务或成果的叙述性说明。这是项目业主或用户给出的项目具体要求说明书,其主要内容有项目要求、项目产出物和工作的说明等。

4. 事业环境因素

事业环境因素是指项目团队不能控制的,将对项目产生影响、限制或指令作用的各种条件,这些条件可能对项目结果产生积极或消极影响。事业环境因素主要包括组织文化、组织结构和治理、设施和资源的地理分布、政府或行业标准、市场条件、基础设施、现有人力资源制度及状况、公司的工作授权系统等。

能够影响制定项目章程过程的事业环境因素主要包括:政府或行业标准、法律法规要求和制约因素、市场条件、组织文化和政治氛围。

5. 组织过程资产

组织过程资产是执行组织所特有并使用的正式或非正式计划、流程、政策、程序和知识库,包括来自任何项目参与组织的,可用于执行或治理项目的任何产物、实践或知识,还包括组织的知识库,如经验教训和历史信息。在项目管理过程中,项目团队成员可以对组织过程资产进行必要的更新和增补。组织过程资产主要包括以下两大类:一类是流程与程序,组织用于执行项目工作的流程与程序,包括启动、规划、执行、监控和收尾;另一类是共享知识库,即组织用来存取信息的知识库,包括配置管理知识库、财务数据库、历史信息与经验教训知识库、问题与缺陷管理数据库、过程测量数据库、以往项目的档案。

能够影响制定项目章程过程的组织过程资产包括:组织的标准政策、流程和程序,项目组合、项目集和项目的治理框架,监督和报告方法,模板(如项目章程模板),历史信息与经验教训知识库。

3.2.3 制定项目章程过程的工具与技术

1. 专家判断

专家判断即由来自项目内部和外部的具备专业知识或受过专门培训的人组成一个专家小组,该小组的成员凭借其专业知识和经验对所获得的信息进行分析和判断,以决定是否批准某项决议或采取某种措施。制定项目章程的专家可以是来自具有专业知识或受过专业培训的任何小组或个人,也可以从许多渠道获取,如组织内部的其他部门、顾问、干系人、专业与技术协会、行业团体、主题专家等。

2. 数据收集

可用于本过程的数据收集技术包括(但不限于)如下几点。

(1) 头脑风暴。头脑风暴技术用于在短时间内获得大量创意,适用于团队环境,需要引导者进行引导。头脑风暴由两部分构成:创意产生和创意分析。制定项目章程时可通过头脑风暴向相关方、主题专家和团队成员收集数据、解决方案或创意。

(2) 焦点小组。焦点小组召集相关方和主题专家讨论项目风险、成功标准和其他议题,比一对一访谈更有利于互动交流。

(3) 访谈。访谈是指通过与相关方直接交谈来了解高层级需求、假设条件、制约因素、审批标准及其他信息。

3. 人际关系与团队技能

可用于本过程的人际关系与团队技能包括(但不限于)如下几点。

(1) 冲突管理。冲突管理有助于相关方就目标、成功标准、高层级需求、项目描述、总体里程碑和其他内容达成一致意见。

(2) 引导。引导是指有效引导团队活动成功以达成决定、解决方案或结论的能力。引导者确保参与者有效参与，互相理解，考虑所有意见，按既定决策流程全力支持得到的结论或结果，以及所达成的行动计划和协议在之后得到合理执行。

(3) 会议管理。会议管理包括准备议程、确保邀请每个关键相关方群体的代表，以及准备和发送后续的会议纪要及行动计划。

4. 会议

在本过程中，与关键相关方举行会议的目的是识别项目目标、成功标准、主要可交付成果、高层级需求、总体里程碑和其他概述信息。

3.2.4　制定项目章程过程的主要输出

1. 项目章程

项目章程是制定项目章程过程的成果，项目章程是由项目启动者或发起人正式批准项目成立并授权项目经理动用组织资源开展项目活动的文件。从某种意义上来说，项目章程实际上是项目内部的"宪法"，它主要是对项目相关利益主体责、权、利的规定，主要包括以下几个方面的内容。

(1) 项目或项目利益相关者的要求和期望。这是确定项目质量、计划与指标的根本依据，是对项目各种价值的要求和界定。

(2) 项目产出物的要求说明和规定。这是根据项目客观情况和项目相关利益主体要求提出的项目最终成果的要求和规定。

(3) 开展项目的目的或理由。这是对项目要求和项目产出物的进一步说明，是对于相关依据和目的的进一步解释。

(4) 项目其他方面的规定和要求。这包括项目里程碑和进度的概述要求、大致的项目预算规定、相关利益主体的要求和影响、项目经理及其权限、项目实施组织、项目组织环境和外部条件的约束情况和假设情况、项目的投资分析结果说明等。

上述基本内容既可以直接列在项目章程中，也可以是援引其他相关的项目文件。同时，随着项目工作的逐步展开，这些内容也会在必要时随之更新。

2. 假设日志

通常而言，在项目启动之前编制商业论证时，识别高层级的战略和运营假设条件与制约因素，这些假设条件与制约因素应纳入项目章程。较低层级的活动和任务假设条件在项目期间随着诸如定义技术规范、估算、进度和风险等活动的开展而生成。假设日志用于记录整个项目生命周期中的所有假设条件和制约因素。

3.3 制订项目管理计划

3.3.1 制订项目管理计划过程概述

项目管理计划是对项目所进行的事先安排，是说明项目将如何规划、执行、监督和控制的一套文件。项目管理计划是一套完整的体系，它整合了其他规划过程所输出的所有子计划，是项目管理的一份核心文件，作为所有项目工作的依据。项目管理计划也应当渐进明细，并且对于已经批准的变更，应当及时更新，保持项目管理计划的系统性与一致性。项目管理计划应当在项目经理总负责、相关干系人参与的情况下，由项目团队成员进行编制。项目管理计划是所有项目工作的依据，是项目管理团队对开展项目做出的必要安排，对项目顺利完成起着非常重要的作用。

制订项目管理计划是定义、准备和协调项目计划的所有组成部分，并把它们整合为一份综合性的项目管理计划的过程。本过程的主要作用是生成一份综合文件，用于确定所有项目工作的基础及其执行方式，它仅开展一次或仅在项目的预定义点开展。图3-3描述了制订项目管理计划过程的输入、工具与技术，以及输出。

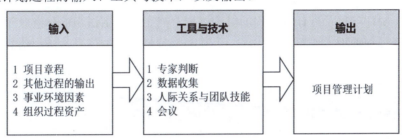

图3-3 制订项目管理计划过程的输入、工具与技术，以及输出

项目管理计划确定项目的执行、监控和收尾方式，其内容会因项目所在的应用领域和复杂程度的不同而异。项目管理计划可以是概括或详细的，每个组成部分的详细程度取决于具体项目的要求。项目管理计划应足够强大，可以应对不断变化的项目环境。项目管理计划应基准化，即至少应规定项目的范围、时间和成本方面的基准，以便据此考核项目执行情况和项目管理绩效。

项目管理计划是项目管理团队对如何开展项目的安排，是所有项目工作的依据，对项目顺利完成起着非常重要的作用。其主要包括如下几个方面。

(1) 通过计划可以分析研究总目标能否实现。
(2) 计划是对目标实现方法、措施和过程的安排，也是目标的分解过程。
(3) 计划是实施的指南和实施控制的依据。
(4) 业主和项目的其他方面(如利益相关者)需要利用计划的信息。
(5) 计划是项目参加者协调的工具。

3.3.2 制订项目管理计划过程的输入

1. 项目章程

项目团队把项目章程作为初始项目规划的起点。项目章程所包含的信息种类和数量因项目的复杂程度和已知的信息的不同而异。在项目章程中至少应该定义项目的高层级信息，供将来在项目管理计划的各个组成部分中进一步细化。

2. 其他过程的输出

制订项目管理计划需要整合诸多过程的输出。其他规划过程所输出的子计划和基准都是本过程的输入。此外，对这些子计划和基准的变更都可能导致对项目管理计划的相应更新。

3. 事业环境因素

能够影响制订项目管理计划过程的事业环境因素主要包括政府或行业标准、法律法规要求和制约因素、相关行业或领域的项目管理知识体系、组织文化与结构、组织管理实践、组织治理框架、基础设施等。

4. 组织过程资产

能够影响制订项目管理计划过程的组织过程资产主要包括组织的标准政策、流程和程序、项目管理计划模板、变更控制程序、以往类似项目的相关信息、历史信息和经验教训知识库等。

3.3.3 制订项目管理计划过程的工具与技术

制订项目管理计划的工具与技术主要包括专家判断、数据收集、人际关系与团队技能、会议。

1. 专家判断

在制订项目管理计划过程中，专家判断常用于项目管理过程的裁决、项目管理计划的技术与管理细节的编制、确定项目所需的资源与技术水平、项目配置管理级别的定义、项目工作优先级的确定等。

2. 数据收集

可用于本过程的数据收集技术包括(但不限于)：头脑风暴、焦点小组会议、访谈。

3. 人际关系与团队技能

制订项目管理计划时，需要的人际关系与团队技能包括冲突管理、引导技术、会议管理。

4. 会议

在本过程中，通过会议讨论项目方法可以确定为达成项目目标而采用的工作执行方式，以及制定项目监控方式。

3.3.4 制订项目管理计划过程的主要输出

项目管理计划是制订项目管理计划的主要输出成果。项目管理计划整合与综合了所有子管理计划和基准,主要包括以下几个方面。

1. 范围基准

范围基准是经过批准的项目范围说明书、工作分解结构(work breakdown structure,WBS)和相应的WBS词典,它被用作比较的依据。

2. 进度基准

进度基准是经过批准的进度模型,用作与实际结果进行比较的依据。

3. 成本基准

成本基准是经过批准的,按时间段分配的项目预算,用作与实际结果进行比较的依据。

4. 子管理计划

子管理计划按计划的内容划分,主要包括以下几种。
(1) 范围管理计划,确定如何定义、制订、监督、控制和确认项目范围。
(2) 需求管理计划,确定如何分析、记录和管理需求。
(3) 进度管理计划,为编制、监督和控制项目进度建立准则并确定活动。
(4) 成本管理计划,确定如何规划、安排和控制成本。
(5) 质量管理计划,确定在项目中如何实施组织的质量政策、方法和标准。
(6) 资源管理计划,指导如何对项目资源进行分类、分配、管理和释放。
(7) 沟通管理计划,确定项目信息将如何、何时、由谁来进行管理和传播。
(8) 风险管理计划,确定如何安排与实施风险管理活动。
(9) 采购管理计划,确定项目团队将如何从执行组织外部获取货物和服务。
(10) 相关参与计划,确定如何根据相关方的需求、利益和影响让其参与项目决策和执行。

3.4 指导与管理项目工作

3.4.1 指导与管理项目工作过程概述

指导与管理项目工作是为实现项目目标而领导和执行项目管理计划中所确定的工作,并实施已批准的变更,完成项目活动产出可交付成果,是项目目标具体实现的过程。项目的成功与否,很大程度上取决于项目的计划是否得到有效的执行。所谓执行就是将计划落到实处,项目计划编制的目的就是为了使计划得到落实,以实现项目目标,而执行就是落实计划。

指导与管理项目工作过程的主要作用是对项目工作和可交付成果开展综合管理,以提高项目成功的可能性。本过程需要在整个项目期间展开。图3-4描述了本过程的输入、工具与技术，以及输出。

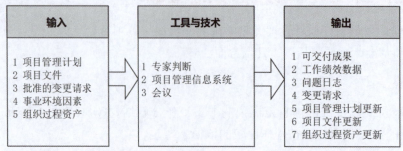

图3-4　指导与管理项目工作过程的输入、工具与技术，以及输出

3.4.2　指导与管理项目工作过程的输入

1. 项目管理计划

项目管理计划的任何组件都可用作本过程的输入。

2. 项目文件

可作为本过程输入的项目文件主要包括：变更日志、经验教训记录册、里程碑清单、项目沟通记录、项目进度计划、需求跟踪矩阵、风险登记册、风险报告等。

3. 批准的变更请求

批准的变更请求是实施整体变更控制过程的输出，包括经项目经理或变更控制委员会(必要时)审查和批准的变更请求。批准的变更请求可能是纠正措施、预防措施或缺陷补救，并由项目团队纳入项目进度计划和付诸实施。批准的变更请求可能对项目或项目管理计划的任一领域产生影响，还可能导致修改正式受控的项目管理计划组件或项目文件。

4. 事业环境因素

能影响指导与管理项目工作过程的事业环境因素主要包括：组织的结构、文化、管理实践和可持续性，基础设施(如现有的设施和固定资产)，相关方的风险临界值(如允许的成本超支百分比)。

5. 组织过程资产

能够影响指导与管理项目工作过程的组织过程资产主要包括：组织的标准政策、流程和程序，问题与缺陷管理程序，问题与缺陷管理数据库，绩效测量数据库，变更控制和风险控制程序，以往项目的项目信息。

3.4.3　指导与管理项目工作过程的工具与技术

1. 专家判断

在此过程中，使用专家判断和专业知识可以用来处理各种技术和管理问题。

2. 项目管理信息系统(PMIS)

PMIS提供信息技术软件工具，如进度计划软件工具、工作授权系统、配置管理系统、信息收集与发布系统，以及进入其他在线自动化系统(如公司知识库)的界面。自动收集和报告关键绩效指标，可以是本系统的一项功能。

3. 会议

在指导与管理项目工作时，项目的相关事项可以通过会议来讨论和解决。参会者可包括项目经理、项目团队成员以及与所讨论事项相关方或会受该事项影响的相关方。每个参会者的角色应该被明确，确保有效参会。会议类型主要包括开工会议、技术会议、敏捷或迭代规划会议、每日站会、指导小组会议、问题解决会议、进展跟踪会议及回顾会议。

3.4.4 指导与管理项目工作过程的输出

1. 可交付成果

可交付成果是在某一过程、阶段或项目完成时，必须产出的任何独特并可核实的产品、成果或服务能力。根据可交付成果所处阶段的不同，可将其划分为完成的可交付成果、核实的可交付成果、验收的可交付成果、最终可交付成果。符合验收标准的可交付成果应该由客户或发起人正式签字批准，从客户或发起人那里获得正式文件，证明干系人对项目可交付成果的正式验收。

2. 工作绩效数据

工作绩效数据是在执行项目工作的过程中，从每个正在执行的活动中收集到的原始观察结果或测量值，主要作用是描述与核实项目工作实施的实际情况，提供项目实施状况的相关信息，如已完成的工作量、项目进度情况、产出物的数量与质量情况、实际成本等。

3. 问题日志

在整个项目的生命周期中，项目经理通常会遇到诸如进度滞后、目标认知出现偏差、意外冲突等各类问题。项目经理需要采取某些行动加以处理，以免影响项目绩效。问题日志是一种记录和跟踪所有问题的项目文件，可以帮助项目经理有效跟进和管理问题，确保它们得到调查和解决。

4. 变更请求

变更请求是关于修改任何文件、可交付成果或基准的正式提议。如果在开展项目工作时发现问题，则可提出变更请求。变更请求往往涉及项目工作的各方面，如项目政策、项目计划、项目范围、项目成本或预算、项目进度或项目质量等。项目变更请求根据其变更内容可能包括以下几种。

(1) 纠正措施。纠正措施是为使项目工作绩效重新与项目管理计划一致而进行的有目的的项目活动纠正方案。

(2) 缺陷补救方案。缺陷补救方案是为了修正不一致的新产品或产品组件而提供的产品缺陷补救提议。

(3) 预防措施。预防措施是为了确保项目工作的未来绩效符合项目计划而提出的防止偏差的方案或提议。

(4) 更新方案。更新方案是对正式受控的项目文件或计划等进行的变更，以反映修改或增加的意见或内容。

5. 项目管理计划更新

项目管理计划的任何变更都以变更请求的形式提出，且通过组织的变更控制过程进行处理。

6. 项目文件更新

可在本过程更新的项目文件主要包括：活动清单、假设日志、经验教训登记册、需求文件、风险登记册、相关方登记册。

7. 组织过程资产更新

任何组织过程资产都可在本过程更新。

3.5 监控项目工作

3.5.1 监控项目工作过程概述

监控项目工作是跟踪、审查和报告整体项目进展，以实现项目管理计划中确定的绩效目标的过程。本过程的主要作用是让相关方了解项目的当前状态并认可为处理绩效问题而采取的行动，以及通过成果和进度预测让相关方了解未来项目状态。本过程需要在整个项目期间展开。图3-5描述了监控项目工作过程的输入、工具与技术，以及输出。

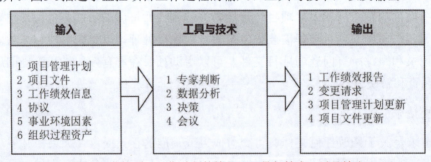

图3-5　监控项目工作过程的输入、工具与技术，以及输出

监控是贯穿于整个项目的项目管理活动之一，包括收集、测量和分析测量结果，以及预测趋势，以便推动过程改进。持续的监控使项目管理团队能洞察项目的健康状况，并识别需特别关注的任何方面。监控包括制定、纠正，或预防措施，或重新规划，并跟踪行动计划的实施过程，以确定它们能否有效解决问题。

监控项目工作过程关注：将项目的实际绩效与项目管理计划进行比较；定期评估项目绩效，决定是否需要采取纠正或预防措施，并推荐必要的措施；检查单个项目风险的状态；监督已批准变更的实施情况。

3.5.2 监控项目工作过程的输入

1. 项目管理计划

监控项目工作包括查看项目的各个方面。项目管理计划的任一组成部分都可作为本过程的输入。

2. 项目文件

可用于本过程的项目文件包括(但不限于)：假设日志、估算依据、成本预测、问题日志、经验教训登记册、里程碑清单、质量报告、风险登记册、风险报告、进度预测。

3. 工作绩效信息

在工作执行过程中收集工作绩效数据，再交由控制过程做进一步分析。将工作绩效数据与项目管理计划组件、项目文件和其他项目变量比较之后生成工作绩效信息。通过这种比较可以了解项目的执行情况。

在项目开始时，就在项目管理计划中规定关于范围、进度、预算和质量的具体工作绩效测量指标。项目期间通过控制过程收集绩效数据，与计划和其他变量比较，为工作绩效提供背景。

4. 协议

合同是对双方都有约束力的协议。项目的采购协议、外包协议等都是本过程的输入。项目经理要确保所有协议都符合项目的特定要求。

5. 事业环境因素

能够影响监控项目工作过程的事业环境因素包括(但不限于)：项目管理信息系统、基础设施、相关方的期望和风险临界值、政府或行业标准。

6. 组织过程资产

能够影响监控项目工作过程的组织过程资产包括(但不限于)：组织的标准政策、流程和程序；财务控制程序；监督和报告方法；问题管理程序；缺陷管理程序；组织知识库。

3.5.3 监控项目工作过程的工具与技术

1. 专家判断

本过程就挣值分析、趋势分析、风险管理、合同管理等主题，考虑具备相关专业知识或接受过相关培训的个人或小组的意见。

2. 数据分析

可用于本过程的数据分析技术包括(但不限于)：备选方案分析、成本效益分析、挣值分析、根本因素分析、趋势分析、偏差分析。

3. 决策

可用于本过程的决策技术包括(但不限于)投票。

4. 会议

会议可以是面对面或虚拟会议，正式或非正式会议。参会者可以包括项目团队成员和其他合适的项目相关方；会议的类型包括(但不限于)用户小组会议和用户审查会议。

3.5.4 监控项目工作过程的输出

1. 工作绩效报告

工作绩效报告是指为制定决策、采取行动或引起关注而汇编工作绩效信息所形成的实物或电子项目文件。其主要是向关键关系人报告项目开始时规定的项目绩效指标的落实情况。

2. 变更请求

通过比较实际情况与计划要求，可能需要提出变更请求，来调整(扩大或缩小)项目范围与产品范围，或者调整(提高或降低)质量要求或者调整进度或成本基准。变更可能会影响项目管理计划、项目文件或产品可交付成果。通过实施整体变更控制过程对变更请求进行审查和处理。变更可能包括(但不限于)如下几点。

(1) 纠正措施。为使项目工作绩效重新与项目管理计划一致，而进行的有目的的活动。

(2) 预防措施。为确保项目工作的未来绩效符合项目管理计划，而进行的有目的的活动。

(3) 缺陷补救。为了修正不一致产品或产品组件而进行的有目的的活动。

3. 项目管理计划更新

项目管理计划的任何变更都以变更请求的形式提出，且通过组织的变更控制过程进行处理。监控项目工作过程中提出的变更可能会影响整体项目管理计划。

4. 项目文件更新

可在本过程中更新的项目文件包括(但不限于)：成本预测、问题日志、经验教训登记册、风险登记册、进度预测。

3.6 实施整体变更控制

3.6.1 实施整体变更控制过程概述

实施整体变更控制是审查所有变更请求、批准变更，管理对可交付成果、项目文件和项目管理计划的变更，并对变更处理结果进行沟通的过程。本过程审查对项目文件、可交付成果或项目管理计划的所有变更请求，并决定对变更请求的处置方案。本过程的主要作用是确保对项目中记录在案的变更做综合评审。如果不考虑变更对整体项目目标或计划的影响就开展变更，往往会加剧整体项目风险。

实施项目整体变更控制过程贯穿项目始终，项目经理对此承担最终责任。变更请求可能影响项目范围、产品范围以及任一项目管理计划组件或任一项目文件。在整个项目生命周期的任何时间，参与项目的任何相关方都可以提出变更请求。项目变更主要有三大类型：一是目标的变更；二是工程技术系统的变更；三是实施计划或实施方案的修改。

项目的变更，无论大小都必须提交实施整体变更控制过程的相关请示以供审批，因为很小的变更也可能引起很大的后果。项目变更通过审批后还应当及时进行项目文件更新，并及时送达或告知利益相关者。在变更处理中还应当注意如下两点要求：一是变更应尽可能快地做出；二是变更指令做出后，应迅速、全面、系统地落实变更指令。因此，项目变更根据其变更内容的不同或对项目影响程度的不同，其批准的权限也不同，具体如表3-1所示。

表3-1 变更控制的权限

变更类型	批准	备注
项目章程	签署或批准该章程的人	
目标或基准的变更	变更控制委员会	项目经理可分析变更的情况并提出意见
与合同相关的变更	客户	
项目计划内的变更 (可通过赶工或快速跟进来解决)	项目经理	
紧急情况下变更	项目经理	后补相关手续

图3-6描述了实施整体变更控制过程的输入、工具与技术，以及输出。

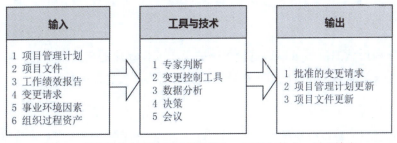

图3-6 实施整体变更控制过程的输入、工具与技术，以及输出

3.6.2 实施整体变更控制过程的输入

1. 项目管理计划

可用于本过程输入的项目管理计划包括(但不限于)：变更管理计划、配置管理计划、范围基准、进度基准、成本基准。

2. 项目文件

可用于本过程输入的项目文件包括(但不限于)：估算依据、需求跟踪矩阵、风险报告。

3. 工作绩效报告

可用于本过程输入的工作绩效报告主要有：资源可用情况、进度和成本数据、挣值报告等。

4. 变更请求

很多过程都会输出变更请求。变更请求可能包含纠正措施、预防措施、缺陷补救，以及对正式受控的项目文件或可交付成果的更新，以反映修改或增加的意见或内容。变更决定通常由项目经理做出。

5. 事业环境因素

能够影响整体变更控制过程的事业环境因素包括(但不限于)：法律限制、政府或行业标准、法律法规要求和制约因素、组织治理框架、合同和采购制约因素。

6. 组织过程资产

能够影响整体变更控制过程的组织过程资产包括(但不限于)：变更控制程序、批准与签发变更的程序、配置管理知识库。

3.6.3 实施整体变更控制过程的工具与技术

1. 专家判断

本过程就项目变更涉及的问题，考虑具备相关专业知识或接受过相关培训的个人或小组的意见。

2. 变更控制工具

变更管理和后续的决策可以通过使用一些手工或自动化的工具来开展，项目团队应当基于项目干系人的需要，并考虑组织和环境情况或制约因素进行工具选择。

3. 数据分析

可用于本过程的数据分析技术包括(但不限于)：备选方案分析、成本效益分析。

4. 决策

可用于本过程的决策技术包括(但不限于)：投票、独裁型决策制定、多标准决策分析。

5. 会议

变更控制会可以与变更控制委员会一起召开。变更控制委员会负责审查变更请求，并做出批准、否决或推迟的决定。大部分变更会对时间、成本、资源或风险产生一定影响，因此，评估变更的影响也是会议的基本工作。此外，变更请求所提供的备选方案可能在会议上被提出和讨论。最后，会议决定被传达给提出变更请求的责任人或小组。

3.6.4 实施整体变更控制过程的输出

1. 批准的变更请求

由项目经理、变更控制委员会或指定的团队成员，根据变更管理计划处理变更请求，做出批准、推迟或否决的决定。批准的变更请求应通过指导与管理项目工作过程加以实施。对于推迟或否决的变更请求，应通知提出变更请求的个人或小组。同时，所有的变更请求以项目文件更新的形式，在变更日志中记录其处理情况。

2. 项目管理计划更新

项目管理计划的任一正式受控的组成部分，都可通过本过程进行变更。对基准的变更，只能基于最新版本的基准且针对将来的情况，而不能变更以往的绩效。这有助于保护基准和历史绩效数据的严肃性和完整性。

3. 项目文件更新

正式受控的任一项目文件都可在本过程变更。通常在本过程更新的一种项目文件是变更日志。变更日志用于记录项目期间发生的变更。

3.7 结束项目或阶段

3.7.1 结束项目或阶段过程概述

项目或阶段的结束是终结项目、阶段或合同的所有活动的过程。本过程的主要作用是存档项目或阶段信息，完成计划的工作，释放组织团队资源以展开新的工作。当项目目标已经达成时，则按项目规划结束项目过程。如果项目提前终止，也应记录提前终止的原因并移交已完成和未完成的可交付成果。项目可能因为多种原因结束，具体如图3-7所示，但是无论以任何原因结束项目都要遵循流程。

图3-7 项目结束的流程图

结束项目或阶段的主要工作包括以下几个方面。

(1) 移交项目的产品、服务或成果。

(2) 财务收尾，支付最后的项目款项，完成财务结算。

(3) 更新项目记录，如项目的绩效报告和项目团队的业绩记录。

(4) 总结经验教训，进行完工后评价。

(5) 存档项目信息，供组织未来使用。

(6) 解散项目团队，标志项目正式结束。

项目收尾包含合同收尾与行政收尾(管理收尾)两部分程序。合同收尾通常在行政收尾之前，有时合同收尾中又包括行政收尾，二者的关系如表3-2所示。

表3-2 合同收尾与行政收尾的区别

类别	收尾对象	产品核实	收尾确认	关系描述
合同收尾	每个合同发生一次	有	由买方授权的采购管理员向卖方签发书面确认	采购审计(验收可交付成果、产品核实、财务收尾、更新记录管理系统最终合同执行报告、采购档案/合同档案、采购审计等)
行政收尾	阶段或项目结束	有	发起人或管理层给项目经理签发书面文件	通常把项目收尾时组织过程资产的总结和更新叫行政收尾(管理收尾)，包括项目档案、项目或阶段收尾文件历史信息和经验总结

图3-8描述了结束项目或阶段过程的输入、工具与技术和输出。

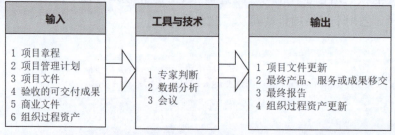

图3-8 结束项目或阶段过程的输入、工具与技术和输出

3.7.2 结束项目或阶段过程的输入

1. 项目章程

项目章程记录了项目成功标准、审批要求，以及由谁来签署项目结束。

2. 项目管理计划

项目管理计划的所有组成部分均为本过程的输入。

3. 项目文件

可用于本过程输入的项目文件包括(但不限于)：假设日志、估算依据、变更日志、问题日志、经验教训登记册、里程碑清单、项目沟通记录、质量控制测量结果、质量报告、需求文件、风险登记册、风险报告。

4. 验收的可交付成果

验收的可交付成果包括批准的产品规范、交货收据和工作绩效文件。对于分阶段实施的项目或提前取消的项目，其还可能包括部分完成或中间的可交付成果。

5. 商业文件

商业文件主要包括商业论证和效益管理计划。商业论证用于确定项目是否达到了经济可行性研究的预期结果。效益管理计划用于测量项目是否达到了计划的效益。

6. 组织过程资产

能够影响项目或阶段的结束过程的组织过程资产包括(但不限于)项目或阶段收尾指南或要求。

3.7.3 结束项目或阶段过程的工具与技术

1. 专家判断

本过程就管理控制、审计法规与采购法律法规等主题，考虑具备相关专业知识或接受过相关培训的个人或小组的意见。

2. 数据分析

可用于项目收尾的数据分析技术主要包括文件分析、回归分析、趋势分析、偏差分析。

3. 会议

会议的目的在于确认可交付成果已通过验收，确定已达到退出标准，正式关闭合同，评估相关方满意度，收集经验教训，传递项目知识和信息，以及庆祝成功。参会者可包括项目团队成员，以及参与项目或受项目影响的其他相关方。会议可以是面对面或虚拟会议，正式或非正式会议。会议的类型主要包括收尾报告会、客户总结会、经验教训总结会及庆祝会。

3.7.4 结束项目或阶段过程的输出

1. 项目文件更新

所有项目文件都可在本过程更新，并标记为最终版本。特别值得注意的是，经验教训登记册的最终版本要包含阶段或项目收尾的最终信息。

2. 最终产品、服务或成果移交

项目交付的产品、服务或成果可移交给另一团队或组织，并由其在整个生命周期中进

行运营、维护和支持。本输出所指的正是把项目交付的最终产品、服务或成果(对于阶段收尾，则是所在阶段的中间产品、服务或成果)从一个团队转交到另一个团队。

3. 最终报告

用最终报告总结项目绩效，其中可包含：项目或阶段的概述；范围目标、范围的评估标准，以及证明达到完工标准的证据；质量目标、项目和产品质量的评估标准、相关核实信息和实际里程碑交付日期以及偏差原因；成本目标，包括可接受的成本区间、实际成本，以及产生任何偏差的原因；最终产品、服务或成果的确认信息的总结。

4. 组织过程资产更新

需要更新的组织过程资产主要包括项目文件、运营和支持文件、项目收尾文件、经验教训知识库。

本章小结

项目的整合管理在项目管理中处于核心位置，其功效就是用来整合其他领域。项目经理则要起到关键性的组织、协调与管理作用。

项目整合管理是围绕项目管理计划的制订、执行和控制进行的，通过项目资源的整合，将项目所有的组成要素在恰当的时间、正确的地方、与合适的人物结合在一起，以成功地完成项目。

项目整合管理的过程包括制定项目章程、制订项目管理计划、指导和管理项目工作、监控项目工作、实施整体变更控制和结束项目。

复习与思考

一、多选题

1. 项目的整合管理有(   )的重要作用。
   A. 合理配置有限资源
   B. 界定项目范围
   C. 减少项目实施过程中的矛盾与冲突
   D. 进行项目全方面整合管理

2. 监控项目工作过程的输出有(   )。
   A. 工作绩效报告   B. 变更请求
   C. 项目管理计划更新   D. 项目文件更新

3. 制定项目章程的结果有(   )。
   A. 项目章程   B. 假设日志
   C. 商业论证   D. 组织过程资产

二、简答题

1. 制定项目章程过程的工具与技术有哪些？
2. 项目整合管理的概念与内容有哪些？
3. 项目整体变更控制的结果有哪些？
4. 项目管理计划工作的内容有哪些？

三、案例分析题

被拉走的资源

在国际经济与贸易的广阔舞台上，有一项涉及高度保密信息的供应商评估项目正如火如荼地进行着。这不仅仅是一次简单的评估，还关乎着两家跨国企业未来合作的基石，每个细节都蕴藏着无限的商业价值。

项目的特殊性在于，所有关键资源，尤其是人力资源，必须严格从甲方单位内部调配。这是因为项目触及的敏感信息，一旦泄露，将对双方企业造成不可估量的损失。因此，将任务分包给外部机构几乎是不可能的选择——不仅要获得甲方的层层审批，分包商还必须具备严苛的保密资质。而这样的资质审核，往往耗时漫长，足以让整个项目的进度陷入停滞。

项目团队在这样的高压环境下，犹如精密运作的机器，每一步都小心翼翼。他们深知，时间就是金钱，在这个充满变数的市场中，延误一秒都可能意味着机会的流失。经过无数个日夜的努力，他们终于迎来了曙光——客户评估工作已完成了90%，胜利似乎触手可及。

然而，就在这时，一场突如其来的"风暴"打破了平静。项目承接方的一名副总裁，一位在商业界享有盛誉的"猎手"，突然承揽了一个全新的、看似更加诱人的项目。在利益的驱使下，他决定从当前项目中抽调核心评估师，转而去执行这个新项目。

这一决定，如同在项目团队中投下了一枚震撼弹。团队成员们愕然，他们不敢相信，在距离成功仅一步之遥的地方，竟然会遭遇如此变故。他们深知，这不仅是对项目的不负责任，更是对甲方信任的背叛。

面对这一突如其来的挑战，项目团队必须迅速做出反应。他们开始紧急协调，寻找解决方案，试图挽回即将逝去的胜利。而这场突如其来的"人事地震"，也让他们深刻意识到，在国际经济与贸易的复杂环境中，除了专业能力和保密意识，团队的稳定与合作同样至关重要。

项目团队能否克服这一难关，保住即将到手的胜利？他们又将如何面对未来可能出现的更多挑战？在国际经济与贸易的舞台上，每一个选择都可能改写命运，而他们，正站在命运的十字路口。

问题：

1. 请简要说明发生上述情况的可能原因。
2. 简要叙述如果项目经理希望继续推进该项目，应如何进行。
3. 请简要叙述如何处理多个项目之间的资源冲突。

第 4 章

项目范围管理

> 可能没有什么会比良好而完整的范围定义能对项目的成功做出更大的贡献。
>
> ——昆廷·佛莱明

📖 本章内容

- 规划范围管理
- 收集需求
- 定义范围
- 创建WBS
- 确认范围
- 控制范围

📖 案例导入

小康大爱——从"三步走"到"两个一百年"

1987年10月,党的十三大确定我国经济建设的战略部署大体上分三步走。

中共十九大报告提出,"中国既要全面建成小康社会、实现第一个百年奋斗目标,又要乘势而上开启全面建设社会主义现代化国家新征程,向第二个百年奋斗目标进军",同时,全面建设社会主义现代化国家将分两个阶段来安排。这是对前期"三步走"战略的继续和深入,意味着在2020年实现全面建成小康社会奋斗目标后,全面建设社会主义现代化国家将成为新的奋斗目标。

国家"三步走"战略与"两个一百年"奋斗目标,涵盖了我国经济建设的工作范围,同时,实事求是,从国情出发,制定分阶段目标,先易后难、先急后缓、循序渐进,是改革开放取得成功的重要原因。

4.1 项目范围管理概述

4.1.1 项目范围管理的概念

参与项目的人可能都会有这样的经历：项目进行了很久之后，项目何时结束还不确定，因为用户总是有新的需求要项目组来做，项目组也就要根据用户的新需求不断去开发新的功能。这类项目实际上是一个"无底洞"，项目成员对这样的项目已经完全丧失了信心。实际上，这里涉及一个"项目范围管理"的概念。项目中哪些该做，做到什么程度，哪些不该做，都是由"项目范围管理"来决定的。

项目范围管理就是为项目确定一个明确的界限，确保项目做且只做所需的全部工作，以成功完成项目的各个过程。项目范围管理主要在于定义和控制哪些工作应该包括在项目内，哪些不应该包括在项目内。项目范围管理是界定项目的范围并在此基础上进行管理，它是项目未来一系列决策的基础。

在项目环境中，"范围"一词有两种含义。

(1) 产品范围。产品范围指某项产品、服务或成果所具有的特征和功能。

(2) 工作范围。工作范围指为交付具有规定特征与功能的产品、服务或成果而必须完成的工作。

项目范围的概念很容易被人理解为"项目所涉及的所有产出物的集合"，然而这个概念是不正确的。构成项目范围的不是产出物的汇总，而是这些产出物所引发的所有工作的汇总。有形的产出物必定会引发相关的工作，所以在制订项目范围计划时，我们用有形的产出物来表达容易于理解。但不是所有的工作都一定会有有形的产出物，如会议、沟通、验收之类的工作，它们要占用时间和人力资源，却难以界定其产出的结果。

确定了项目范围也就定义了项目的工作边界，明确了项目的目标和主要的项目可交付成果。项目的可交付成果往往又被划分为较小的、更易管理的不同组成部分。因此，确定项目范围对项目管理来说可以产生如下作用。

(1) 提高费用、时间和资源估算的准确性。项目的工作边界定义清楚了，项目的具体工作内容明确了，这就为项目所需的费用、时间、资源的估算打下了基础。

(2) 确定进度测量和控制的基准。项目范围是项目计划的基础，项目范围确定了，就为项目进度计划和控制确定了基准。

(3) 有助于清楚地分派责任。项目范围的确定也就意味着确定了项目的具体工作和任务，为进一步分派任务打下了基础。

正确地确定项目范围对成功完成项目非常重要，如果项目的范围确定得不好，有可能造成最终项目费用的提高，因为项目范围确定得不好会导致意外的变更，从而打乱项目的实施节奏，造成返工，延长项目完成时间，降低劳动生产率，影响项目组成员的干劲。

4.1.2 项目范围管理过程

项目范围管理是对项目应该包括什么和不应该包括什么进行定义和控制,以确保项目管理者和项目利益相关者对作为项目结果的项目产品和服务,以及生产这些产品和服务所经历的过程有一个共同的理解。也就是说,项目范围管理主要关心的是确定与控制那些应该或不应该包括在项目范围之内的过程。

项目范围管理过程包括以下几方面。

(1) 规划范围管理。规划范围管理就是为记录如何定义、确认和控制项目范围及产品范围而创建范围管理计划的过程。

(2) 收集需求。收集需求就是为实现项目目标而确定、记录并管理相关方的需要和需求的过程。

(3) 定义范围。定义范围就是制定项目和产品详细描述的过程。

(4) 创建WBS。创建WBS就是将项目可交付成果和项目工作分解为较小的、更易于管理的组件的过程。

(5) 确认范围。确认范围就是正式验收已经完成的项目可交付成果的过程。

(6) 控制范围。控制范围就是监督项目和产品的范围状态,管理项目范围变更的过程。

图4-1概括描述了项目范围管理的各个过程。虽然各项目范围管理过程以界限分明和相互独立的形式出现,但在实践中它们往往会相互交叠和相互作用。

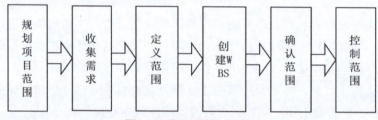

图4-1　项目范围管理过程

4.1.3 项目范围管理的发展趋势和新兴实践

需求一直是项目管理所关注的,并且还将继续得到项目管理从业者的更多关注。随着全球环境变得日益复杂,组织开始认识到如何运用商业分析,通过定义、管理和控制需求活动来提高竞争优势。商业分析活动可在项目启动和项目经理任命之前就开始。需求跟进过程始于需要评估,而需要评估又可能始于项目组合规划、项目集规划或单个项目。

项目范围管理的发展趋势和新兴实践包括(但不限于)注重与商业分析专业人士的合作,以便:①确定问题并识别商业需要;②识别并推荐能够满足这些需要的可行解决方案;③收集、记录并管理相关方需求,以满足商业和项目目标;④推动项目集或项目的产品、服务或最终成果的成功应用。

因为每个项目都是独特的,所以项目经理需要删减项目范围管理过程,删减时应考虑的因素包括(但不限于)以下几点。

(1) 知识和需求管理。组织是否拥有正式或非正式的知识和需求管理体系?为了在未来项目中重复使用需求，项目经理应建立哪些指南？

(2) 确认和控制。组织是否拥有正式或非正式的与确认和控制相关的政策、程序和指南？

(3) 开发方法。组织是否采用敏捷方法管理项目？开发方法属于迭代型还是增量型？是否采用预测型方法？混合型方法是否有效？

(4) 需求的稳定性。项目中是否存在需求不稳定的领域？是否有必要采用精益、敏捷或其他适应型技术来处理不稳定的需求，直至需求稳定且定义明确？

(5) 治理。组织是否拥有正式或非正式的审计和治理政策、程序和指南？

对于需求不断变化、风险大或不确定性高的项目，在项目开始时通常无法明确项目的范围，而需要在项目期间逐渐明确。敏捷方法特意在项目早期缩短定义和协商范围的时间，并为持续探索和明确范围而延长创建相应过程的时间。在许多情况下，不断涌现的需求往往导致真实的业务需求与最初所述的业务需求之间存在差异。因此，敏捷方法有目的地构建和审查原型，并通过发布多个版本来明确需求，这样，范围会在整个项目期间被定义和再定义。在敏捷方法中，需求通常被列入未完项。

4.2 规划范围管理

4.2.1 规划范围管理过程概述

规划范围管理是为记录如何定义、确认和控制项目范围及产品范围，而创建范围管理计划的过程。本过程的主要作用是，在整个项目期间对如何管理范围提供指南和方向。本过程仅开展一次或仅在项目的预定义点开展。图4-2描述了规划范围管理过程的输入、工具与技术，以及输出。

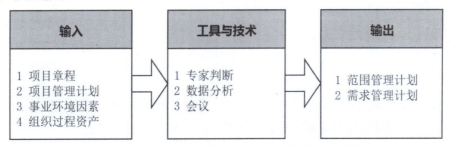

图4-2 规划范围管理过程的输入、工具与技术，以及输出

4.2.2 规划范围管理过程的输入

1. 项目章程

规划范围管理应当依据项目章程中记录的项目目的、项目概述、假设条件、制约因素等。

2. 项目管理计划

项目范围规划须依据的项目管理计划组件包括(但不限于)：质量管理计划、项目生命周期描述、开发方法。

3. 事业环境因素

能够影响规划范围管理过程的事业环境因素包括(但不限于)：组织文化、基础设施、人事管理制度、市场条件。

4. 组织过程资产

能够影响规划范围管理过程的组织过程资产包括(但不限于)：政策和程序、历史信息和经验教训知识库。

4.2.3 规划范围管理过程的工具与技术

1. 专家判断

本过程应就以往类似项目、特定行业应用领域的信息等主题，考虑具备相关专业知识或接受过相关培训的个人或小组的意见。

2. 数据分析

适用于本过程的数据分析技术包括(但不限于)备选方案分析。

3. 会议

项目团队可以参加项目会议来制订范围管理计划。参会人员可能包括项目经理、项目发起人、选定的项目团队成员、选定的干系人、范围管理各过程的负责人，以及其他必要的人员。

4.2.4 规划范围管理过程的输出

1. 范围管理计划

范围管理计划是项目管理计划的组成部分，描述将如何定义、制定、监督、控制和确认项目范围。范围管理计划要对将用于下列工作的管理过程做出规定。

(1) 制定项目范围说明书。
(2) 根据详细项目范围说明书创建WBS。
(3) 确定如何审批和维护范围基准。
(4) 正式验收已完成的项目可交付成果。

根据项目工作的需要，项目的范围管理计划可以是正式或非正式的，也可以是非常详细或高度概括的。

2. 需求管理计划

需求管理计划是项目管理计划的组成部分，描述将如何分析、记录、管理项目和产品需求。需求管理计划的主要内容包括(但不限于)如下几点。

(1) 如何规划、跟踪和报告各种需求活动。

(2) 配置管理活动。例如，如何启动变更，如何分析其影响，如何进行追溯、跟踪和报告，以及变更审批权限。

(3) 需求优先级排序过程。

(4) 测量指标及使用这些指标的理由。

4.3 收集需求

4.3.1 收集需求过程概述

收集需求是为实现项目目标而确定、记录并管理相关方的需要和需求的过程。本过程的主要作用是为定义产品范围和项目范围奠定基础。本过程仅开展一次或仅在项目的预定义点开展。图4-3描述了收集需求过程的输入、工具与技术，以及输出。

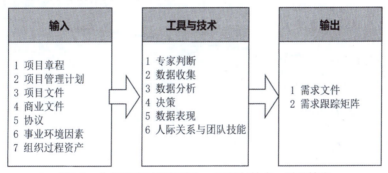

图4-3 收集需求过程的输入、工具与技术，以及输出

4.3.2 收集需求过程的输入

1. 项目章程

项目章程记录了项目概述以及将用于制定详细需求的高层级需求。

2. 项目管理计划

项目管理计划组件包括(但不限于)以下几种。

(1) 范围管理计划。范围管理计划包含如何定义和制定项目范围的信息。

(2) 需求管理计划。需求管理计划包含如何收集、分析和记录项目需求的信息。

(3) 相关参与方计划。从相关参与方计划中了解相关方的沟通需求和参与程度，以便评估并适应相关方对需求活动的参与程度。

3. 项目文件

可作为本过程输入的项目文件包括(但不限于)以下几种。

(1) 假设日志。假设日志识别了有关产品、项目、环境、相关方以及会影响需求的其他因素的假设条件。

(2) 经验教训登记册。经验教训登记册提供了有效的需求收集技术，尤其针对使用迭代型或适应型产品开发方法的项目。

(3) 相关方登记册。相关方登记册用于了解哪些相关方能够提供需求方面的信息，以及记录相关方对项目的需求和期望。

4. 商业文件

会影响收集需求过程的商业文件是商业论证，它描述了为满足业务需要而应该达到的必要、期望及可选标准。

5. 协议

协议包含项目和产品需求。

6. 事业环境因素

会影响收集需求过程的事业环境因素包括(但不限于)：组织文化、基础设施、人事管理制度、市场条件。

7. 组织过程资产

会影响收集需求过程的组织过程资产包括(但不限于)：政策和程序、包含以往项目信息的历史经验和经验教训知识库。

4.3.3　收集需求过程的工具与技术

1. 专家判断

本过程应就商业分析、需求获取、需求分析、需求文件、以往类似项目的项目需求、图解技术、引导、冲突管理等主题，考虑具备相关专业知识或接受过相关培训的个人或小组的意见。

2. 数据收集

可用于本过程的数据收集技术包括(但不限于)：头脑风暴、访谈、焦点小组、问卷调查、标杆对照。

3. 数据分析

可用于本过程的数据分析技术包括文件分析。文件分析包括审核和评估任何相关的文件信息。在此过程中，文件分析用于通过分析现有文件，识别与需求相关的信息来获取需求。

4. 决策

适用于需求过程的决策技术包括(但不限于)：投票、独裁型决策制定、多标准决策分析。

5. 数据表现

可用于本过程的数据表现技术包括(但不限于)：亲和图、思维导图。

6. 人际关系与团队技能

可用于本过程的人际关系与团队技能包括(但不限于)：名义小组技术、观察和交谈、引导。

4.3.4 收集需求过程的输出

1. 需求文件

需求文件描述各种单一需求将如何满足与项目相关的业务需求。该需求一开始可能只有高层级的需求，然后随着有关需求信息的增加而逐步细化。只有明确的、可跟踪的、完整的、相互协调的，且主要相关方愿意认可的需求，才能作为基准。需求文件的格式多种多样，既可以是一份按相关方和优先级分类列出全部需求的简单文件，也可以是一份包括内容提要、细节描述和附件等的详细文件。

2. 需求跟踪矩阵

需求跟踪矩阵是把产品需求从其来源连接到能满足需求的可交付成果的一种表格。使用需求跟踪矩阵，把每个需求与业务目标或项目目标联系起来，有助于确保每个需求都具有商业价值。需求跟踪矩阵提供了在整个项目生命周期中跟踪需求的一种方法，有助于确保需求文件中被批准的每项需求在项目结束时都能交付。另外，需求跟踪矩阵还为管理产品范围变更提供了框架。

4.4 定义范围

4.4.1 定义范围过程概述

定义范围是制定项目和产品详细描述的过程，并对项目工作和项目产出物进行全面细化与界定的项目管理活动。正确合理的范围定义对于项目的成功至关重要。定义范围是进行下一步项目工作分解结构的依据，也是项目成本、时间和资源估算与管理的前提及基础之一。通过定义范围明确所收集的需求哪些将包含在项目范围内，哪些将排除在项目范围外，从而明确项目产出物、服务或成果的边界和验收标准。

图4-4描述了本过程的输入、工具与技术，以及输出。

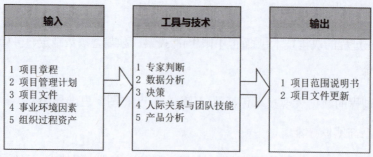

图4-4 定义范围过程的输入、工具与技术，以及输出

4.4.2 定义范围过程的输入

1. 项目章程

项目章程中包括对项目和产品特征的高层级描述，还包括制约因素、假设条件等。制约因素主要是指限制项目团队行动的因素，如项目预算、人员配置以及日程安排等。假设条件是指制订项目计划时考虑假定某些因素将是真实的、符合现实的和肯定的，假设条件常常包含一定程度的风险。

2. 项目管理计划

项目管理计划中的范围管理计划确定了制定、监督和控制项目范围的各种活动。

3. 项目文件

可作为本过程输入的项目文件包括(但不限于)：假设日志、需求文件、风险登记册。

4. 事业环境因素

会影响定义范围过程的事业环境因素包括(但不限于)：组织文化、基础设施、人事管理制度、市场条件。

5. 组织过程资产

能够影响定义范围过程的组织过程资产包括(但不限于)：用于制定项目范围说明书的政策、程序和模板；以往项目的项目档案；以往阶段或项目的经验教训。

4.4.3 定义范围过程的工具与技术

1. 专家判断

专家判断就是利用各领域的专家来帮助项目团队定义项目范围，利用专家以往类似的项目范围管理经验所做出的判断。

2. 数据分析

可用于本过程的数据分析技术主要包括备选方案分析。

3. 决策

可用于本过程的决策技术主要包括多标准决策分析。

4. 人际关系与团队技能

人际关系与团队技能的一个示例是引导。在研讨会和座谈会中使用引导技能来协调具有不同期望或不同专业背景的关键相关方,使他们就项目可交付成果以及项目和产品边界达成跨职能的共识。

5. 产品分析

产品分析可用于定义产品和服务,包括针对产品或服务提问并回答,以描述要交付的产品的用途、特征及其他方面。每个应用领域都有一种或几种普遍公认的把概括性的产品描述转变为有形的可交付成果的方法。产品分析的方法包括产品分解、系统分析、需求分析、系统工程、价值工程和价值分析等。

4.4.4 定义范围过程的输出

1. 项目范围说明书

项目范围说明书是对项目范围、主要可交付成果、假设条件和制约因素的描述。它记录了整个范围,包括项目和产品范围,详细描述了项目的可交付成果,还代表项目相关方之间就项目范围所达成的共识。项目范围说明书可明确指出哪些工作不属于本项目范围。项目范围说明书使项目团队能进行更详细的规划,在执行过程中指导项目团队的工作,并为评价变更请求或额外工作是否超过项目边界提供基准。

项目范围说明书描述要做和不做的工作的详细程度,决定着项目管理团队控制整个项目范围的有效程度。详细的项目范围说明书包括以下内容。

(1) 产品范围描述。产品范围描述即逐步细化在项目章程和需求文件中所述的产品、服务或成果的特征。

(2) 可交付成果。为完成某一过程、阶段或项目而必须产出的任何独特并可核实的产品、成果或服务能力,可交付成果也包括各种辅助成果,如项目管理报告和文件。对可交付成果的描述可略可详。

(3) 验收标准。可交付成果通过验收前必须满足的一系列条件。

(4) 项目的除外责任。项目的除外责任即识别排除在项目之外的内容,明确说明哪些内容不属于项目范围,有助于管理相关方的期望及减少范围蔓延。

虽然项目章程和项目范围说明书的内容存在一定程度的重叠,但它们的详细程度完全不同。项目章程包含高层级的信息,而项目范围说明书则是对范围组成部分的详细描述,这些组成部分需要在项目过程中逐渐明细。

2. 项目文件更新

根据项目范围定义,相关项目文件须进行修订或更新。可在本过程更新的项目文件包括(但不限于):假设日志、需求文件、需求跟踪矩阵、相关方登记册。

4.5 创建工作分解结构(WBS)

4.5.1 工作分解结构概述

项目的工作分解结构(work breakdown structure，WBS)是项目团队为实现项目目标，创建所需可交付成果而需要实施的全部工作范围的层级分解。工作分解结构每向下分解一层，代表着对项目工作更详细的定义。

工作分解结构是为方便管理和控制而将项目按等级分解成易于识别和管理的子项目，再将子项目分解成更小的工作单元，直至最后分解成具体的工作(工作包)的系统方法。工作包是WBS最底层的单位，可对其成本和持续时间进行估算和管理。分解的程度取决于所需的控制程度，以实现对项目的高效管理。工作包的详细程度因项目规模和复杂程度而异。项目工作分解的最小单位工作包应满足以下原则。

(1) 可管理的，能够分配专门的职权和职责。
(2) 独立的或同其他进行的要素有最小的搭接和依赖性。
(3) 可组合的，以利于形成整个工作包。
(4) 根据进展可进行度量。

在Microsoft Project 2000中，工作分解结构被定义为：由一系列数字、字母或二者组合在一起所表示的任务层次结构。项目的工作分解以项目的范围说明书为依据，在明确的项目范围基础上对项目进行分解，确定实现项目目标必须完成的各项工作及其内在结构或实施过程的顺序，并以一定的形式将其表达出来——这就是工作分解结构图。工作分解结构图可以将项目分解到相对独立的、内容单一的、易于成本核算与检查的工作单元(或工作包)，并能把各工作单元在项目中的地位与构成直观地表示出来。工作分解结构图是实施项目、创造项目最终产品或服务所必须进行的全部活动的一张清单，也是进度计划、人员分配、成本计划的基础。

4.5.2 工作分解结构的步骤

在进行项目工作分解的时候，一般应遵从以下几个主要步骤。

(1) 确认项目的各主要组成部分，即明确项目的主要可交付成果和项目工作。项目的主要组成部分包括项目的可交付成果、项目工作细目和项目管理本身。

(2) 确定每个可交付成果的详细程度是否已经达到了足以编制恰当的成本估算和期限估算的要求。若其达到要求则进入到第4步，否则继续进入第3步。

(3) 确认可交付成果的组成元素。组成元素应当用有形的、可验证的结果来描述，以便于进行绩效测量。有形的、可证实的结果既包括服务，也包括产品。

(4) 核实分解的正确性，即需要回答下列问题。

① 最底层项对项目分解来说是否是必需的而且充分的？如果不是，则必须修改组成元素(添加、删除或重新定义)。

② 每项的定义是否清晰完整？如果不完整，描述则需要修改或扩展。

③ 每项是否都能够恰当地编制进度和预算？是否能分配到接受职责并能够圆满完成这项工作的具体组织单元(如部门、项目队伍或个人)？如果不能，需要做必要的修改，以便于提供合适的管理控制。

4.5.3 创建工作分解结构的过程

创建工作分解结构是把项目可交付成果和项目工作分解成较小、更易于管理的组件的过程。本过程的主要作用是为所要交付的内容提供架构，它仅开展一次或仅在项目的预定义点开展。图4-6描述了本过程的输入、工具与技术，以及输出。

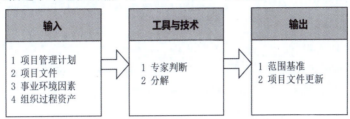

图4-5　创建WBS过程的输入、工具与技术，以及输出

4.5.4 创建工作分解结构的输入

1. 项目管理计划

项目管理计划组件包括(但不限于)范围管理计划。范围管理计划定义了如何根据项目范围说明书创建WBS。

2. 项目文件

可用于本过程输入的项目文件主要包括项目范围说明书和需求文件。项目范围说明书描述了需要实施的工作及不包含在项目中的工作。需求文件详细描述了各种单一需求如何满足项目的业务需要。

3. 事业环境因素

会影响创建WBS过程的事业环境因素主要包括项目所在行业的WBS标准，这些标准可以作为创建WBS的外部参考资料。

4. 组织过程资产

能够影响创建WBS过程的组织过程资产主要包括：用于创建WBS的政策、程序和模板；以往项目的项目档案；以往项目的经验教训。

4.5.5 创建工作分解结构的工具与技术

1. 专家判断

本过程应征求具备类似项目知识或经验的个人或小组的意见。

2. 分解

分解技术的应用核心在于处理好以下三个问题：①WBS层级分成几层比较适宜？②以什么样的方式进行分解？③如何对WBS进行编码？

1) WBS的分层原则

分解技术是创建WBS的主要工具。采用分解技术可以把项目可交付成果分成较小的、便于管理的组成部分。

WBS分层的原则如下。

(1) 层级必须有效，层级太多不易于有效管理。一般情况下，设计4～6个层级就足够了。

(2) 必须保证信息在各层级之间能顺畅、有效地交流。

(3) 必须使WBS具有足够的灵活性。

最常见的WBS是按照项目各工作任务范围的大小从上到下逐步分解的，其框架如图4-6所示。

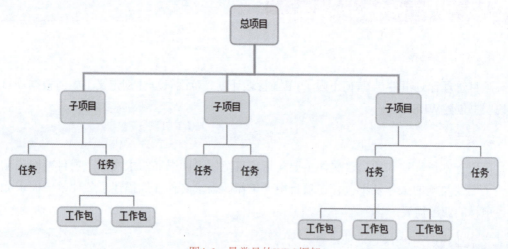

图4-6　最常见的WBS框架

进行WBS分解时必须清楚：要完成该项目必须完成哪些主要活动？要完成这项活动，必须完成哪些具体子任务？在从上往下排列的过程中，WBS的每一层都变得更为具体，最终形成一个类似树状的结构。在图4-6所示的WBS框架中可以看出，总项目工作已被分成较小和更便于管理的多项工作，并且每下降一个层级就意味着对项目工作做更详尽的说明。这时项目团队需要对WBS规划的详细程度做出权衡，既不能太粗，也不能太细，具体详细程度因项目的规模与复杂程度、项目团队的控制能力而异。原则上，应该将项目工作任务最终分解到可操作和可计量的水平，即其已经达到了足以估算费用和时间的要求，也就是工作包层级。

WBS的最低层级的项目可交付成果称为工作包(work package)，它是完成一项具体的工作任务所要求的一个特定的、可确定的、可交付以及独立的基本工作单元。工作包不仅为项目控制过程提供了充分和适宜的管理信息，还代表着项目团队和主要干系人对管理项目所要求的最低控制水平。项目团队必须借助具体的工作包来估算项目所需要的费用和时间。工作包具有以下特点。

(1) 工作包可以分配给另一位项目经理进行计划和执行。

(2) 工作包可以通过子项目的方式进一步分解为子项目的 WBS。

(3) 工作包可以在制订项目进度计划时，进一步分解为活动。

(4) 工作包可以由唯一的一个部门或承包商负责。工作包用在组织之外分包时，称为委托包(commitment package)。

工作包的定义应考虑80小时法则(80-hour rule)或两周法则(two week rule)，即任何工作包的完成时间应当不超80个小时。在每个80小时或少于80个小时结束时，只报告该工作包是否完成。通过这种定期检查的方法，可以控制项目的变化。

工作包的下一个层级是单个任务或活动，这些通常不被认为是WBS的一部分。这是WBS的一个显著特点：定义工作包及定义活动和任务(也就是具体工作)是分离的。也就是说，WBS的最底层定义是工作包，它搭建起一个建立计划的框架，由"定义活动和任务"来填充、丰满这个框架。另外，我国的习惯叫法与国际项目管理协会(PMI)定义的称谓也有些不同。我国习惯的分类梯次是活动或任务、工作(或工序)，而国际项目管理协会(PMI)的定义是工作包、活动、任务。

在进行项目工作分解的时候，一般遵从以下几个主要步骤。

(1) 明确并识别项目的各主要组成部分，即明确项目的主要可交付成果。一般来讲，项目的主要组成部分包括项目的可交付成果和项目管理本身。在进行这一步时需要解答的问题是：要实现项目的目标需要完成哪些主要工作？

(2) 确定每个可交付成果的详细程度，核实其是否已经达到编制恰当的费用估算和活动历时估算的要求。若是则进入第4步，否则接着进入第3步。

(3) 确定可交付成果的组成要素。组成要素应当用切实的、可验证的结果来描述，以便进行绩效测量。这一步要解决的问题是：要完成上述各组成部分，有哪些更具体的工作要做。

(4) 核实 WBS分解的正确性，需要回答下列问题。

① 最底层项对项目分解来说是否必需而且充分？如果不是，则必须修改组成要素(添加、删除或重新定义)。

② 每项工作的定义是否清晰完整？如果不完整，则需要修改或扩展描述。

③ 各子项间的工作界面是不是很清晰；是否能够分配到接受职责并能够圆满完成这项工作的具体组织单元(例如，部门、项目团队或个人)？如果不能，需要做必要的修改，以便提供合适的管理控制。

④ 每项工作任务是否都能够恰当地编制进度计划，是否能得到有效的跟踪和控制？

⑤ 成本是否便于进行预算、跟踪并得到有效控制？

⑥ 质量是否能得到有效跟踪和控制？

⑦ 是否能够准确地识别出项目的里程碑事件？

⑧ 能否识别出项目风险源，对风险源能否进行有效的跟踪和控制？
⑨ 能否支持项目的采购任务？
⑩ 能否支持项目的分包任务？

2) WBS的分解方式

目前尚没有统一的普遍认可的分解方法、规则和技术术语。它随项目的特点而变化，基本上是依靠项目管理者的经验和技能而定。分解结果的优劣也只有在项目设计、计划、实施和控制过程中才能体现出来。常见的WBS分解方式如下。

(1) 基于可交付成果的划分。这种分解方式具有如下特点：上层一般以可交付成果为导向，下层一般为可交付成果的工作内容。

(2) 基于产品或项目功能的划分 功能是项目完成后应具有的效用，它是在一定平面和空间上发挥作用的，所以有时又被称为"功能面"。功能面包括各个专业要素，可以按这些专业要素分解。例如，厂房结构可分解基础、柱、墙体、屋顶及饰面等。又如，一个工业厂房的功能可划分生产功能和服务功能，如毛坯生产、机械加工、冲压、装配、油漆包装和运输、办公、仓储等。

(3) 基于工作过程的划分。一般情况下，这种分解方式上层按照工作的流程分解，下层按照工作的内容划分。图4-7是基于工作过程划分的WBS图示例。

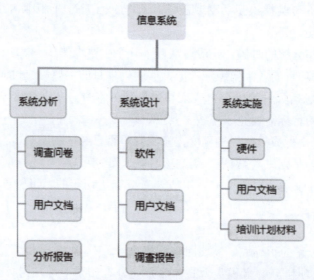

图4-7 基于工作过程划分的WBS图示例

此外需要说明的是，并非WBS中所有的分支都必须分解到同一水平，而且各分支的分解方法也可以不同。以上每种分解方法都有其优缺点，一般情况下，在确定项目的WBS时可以将它们组合运用，即在不同的层级可以使用不同的分解方法，但是在WBS每个分支的同一层级应该采用同一种分解方法。

2. WBS编码设计

工作分解结构中的每一项工作都要编上号码，用来确定其在项目工作分解结构中的唯一身份，这些号码的全体叫作编码系统。编码系统同项目工作分解结构本身一样重要，在项目管理的各个阶段，项目各基本单元的查找、变更、费用计算、时间安排、资源安排、质量要求等各个方面都要参照这一系统。

利用编码技术对WBS进行信息交换，可以简化WBS的信息交流过程。编码设计与结构设计是有对应关系的。结构的每一层次代表编码的某一位数，有一个分配给它的特定的代码数字。在最高层次，项目不需要代码；在第二层次，要管理的关键活动用代码的第一位数来编制；下一层次代表上一层次每一个关键活动所包含的主要任务，这个层次将是一个典型的两位数编码；以下以此类推。

在WBS编码中，任何等级的一位工作单元，是其余全部次一级工作单元的总和。如第二个数字代表子工作单元(或子项目)——也就是把原项目分解为更小的部分。于是，整个项目就是子项目的总和。所有子项目的编码的第一位数字相同，而代表子项目的数字不同。再下一级工作单元的编码以此类推。

4.5.6 创建工作分解结构的输出

1. 范围基准

范围基准是经过批准的范围说明书、WBS和相应的WBS词典，只有通过正式的变更控制程序才能进行变更，它被用作比较的基础。范围基准是项目管理计划的组成部分，包括以下内容。

(1) 项目范围说明书。项目范围说明书包括对项目范围、主要可交付成果、假设条件和制约因素的描述。

(2) WBS。WBS是项目团队为实现项目目标，创建所需可交付成果而需要实施的全部工作范围的层级分解。工作分解结构每向下分解一层，代表对项目工作更详细的定义。

(3) 工作包。WBS的最底层级是带有独特标识号的工作包。这些标识号为进行成本、进度和资源信息的逐层汇总提供了层级结构。

(4) WBS词典。WBS词典是针对WBS中的每个组件，详细描述可交付成果、活动和进度信息的文件。

2. 项目文件更新

可在本过程更新的项目文件主要包括(但不限于)假设日志和需求文件。

4.6 确认范围

4.6.1 确认范围过程概述

确认范围是正式验收已完成的项目可交付成果的过程。本过程的主要作用是使验收过程具有客观性，同时通过确认每个可交付成果来提高最终产品、服务或成果获得验收的可能性。本过程应根据需要在整个项目期间定期开展。图4-7描述了本过程的输入、工具与技术，以及输出。

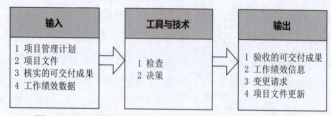

图4-7　确认范围过程的输入、工具与技术，以及输出

4.6.2　确认范围过程的输入

1. 项目管理计划

可用于本过程输入的项目管理计划组件主要包括：范围管理计划、需求管理计划和范围基准。

2. 项目文件

可作为本过程输入的项目文件主要包括：经验教训登记册、质量报告、需求文件、需求跟踪矩阵。

3. 核实的可交付成果

核实的可交付成果是指已经完成，并被控制质量过程检查为正确的可交付成果。

4. 工作绩效数据

工作绩效数据可能包括符合需求的程度、不一致的数量、不一致的严重性或在某时间段内开展确认的次数。

4.6.3　确认范围过程的工具与技术

1. 检查

检查是指开展测量、审查与确认等活动来判断工作和可交付成果是否符合需求和验收标准。检查有时也被称为审查、产品审查和巡查等。在某些应用领域，这些术语具有独特和具体的含义。

2. 决策

可用于本过程的决策技术主要是投票。当由项目团队和其他相关方进行验收时，结论主要通过投票来形成。

4.6.4 确认范围过程的输出

1. 验收的可交付成果

符合验收标准的可交付成果应该由客户或发起人正式签字批准，并从他们那里获得正式文件，证明相关方对项目可交付成果的正式验收。这些文件将提交给结束项目或阶段过程。

2. 工作绩效信息

工作绩效信息包括项目进展信息，如可交付成果哪些已经被验收，哪些未通过验收，以及未通过验收的原因。这些信息应该被记录下来并传递给相关方。

3. 变更请求

对已经完成但未通过正式验收的可交付成果及其未通过验收的原因，应该记录在案，并提出适当的变更请求，以便进行缺陷补救。变更请求应该由实施整体变更控制过程进行审查与处理。

4. 项目文件更新

可在本过程更新的项目文件主要包括经验教训登记册、需求文件、需求跟踪矩阵。

4.7 控制范围

4.7.1 控制范围过程概述

在项目的生命周期中，存在的各种因素会不断干扰项目的进行，因此项目总是处于变化的环境之中。项目管理得再好，采用的管理方法再科学，项目也避免不了会发生变化，根据项目管理的哲学思想，这种变化是绝对的。对项目管理者来说，关键的问题是能够有效地预测可能发生的变化，以便采取预防措施，从而实现项目的目标。但实际上很难做到这一点，更为实际的方法则是通过不断的监控、有效的沟通和协调、认真的分析和研究，力求弄清项目变化的规律，妥善处理各种变化。

控制范围是监督项目和产品的范围状态、管理范围基准变更的过程。本过程的主要作用是在整个项目期间保持对范围基准的维护，且需要在整个项目期间展开。图4-8描述了本过程的输入、工具与技术，以及输出。

图4-8 控制范围过程的输入、工具与技术，以及输出

4.7.2 控制范围过程的输入

1. 项目管理计划

可用于本过程输入的项目管理计划组件主要包括：范围管理计划、需求管理计划、变更管理计划、配置管理计划、范围基准、绩效测量基准。

2. 项目文件

可作为本过程输入的项目文件主要包括：经验教训登记册、需求文件、需求跟踪矩阵。

3. 工作绩效数据

工作绩效数据可能包括收到的变更请求的数量、接受的变更请求的数量，以及核实、确认和完成的可交付成果的数量。

4. 组织过程资产

能够影响控制范围过程的组织过程资产主要包括：现有的、正式和非正式的，与范围控制相关的政策、程序和指南；可用的监督和报告的方法与模板。

4.7.3 控制范围过程的工具与技术

可用于控制范围过程的数据分析技术包括(但不限于)偏差分析和趋势分析。偏差分析用于将基准与实际结果进行比较，以确定偏差是否处于临界值区间内或是否有必要采取纠正或预防措施；趋势分析旨在审查项目绩效随时间的变化情况，以判断绩效是正在改善还是正在恶化。

4.7.4 控制范围过程的输出

1. 工作绩效信息

本过程产生的工作绩效信息是有关项目和产品范围实施情况(对照范围基准)的、相互关联且与各种背景相结合的信息，包括收到的变更的分类、识别的范围偏差和原因、偏差对进度和成本的影响，以及对将来范围绩效的预测。

2. 变更请求

分析项目绩效后，范围基准和进度基准，或项目管理计划的其他组成部分可能会被提出变更请求。变更请求需要经过实施整体变更控制过程的审查和处理。

3. 项目管理计划更新

项目管理计划的任何变更都以变更请求的形式提出，且通过组织的变更控制过程进行处理。可能需要变更请求的项目管理计划组成部分主要包括：范围管理计划、范围基准、进度基准、成本基准、绩效测量基准。

4. 项目文件更新

可在本过程更新的项目文件包括(但不限于)：经验教训登记册、需求文件、需求跟踪矩阵。

本章小结

项目管理的十大知识领域均会对项目最后的成功产生积极影响。然而，从十大知识领域对项目成功产生影响的轻重程度上看，项目范围管理是最为重要的，因为项目中哪些该做、做到什么程度、哪些不该做，都是由项目范围管理来决定的。项目范围管理包括确保项目做且只做所需的全部工作，以成功完成项目的各个过程，具体包括：规划范围管理、收集需求、定义范围、创建WBS、确认范围、控制范围。

本章首先对项目范围管理做了总括性的阐述，主要有项目范围管理的定义、项目范围管理的过程，然后分别就项目范围管理过程所包含的六个过程(即规划范围管理、收集需求、定义范围、创建WBS、确认范围和控制范围)展开了讨论，比较详尽地介绍了各个过程的输入、工具与技术，以及输出。

复习与思考

一、单选题

1. 下列有关项目范围的表述正确的是(   )。
   A. 确认项目施工地点的范围
   B. 确定项目干系人和施工地点的范围
   C. 确定项目都要干什么工作
   D. 确定项目产品的范围

2. 定义项目范围时，时常使用的工具是(   )。
   A. 工作分解结构   B. 需求分析
   C. 可行性研究   D. 网络图

3. 项目范围变更申请可以是(   )。
   A. 口头的或书面的   B. 直接的或间接的
   C. 由外部或内部引发的   D. 以上各项皆是

4. 项目范围确认关心的是(   )。
   A. 改善项目成本和进度的精确性
   B. 检查项目交给客户前的最后活动
   C. 记录项目产品或服务的特征
   D. 接受而不是纠正项目范围定义的工作结果

5. 一个项目的目标变更已经完成，现在项目经理正在更新项目技术文件，下一步需要做的工作是（   ）。

  A. 通知相关的项目利益相关者

  B. 通知公司的管理系统

  C. 从该项目的发起人和客户那里得到正式的认可

  D. 准备一份业绩报告

二、判断题

1. 项目范围的变化一般不会影响项目的成本、进度、质量或其他项目目标。（   ）
2. 在项目范围定义过程中，要对项目的工作任务进行分解。（   ）
3. 项目范围确认可以针对一个项目整体的范围进行确认，也可以针对某一个项目阶段的范围进行确认。（   ）
4. 项目范围说明书是项目范围定义的工作结果。（   ）

三、简答题

1. 简述项目范围管理的定义。
2. 项目范围规划的主要依据有哪些？
3. 项目范围说明书包括哪些内容？
4. 简述项目范围管理的管理过程。
5. 项目范围控制的成果有哪些？

四、作图分析题

根据所学专业自拟项目，并绘制其工作分解结构图。

五、案例分析题

许继集团实施 ERP 失败探因

许继集团（以下简称许继）是以电力系统自动化、保护及控制设备的研发、生产及销售为主的国有控股大型企业，国家520户重点企业和河南省重点组建1户企业集团之一。为更好地适应市场的竞争环境，改善管理，1997年许继希望通过 ERP 项目的实施解决三个方面的问题：①规范业务流程；②信息的收集整理更通畅；③产品成本的计算更准确。

在ERP软件选型时，许继接触过包括 SAP、Symix、浪潮通软、利玛等国内外ERP厂商。许继开始想用SAP的产品，但是SAP的出价是200万美元，软件费100万美元，实施服务费100万美元。当时许继上ERP项目的预算只有500万元人民币。国外 ERP软件用不起，但许继并没有把目光转向国内软件企业。因为在考察了浪潮和利玛等几家国内厂商之后，许继觉得国内软件厂商的设计思路和自己企业开发设计软件已实现的功能相差不大。挑来选去，许继最终选择了Symix，一家面向中型企业的美国管理软件厂商。许继当时的产值是15亿元，与美国的中小型企业相当，而Symix在中小型企业中做得不错，价位也比较适中。

从1998年年初签单，到同年7月，许继实施ERP的进展都很顺利，包括数据整理、业务流程重组，以及物料清单的建立。厂商的售后服务工作也还算到位，基本完成了产品的知识转移。另外，许继在培养自己的二次开发队伍方面也做了一定的工作。如果这样发展下去，或许许继会成为国内成功实施ERP企业的典范。然而，计划赶不上变化。

到了1998年8月，许继内部为了适应市场变化，开始进行重大的机构调整。许继原来没有设立企业内部事业部，而是以各个分厂的形式存在。机构大调整的结果是将这些零部件分厂按照模拟法人的模式来进行运作。许继的想法是给这些零部件厂商两到三年的时间，如果还生存不下去，再考虑其他办法，如工人下岗、企业转产、倒闭等。

企业经营结构变了，而当时所用的ERP软件流程已经定死了，Symix厂商也无能为力，想不出很好的解决方案。于是许继不得不与Symix公司友好协商，项目暂停，尽管ERP项目已经运行了5个月，但是继续运行显然已经失去了意义。Symix的ERP软件现在只是在许继一些分公司的某一些功能上还在运行。

但是，关于该项目失败的原因还有其他声音。"其实并不像很多文章所论述的那样，BPR(业务流程重组)是许继信息化失败的关键和偶然因素"，谈到许继信息化的问题时，许继方面工作人员的第一句话就颇让人意外。"如果我们当时有更多资金，用了SAP或者其他厂商的产品，结果也许会不一样——我们首次ERP失败的症结其实是选型失误。"对于这样的说法，另一位在某外企长期从事ERP咨询工作的信息化专家也表示了赞同："许继的案例业界都知道。其实BPR导致失败的说法根本站不住脚，应该说是托词。因为业务流程发生改变对于任何一家企业来说都是再正常不过的事情，难道仅仅因为这个就会导致ERP失败？"

问题：

1. 从项目范围管理的角度分析许继集团ERP项目失败的原因。
2. 试结合案例指出项目范围管理的工作要点。
3. 如果许继重启ERP项目，你有什么其他建议？

第 5 章

项目进度管理

> 欲速则不达。
> ——《论语·子路》

📖 本章内容

- 项目进度管理概述
- 规划进度管理
- 定义活动
- 排列活动顺序
- 估算活动持续时间
- 制订进度计划
- 控制进度

📖 案例导入

弥足珍贵的工作台历

北京西郊的中央档案馆里，保存着近30本周恩来办公室工作台历。

1972年5月18日，周恩来总理确诊罹患膀胱癌。在生命的最后岁月里，他也未停止工作。

1974年3月26日的工作台历记载：下午三时，起床；下午四时，与尼雷尔会谈(五楼)；晚七时，陪餐；晚十时，政治局会议；晨二时半，约民航局同志开会；晨七时，办公；中午十二时，去东郊迎接西哈努克亲王和王后；下午二时，休息。

周恩来总理的工作日历，不但体现了总理一天工作的进度安排，同时更加彰显其为国家、为人民兢兢业业、鞠躬尽瘁的伟大精神风范。当代大学生应以天下为己任，努力学习，只争朝夕，不负韶华。通过学习本章内容，你能够了解到项目进度管理的重要性。

5.1 项目进度管理概述

5.1.1 项目进度管理的定义

项目进度管理又称项目工期管理或项目时间管理,其作为项目管理中不可或缺的重要环节,与项目成本管理、质量管理和范围管理相互联系、相互影响、彼此制约,共同对项目能否按时、低耗、高质量地完成起着至关重要的作用。

项目进度管理是指为保证项目各项工作及项目总任务按时完成所开展的一系列的工作与过程。项目进度管理的内容包括确保项目按时完工所需的一系列的管理过程与活动。例如,界定和确认项目活动的具体内容,即分析确定为达到特定的项目目标所必须进行的各种作业活动;项目活动内容的排序,即分析确定工作之间的相互关联关系,并形成项目活动排序的文件;估算工期,即对项目各项活动的时间做出估算,并由此估算出整个项目所需工期;制订项目计划,即对工作顺序、活动工期和所需资源进行分析并制订项目进度计划。

合理安排项目进度是项目管理的一项关键内容,它的目的是保证按时完成项目、合理分配资源和发挥最佳工作效率。一个项目能否在预定的时间内完成,是项目最为重要的问题之一,也是进行项目管理所追求的目标之一。良好的进度管理和控制对保证项目按照时间期限在预算内完成项目全部工作具有重要作用,有助于合理分配资源和发挥最佳工作效率,因此也有人说项目进度管理是项目控制工作的首要内容。

在市场经济条件下,时间就是金钱,效率就是生命,一个工程项目能否在预定的工期内竣工交付使用,是投资者最关心的问题之一,也是项目管理工作的重要内容。当然,控制项目的进度并不意味着只追求进度,还要满足质量、成本和安全的要求。

5.1.2 项目进度管理过程

项目进度管理包括为管理项目按时完成所需的各个过程,主要通过以下步骤来实现。

(1) 规划进度管理。规划进度管理是为规划、编制、管理、执行和控制项目进度而制定政策、程序和文档的过程。

(2) 定义活动。定义活动是识别和记录为完成项目可交付成果而需采取的具体行动的过程。

(3) 排列活动顺序。排列活动顺序是识别和记录项目活动之间的关系的过程。

(4) 估算活动持续时间。估算活动持续时间是根据资源估算的结果,估算完成单项活动所需工作时段数的过程。

(5) 制订进度计划。制订进度计划是分析活动顺序、持续时间、资源需求和进度制约因素,创建项目进度模型,从而落实项目执行和监控的过程。

(6) 控制进度。控制进度是监督项目状态,以更新项目进度和管理进度基准变更的过程。

这六个步骤对应项目进度管理的六个过程，它们都是为了保证项目能够按时完成。图5-1概括了项目进度管理过程。

项目进度管理的六个主要过程既相互影响又相互联系，使得它们在实际的项目管理中表现出相互交叉和重叠的关系，很难分开。在某些项目，特别是一些小型项目中，项目的一些管理过程甚至可以合并在一起视为一个阶段。但本章仍然把这些过程分开介绍，因为每个过程所用的工具和技术各不相同。

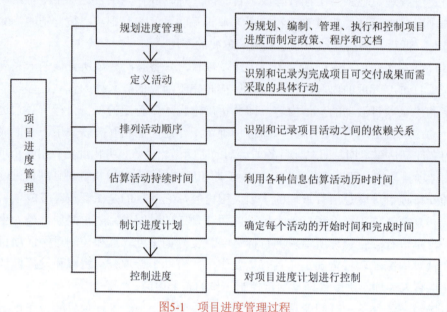

图5-1 项目进度管理过程

5.1.3 项目进度管理的发展趋势与新兴实践

市场瞬息万变，竞争激烈，具有很高的不确定性和不可预测性，很难定义长期范围，因此，为应对环境变化，根据具体情景有效采用和裁剪开发实践就变得日益重要。适应型规划虽然制订了计划，但工作开始之后，优先级可能发生改变，需要修改计划以反映新的优先级。

有关项目进度计划方法的新兴实践包括(但不限于)以下几种。

(1) 具有未完项的迭代型进度计划。这是一种基于适应型生命周期的滚动式规划，如敏捷的产品开发方法。这种方法将需求记录在用户故事中，然后在建造之前按优先级排序并优化用户故事，最后在规定的时间盒内开发产品功能。这一方法通常用于向客户交付增量价值，或多个团队并行开发大量内部关联较小的功能。适应型生命周期在产品开发中的应用越来越普遍，很多项目都采用这种进度计划方法。这种方法的好处在于，它允许在整个开发生命周期期间进行变更。

(2) 按需进度计划。这种方法通常用于看板体系，基于制约理论和来自精益生产的拉动式进度计划概念，根据团队的交付能力来限制团队正在开展的工作。按需进度计划方法不依赖于以前为产品开发或产品增量制订的进度计划，而是在资源可用时立即从未完项和工作序列中提取出来开展。按需进度计划方法经常用于此类项目：在运营或持续环境中以增量方式研发产品，其任务可以被设计成相对类似的规模和范围，或者可以按规模和范围进行组合的工作。按需进度计划方法通常用于产品在运营和维护环境下以增量方式演进，且任务的规模或范围相对类似，或者可以按照规模或范围对任务进行组合的项目。

(3) 裁剪考虑的因素。由于每个项目都是独特的，因此项目经理可能需要裁剪项目进度管理过程。其裁剪时应考虑的因素包括(但不限于)以下几种。

① 生命周期方法。哪种生命周期方法最适合制订详细的进度计划？

② 资源可用性。影响资源可持续时间的因素是什么(如可用资源与其生产效率之间的相关性)？

③ 项目维度。项目复杂性、技术不确定性、产品新颖度、速度或进度跟踪(如挣值、完成百分比、"红黄绿"停止信号灯指示)如何影响预期的控制水平？

④ 技术支持。是否采用技术来制定、记录、传递、接收和存储项目进度模型的信息，以及是否易于获取？

5.2 规划进度管理

5.2.1 规划进度管理过程概述

规划进度管理是为规划、编制、管理、执行和控制项目进度而制定政策、程序和文档的过程。本过程的主要作用是为如何在整个项目期间管理项目进度提供指南和方向。本过程仅开展一次或仅在项目的预定义点开展。图5-2描述了本过程的输入、工具与技术，以及输出。

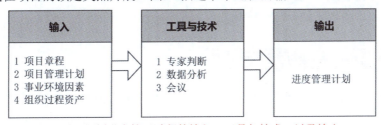

图5-2 规划进度管理过程的输入、工具与技术，以及输出

5.2.2 规划进度管理过程的输入

1. 项目章程

项目章程中规定的总体里程碑进度计划会影响项目的进度管理。

2. 项目管理计划

项目管理计划组件包括(但不限于)：范围管理计划和开发方法。范围管理计划描述如何定义和制定范围，并提供有关如何制订进度计划的信息；产品开发方法有助于定义进度计划方法、估算技术、进度计划编制工具以及用来控制进度的技术。

3. 事业环境因素

能够影响规划进度管理过程的事业环境因素包括(但不限于)：组织文化和结构；团队资源可用性、技能及物质资源可用性；进度计划软件；指南和标准，用于裁剪组织标准过程和程序以满足项目的特定要求；商业数据库，如标准化的估算数据。

4. 组织过程资产

能够影响规划进度管理过程的组织过程资产包括(但不限于)：历史信息和经验教训知识库；现有与制订进度计划以及管理和控制进度相关的正式与非正式的政策、程序及指南；模板和表格；监督和报告工具。

5.2.3 规划进度管理过程的工具与技术

1. 专家判断

本过程应征求具备专业知识或在以往类似项目中接受过相关培训的个人或小组的意见。

2. 数据分析

适用于本过程的数据分析技术包括(但不限于)备选方案分析。备选方案分析可包括确定采用哪些进度计划方法，以及如何将不同方法整合到项目中，此外它还可以包括确定进度计划的详细程度、滚动式规划的持续时间，以及审查和更新频率。

3. 会议

项目团队可能举行规划会议来制订进度管理计划。参会人员可能包括项目经理、项目发起人、选定的项目团队成员、选定的相关方、进度计划执行负责人，以及其他必要人员。

5.2.4 规划进度管理过程的输出

进度管理计划是项目管理计划的组成部分，为编制、监督和控制项目进度建立准则和明确活动。根据项目需要，进度管理计划可以是正式或非正式的，非常详细或高度概括的，其中应包括核实的控制临界值。

5.3 定义活动

5.3.1 定义活动过程概述

定义活动是识别和记录为完成项目可交付成果而采取的具体行动的过程。为了确定完成项目的目标，项目工作结构分解为更小、更易于管理的工作包。项目工作包是工作分解结构中底层的可交付成果。活动是为完成工作包而必须开展的工作，是项目工作包进一步细分的组成部分。活动为开展项目估算、编制项目进度计划，以及执行和控制项目奠定基础。活动定义需要在整个项目期间开展。图5-3描述了定义活动过程的输入、工具与技术，以及输出。

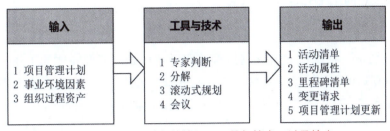

图5-3 定义活动过程的输入、工具与技术，以及输出

5.3.2 定义活动过程的输入

1. 项目管理计划

项目管理计划组件包括(但不限于)以下两种。

(1) 进度管理计划。进度管理计划定义进度计划方法、滚动式规划的持续时间，以及管理工作所需的详细程度。

(2) 范围基准。在定义活动时，范围基准中的项目WBS、可交付成果、制约因素和假设条件需明确考虑。

2. 事业环境因素

影响定义活动过程的事业环境因素包括(但不限于)以下几种。

(1) 组织文化和结构。
(2) 商业数据库中发布的商业信息。
(3) 项目管理信息系统。

3. 组织过程资产

能够影响定义活动过程的组织过程资产包括(但不限于)以下几种。

(1) 经验教训知识库，其中包含以往类似项目的活动清单等历史信息。
(2) 标准化的流程。
(3) 以往项目中包含标准活动清单或部分活动清单的模板。
(4) 现有与活动规划相关的正式和非正式的政策、程序和指南，如进度规划方法论，在编制活动定义时应考虑这些因素。

5.3.3 定义活动过程的工具与技术

1. 专家判断

本过程应征求了解以往类似项目和当前项目的个人或小组的专业意见。

2. 分解

分解是一种把项目范围和项目可交付成果逐步划分为更小、更便于管理的组成部分的技术。活动表述完成工作包所需的投入。定义活动过程的最终输出是活动而不是可交付成果，可交付成果是创建WBS过程的输出。

3. 滚动式规划

滚动式规划是一种迭代式的规划技术，即详细规划近期要完成的工作，同时在较高层级上粗略规划远期工作。它是一种渐进明细的规划方式，适用于工作包、规划包，以及采用敏捷或瀑布式方法的发布规划。因此，在项目生命周期的不同阶段，工作的详细程度会有所不同。在早期的战略规划阶段，信息尚不够明确，工作包只能分解到已知的详细水平，而后，随着了解到更多的信息，近期即将实施的工作包就可以分解到具体的活动。

4. 会议

会议可以是面对面或虚拟会议，正式或非正式会议。参会者可以是团队成员或主题专家，目的是定义完成工作所需的活动。

5.3.4 定义活动过程的输出

1. 活动清单

活动清单包含项目所需的进度活动。对于使用滚动式规划或敏捷技术的项目，活动清单会在项目进展过程中得到定期更新。活动清单包括每个活动的标识及工作范围详述，使项目团队成员知道需要完成什么工作。

2. 活动属性

活动属性是指每项活动所具有的多重属性，用来扩充对活动的描述。活动属性随时间演进。在项目初始阶段，活动属性包括唯一获得标识(ID)、WBS标识和获得标签或名称；在活动属性编制完成时，活动属性可能包括活动描述、紧前活动、紧后活动、逻辑关系、提前量和滞后量、资源需求、强制日期、制约因素和假设条件。活动属性可用于识别开展工作的地点、编制开展活动的项目日历，以及相关的活动类型。活动属性还可用于编制进度计划。根据活动属性，计划进度活动可在报告中以各种方式进行选择、排序和分类。

3. 里程碑清单

里程碑是项目中的重要时点或事件，里程碑清单列出了所有项目里程碑，并指明每个里程碑是强制性的(如合同要求的)，还是选择性的(如根据历史信息确定的)。里程碑的持续时间为零，因为它们代表的是一个重要时间点或事件。

4. 变更请求

一旦定义了项目的基准后，在将可交付成果渐进明细为活动的过程中，原本不属于项目基准的工作可能会被发现，这样就会提出变更请求。变更请求应该通过实施整体变更控制过程进行审查和处理。

5. 项目管理计划更新

项目管理计划的任何变更都以变更请求的形式提出,且通过组织的变更控制过程进行处理。可能需要变更请求的项目管理计划组成部分包括(但不限于)进度基准和成本基准。

(1) 进度基准。在整个项目期间,工作包逐渐细化为活动。在这个过程中可能会发现原本不属于项目基准的工作,从而需要修改作为进度基准一部分的交付日期或其他重要的进度里程碑。

(2) 成本基准。在针对进度活动的变更获得批准后,成本基准需要做出相应的变更。

5.4 排列活动顺序

5.4.1 排列活动顺序过程概述

项目活动定义以活动清单的形式给出了完成项目所必须进行的各项活动,这些活动在实际的执行中必须按一定的顺序进行,其中一个重要的原因是一些活动的执行必须在某些活动完成之后才能进行。

排列活动顺序就是对项目活动清单中各项活动的相互关系进行识别,并据此对各活动的先后顺序进行安排和确定。由此可见,排列活动顺序首先必须识别出各项活动之间的先后依赖关系,这种先后依赖关系有的是活动之间本身存在的、无法改变的逻辑关系,有的则是根据需要人为确定的。一般来说,活动排序对活动之间依赖关系的确定,首先应分析确定工作之间本身存在的逻辑关系,在逻辑关系的基础上再确定各活动之间的人为关系,以便在既定的所有项目制约因素下获得最高的效率。本过程需要在整个项目期间展开。图5-4描述了本过程的输入、工具与技术,以及输出。

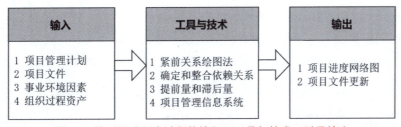

图5-4 排列活动顺序过程的输入、工具与技术,以及输出

除了首尾两项活动,每项活动都至少有一项紧前活动和一项紧后活动,并且逻辑关系适当。通过设计逻辑关系来创建一个切实可行的项目进度计划,可能有必要在活动之间使用提前量或滞后量,使项目进度计划更为切实可行。项目活动排序可以使用项目管理软件、手动技术或自动技术来排列活动顺序。对于小型项目,手工排序很方便;对于大型项目,手工排序和计算机排序应结合使用。

5.4.2 排列活动顺序过程的输入

1. 项目管理计划

可用于本过程输入的项目管理计划组件包括(但不限于)以下两种。

(1) 进度管理计划。进度管理计划规定了排列活动顺序的方法和准确度，以及所需的其他标准。

(2) 范围基准。在排列活动顺序时，范围基准中的项目WBS、可交付成果、制约因素和假设条件需明确考虑。

2. 项目文件

可作为本过程输入的项目文件包括(但不限于)以下几种。

(1) 活动属性。活动属性中可能描述了事件之间的必然顺序或确定的紧前或紧后关系，以及定义的提前量与滞后量和活动之间的逻辑关系。

(2) 活动清单。活动清单列出了项目所需的、待排序的全部进度活动，这些活动的依赖关系和其他制约因素会对活动排序产生影响。

(3) 假设日志。假设日志所记录的假设条件和制约因素可能影响活动排序的方式、活动之间的关系，以及对提前量和滞后量的需求，并且有可能生成一个会影响项目进度的单个项目风险。

(4) 里程碑清单。里程碑清单中可能已经列出特定里程碑的计划实现日期，这可能影响活动排序的方式。

3. 事业环境因素

能够影响排列活动顺序过程的事业环境因素包括(但不限于)：政府或行业标准、项目名管理信息系统、进度规划工具、组织的工作授权系统。

4. 组织过程资产

能够影响排列活动顺序过程的组织过程资产包括(但不限于)：项目组合与项目集规划，以及项目之间的依赖关系与关联；现有与活动规划相关的正式和非正式的政策、程序与指南(如进度计划方法论，在确定逻辑关系时应考虑这些因素)；有助于加快项目活动网络图编制的各种模板；经验教训知识库。

5.4.3 排列活动顺序过程的工具与技术

1. 紧前关系绘图法

紧前关系绘图法(PDM)也叫顺序图法，是创建进度模型的一种技术，用方格或圆(叫作节点)表示活动，用一种或多种逻辑关系的箭线连接节点，以显示活动的实施顺序。PDM包括四种依赖关系或逻辑关系。紧前活动是在进度计划的逻辑路径中，排在某个活动前面的活动。紧后活动是在进度计划的逻辑路径中，排在某个活动后面的活动。

安排活动顺序时，项目团队要明确各活动之间的逻辑关系。活动之间的逻辑关系有三种：必然的依存关系、选择性依赖关系和外部依赖关系。具体说明如表5-1所示。

表5-1 活动之间的三种逻辑关系

三种逻辑关系	具体说明	其他说明
必然的依存关系	必然的依存关系是活动相互关系确定的基础。它是活动之间所存在的内在关系，通常是不可调整的，所以必然的依存关系的确定相对比较明确。通常情况下，技术和管理人员的交流就可确定必然的依存关系。如建造一座大楼，需要先打好地基，然后才能进行上部结构的施工	也称为硬逻辑关系
选择性依赖关系	选择性依赖关系有时又称为首选逻辑关系，即基于具体应用领域的最佳实践来建立选择性依赖关系，或者基于项目的某些特殊性质而采用某种依存关系。项目团队应该对选择性依赖关系进行全面记录，因为它们会影响总浮动时间，并限制后续的进度安排。在排列活动顺序过程中，项目团队应明确哪些依赖关系属于选择性依赖关系	也称为优先逻辑关系或软逻辑关系
外部依赖关系	外部依赖关系是指项目活动与非项目活动之间的依赖关系，是需要来自项目队伍之外其他地方的输入。例如，对建设项目而言，在现场准备工作开始之前，项目团队可能需要召开环境影响听证会	

根据表5-1所列的逻辑关系，可以把活动清单中的各项活动直接的关系分为四种类型，即完成—开始(FS)、完成—完成(FF)、开始—开始(SS)、开始—完成(SF)。紧前活动是在进度计划的逻辑路径中，排在某个活动前面的活动。紧后活动是在进度计划的逻辑路径中，排在某个活动后面的活动。四种活动的依赖关系说明如下。

(1) 完成—开始(FS)。只有紧前活动完成，紧后活动才能开始的逻辑关系。例如，只有完成装配PC硬件(紧前活动)，才能开始在PC上安装操作系统(紧后活动)。

(2) 完成—完成(FF)。只有紧前活动完成，紧后活动才能完成的逻辑关系。例如，只有完成文件的编写(紧前活动)，才能完成文件的编辑(紧后活动)。

(3) 开始—开始(SS)。只有紧前活动开始，紧后活动才能开始的逻辑关系。例如，开始地基浇灌(紧前活动)之后，才能开始混凝土的找平(紧后活动)。

(4) 开始—完成(SF)。只有紧前活动开始，紧后活动才能完成的逻辑关系。例如，只有启动新的应付账款系统(紧前活动)，才能关闭旧的应付账款系统(紧后活动)。

在PDM图中，FS是最常用的逻辑关系类型，SF关系则是很少使用的逻辑关系类型。为了保持PDM四种逻辑关系类型的完整性，这里也将SF列出。

虽然两个活动之间可能同时存在两种逻辑关系(如SS和FF)，但相同的活动之间不适合存在多种关系，因此必须选择一种最有意义的逻辑关系。此外闭环的逻辑关系也不建议采用。四种活动之间的依赖关系如图5-5所示。

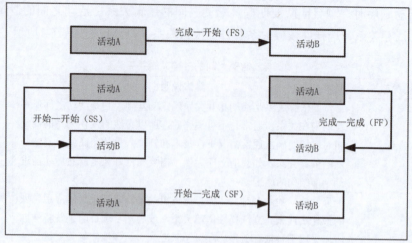

图5-5 紧前关系绘图法的活动关系类型

【例5-1】现举例说明紧前关系绘图法,某项目的活动如表5-2所示。

表5-2 某项目的活动关系表

活动名称	紧前活动	紧后活动
A	——	B, E
B	A	C
C	B	D
D	C	F
E	A	F
F	D, E	——

根据表5-2的资料,用紧前关系绘图法表示出活动之间的关系,如图5-6所示。

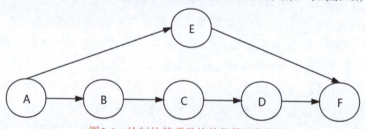

图5-6 绘制的某项目的单代号网络图

在绘制网络图时,活动之间已确定的逻辑关系必须正确表达,如表5-3所示。

表5-3 网络图绘制规则

规则	图示	属性
流向性质	A→B→C ①→A→①→B→①→C→①	从左向右: A之间没有活动,B发生在A之后,C发生在B之后

(续表)

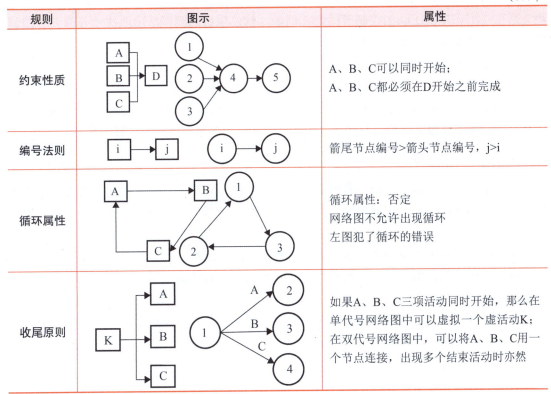

2. 确定和整合依赖关系

依赖关系可能是强制或选择的、内部或外部的。这四种依赖关系可以组合成强制性外部依赖关系、强制性内部依赖关系、选择性外部依赖关系或选择性内部依赖关系。

(1) 强制性依赖关系。强制性依赖关系是法律或合同要求的或工作的内在性质决定的依赖关系，强制性依赖关系往往与客观限制有关。例如，在建筑项目中，只有在地基建成后，才能建立地面结构；在电子项目中，必须先把原型制造出来，然后才能对其进行测试。强制性依赖关系又称硬逻辑关系或硬依赖关系。技术性依赖关系并非都是强制性的。在活动排序过程中，项目团队应明确哪些关系是强制性依赖关系，不应把强制性依赖关系和进度计划编制工具中的进度制约因素相混淆。

(2) 选择性依赖关系。选择性依赖关系有时又称首选逻辑关系、优先逻辑关系或软逻辑关系。即便还有其他依赖关系可用，选择性依赖关系应基于具体应用领域的最佳实践或项目的某些特殊性质对活动顺序的要求来创建。例如，根据普遍公认的最佳实践，在建筑施工期间，应该先完成给排水施工，再开始电气施工。这个顺序并不是强制性的。虽然两项工作可以同时(并行)开展，但是按先后顺序开展可以降低整体项目风险。应该对选择性依赖关系进行全面记录，因为它们会影响总浮动时间，并限制后续的进度安排。如果打算进行快速跟进，则应当审查相应的选择性依赖关系，并考虑是否需要调整或去除。在排列活动顺序过程中，项目团队应明确哪些依赖关系属于选择性依赖关系。

(3) 外部依赖关系。外部依赖关系是项目活动与非项目活动之间的依赖关系，这些依赖关系往往不在项目团队的控制范围内。例如，软件项目的测试活动取决于外部硬件的到货；建筑项目的现场准备，可能要在政府的环境听证会之后才能开始。在排列活动顺序过程中，项目管理团队应明确哪些依赖关系属于外部依赖关系。

(4) 内部依赖关系。内部依赖关系是项目活动之间的紧前关系，通常在项目团队的控制之中。例如，只有机器组装完毕，团队才能对其测试，这是一个内部的强制性依赖关系。在排列活动顺序过程中，项目管理团队应明确哪些依赖关系属于内部依赖关系。

3. 提前量和滞后量

提前量是相对于紧前活动，紧后活动可以提前的时间量。例如，在新办公大楼建设项目中，绿化施工可以在尾工清单编制完成前2周开始，这就是带2周提前量的完成到开始的关系。

滞后量是相对于紧前活动，紧后活动需要推迟的时间量。例如，对于一个大型技术文档，编写小组可以在编写工作开始后15天，开始编辑文档草案，这就是带15天时间滞后量的"开始到开始"关系。

项目管理团队应该明确哪些依赖关系中需要加入提前量或滞后量，以便准确地表示活动之间的逻辑关系。提前量和滞后量的使用不能替代进度逻辑关系，而且持续时间估算中不包括任何提前量或滞后量，同时还应该记录各种活动及与之相关的假设条件。

4. 项目管理信息系统(PMIS)

项目管理信息系统包括进度计划软件。这些软件有助于规划、组织和调整活动顺序，插入逻辑关系、提前和滞后值，以及区分不同类型的依赖关系。

5.4.4 排列活动顺序过程的输出

1. 项目进度网络图

项目进度网络图是表示项目进度活动之间的逻辑关系(也叫依赖关系)的图形。项目进度网络图可手工或借助项目管理软件来绘制，可包括项目的全部细节，也可只列出一项或多项概括性活动。项目进度网络图应附有简要文字描述，说明活动排序所使用的基本方法，在文字描述中，还应该对任何异常的活动序列做详细说明。

带有多个紧前活动的活动代表路径汇聚，而带有多个紧后活动的活动则代表路径分支。带汇聚和分支的活动受到多个活动的影响或能够影响多个活动，因此存在更大的风险。

2. 项目文件更新

可在本过程更新的项目文件包括(但不限于)：活动属性、活动清单、假设日志、里程碑清单。

5.5 估算活动持续时间

5.5.1 估算活动持续时间过程概述

估算活动持续时间是根据项目资源的情况，估算完成项目各项活动所需工作时间的过程。本过程的主要作用是确定完成每个活动所需花费的时间量，为制订进度计划过程提供主要依据。本过程需要在整个项目期间开展。

项目活动时间随着时间的推移和经验的增多不断对估算进行更新，因为在项目进展中可以获得更多的经验和认识，从而能够给出比事前更准确的估计。估算更新后，剩余的活动需要进行重新安排。由于受到参与人员的熟练程度、不确定性因素、工作效率、误解和失误等因素的影响，因此无论采用何种估算方法，活动实际持续时间和事前估算的时间总是会有所不同。

图5-7描述了估算活动持续时间过程的输入、工具与技术，以及输出。

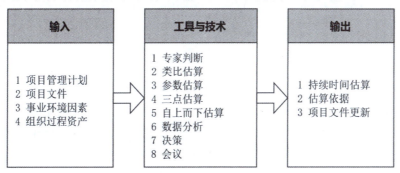

图5-7 估算活动持续时间过程的输入、工具与技术，以及输出

5.5.2 估算活动持续时间过程的输入

1. 项目管理计划

可用于本过程输入的项目管理计划组件包括(但不限于)进度管理计划和范围基准。进度管理计划规定了用于估算活动持续时间的方法和准确度，以及所需的其他标准。范围基准包含WBS词典。范围基准包括可能影响人力投入和持续时间估算的技术细节。

2. 项目文件

可作为本过程输入的项目文件包括(但不限于)：活动属性、活动清单、假设日志、经验教训登记册、里程碑清单、项目团队派工单、资源分解结构、资源日历、资源需求、风险登记册。

3. 事业环境因素

能够影响估算活动持续时间过程的事业环境因素包括(但不限于)：持续时间估算数据库

和其他参考数据、生成率测量指标、发布的商业信息、团队成员的所在地。

4. 组织过程资产

能够影响估算活动持续时间过程的组织过程资产包括(但不限于)：关于持续时间的历史信息、项目日历、估算政策、进度规划方法论、经验教训知识库。

5.5.3 估算活动持续时间过程的工具与技术

由于影响活动时间的因素有很多种，因此要对活动时间进行精确估算是不容易的。比较熟悉的业务可获得相对准确的估计，而缺乏经验的业务估算时会有相当大的不确定性。在项目的进展中，可以获得更多的经验和认识，从而给出比事前更准确的估算，相应就需要进行重新计划，重新安排剩余的工作。

1. 专家判断

专家判断是由项目时间管理专家运用其经验和专业特长对项目活动持续时间进行估计和评价的方法。由于活动持续时间估算涉及众多因素，通常是相当困难的，因此很难找到一个通用的计算方法，这种情况下专家判断将是行之有效的方法。

2. 类比估算

类比估算是一种使用相似活动或项目的历史数据，来估算当前活动或项目的持续时间或成本的技术。类比估算以过去类似项目的参数值为基础，来估算未来项目的同类参数或指标。在估算持续时间时，类比估算技术以过去类似项目的实际持续时间为依据，以此估算当前项目的持续时间。这是一种粗略的估算方法，有时需要根据项目复杂性方面的已知差异进行调整，在项目详细信息不足时，经常使用类比估算来估算项目持续时间。

相对于其他估算技术，类比估算通常成本较低、耗时较少，但准确性也较低。类比估算可以针对整个项目或项目的某个部分进行，也可以与其他估算方法联合使用。如果以往活动是本质上而不是表面上类似，并且从事估算的项目团队成员具备必要的专业知识，那么类比估算就最为可靠。

3. 参数估算

参数估算是一种基于历史数据和项目参数，使用某种算法来计算成本或持续时间的估算技术。它是指利用历史数据之间的统计关系和其他变量(如建筑施工中的平方米)来估算诸如成本、预算和持续时间等活动参数。

把需要实施的工作量乘以完成单位工作量所需的工时，即可计算出持续时间。例如，对于设计项目，将图纸的张数乘以每张图纸所需的工时；对于电缆铺设项目，将电缆的长度乘以铺设每米电缆所需的工时。如果所用的资源每小时能够铺设25米电缆，那么铺设1000米电缆的持续时间是40小时。

参数估算的准确性取决于参数模型的成熟度和基础数据的可靠性，且参数进度估算可以针对整个项目或项目中的某个部分，并可以与其他估算方法联合使用。

4. 三点估算

三点估算是模拟法中的一种。模拟法是指以一定的假设条件为前提对活动持续时间进行估算的方法，这种方法也可用来对整个项目的工期进行估算。常见的模拟法有蒙特卡罗模拟法、三点估算法等，其中三点估算法相对比较简单。

三点估算法首先需确定项目各个活动所需要的时间分布，进而利用各个活动时间分布的结果确定各个活动可能的时间分布。项目各种活动完成的三种可能时间：一是乐观时间，即假设活动所涉及的所有事件均对完成该活动最为有利，如合适的天气、没有任何故障、人员能全力工作等，这给出了该活动最快能够完成的时间，记为O；二是悲观估计时间，即假设现实中总是遇到不利因素，使得活动的完成被延误与耽搁，这给出了该活动在最糟的情况下完成所需要的时间，记为P；三是正常估计时间，即一般情况下完成活动所需要的时间，这相当于活动时间的随机分布的均值，记为M。在得到这三种估计后，通过以下公式来得到估算的结果E。

$$E = (O + 4M + P)/6$$

【例5-2】某一个简单项目由三个活动A、B、C组成，项目的网络结构图如图5-8所示。活动A、B、C在正常情况下的工作时间分别是20天、18天、24天，在最有利的情况下的工作时间分别是15天、16天、20天，在最不利的情况下的工作时间分别为28天、30天、36天，那么该项目各活动和整个项目最可能完成时间是多少？

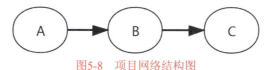

图5-8 项目网络结构图

解：根据三点估算法E=(O+4M+P)/6可知：
活动A最可能完成时间T=(15+4×20+28)/6=20.5(天)
活动B最可能完成时间T=(16+4×18+30)/6=19.7(天)
活动C最可能完成时间T=(20+4×24+36)/6=25.3(天)
所以，整个项目最可能完成时间为20.5天+19.7天+25.3天=65.5(天)。

5. 自下而上估算

自下而上估算是一种估算项目持续时间或成本的方法，通过从下到上逐层汇总WBS组成部分的估算而得到项目估算。如果无法以合理的可信度对活动持续时间进行估算，则应将活动中的工作进一步细化，然后估算具体的持续时间，接着再汇总这些持续时间估算，得到每个活动的持续时间。活动之间可能存在或不存在会影响资源利用的依赖关系，如果存在，就应该对相应的资源使用方式加以说明，并记录在活动资源需求中。

6. 数据分析

可用作本过程的数据分析技术主要包括备选方案分析和储备分析。

备选方案分析用于比较不同的资源能力或技能水平、进度压缩技术、不同工具，以及关于资源的创建、租赁或购买决策。这有助于团队权衡资源、成本和持续时间变量，以确定完成项目工作的最佳方式。

储备分析用于确定项目所需的应急储备量和管理储备。在进行持续时间估算时，考虑应急储备可以应对进度方面的不确定性。应急储备是包含在进度基准中的一段持续时间，用来应对已经接受的已识别风险。管理储备是为管理控制的目的而特别留出的项目预算，用来应对项目范围中不可预见的工作。

7. 决策

适用于本过程的决策技术主要是投票。拳五法是投票的一种形式，经常用于敏捷项目中。采用这种技术时，项目经理会让团队成员针对某个决定示意支持程度，举拳头表示不支持，伸五个手指表示完全支持，伸出三个以下手指的团队成员有机会与团队讨论其反对意见。项目经理会不断进行举手表决，直到整个团队达成共识或同意进入下一个决定。

8. 会议

项目团队可能会召开会议来估算活动持续时间。

5.5.4 估算活动持续时间过程的输出

1. 持续时间估算

持续时间估算是对完成某些活动、阶段或项目所需的工作时段数的定量评估，其中并不包括任何滞后量，但可指出一定的变动区间。例如，2周加减2天，表明活动至少需要8天，最多不超过12天(假定每周工作5天)。

2. 估算依据

持续时间估算所需的支持信息的数量和种类，因应用领域而异。不论其详细程度如何，支持性文件都应该清晰、完整地说明持续时间估算是如何得出的。持续时间估算的支持信息可包括：关于估算依据的文件，关于全部假设条件的文件，关于各种已知制约因素的文件，对估算区间的说明，对最终估算的置信水平的说明，有关影响估算的单个项目风险的文件。

3. 项目文件更新

可在本过程更新的项目文件主要包括活动属性、假设日志、经验教训登记册。

5.6 制订进度计划

5.6.1 制订进度计划过程概述

制订进度计划是分析活动顺序、持续时间、资源需求和进度制约因素，根据项目的活动定义、活动排序及活动持续时间估算的结果和所需要的资源进行的进度计划编制工作的过程。项目的主要特点之一就是有严格的时间期限要求，制订项目进度计划的目的是控制项目的时间，从而节约时间，因此进度计划在项目管理中具有重要的作用。本过程的主要作用是为完成项目活动而制定具有计划日期的进度模型。本过程需要在整个项目期间展开。

图5-9描述了制订进度计划过程的输入、工具与技术，以及输出。

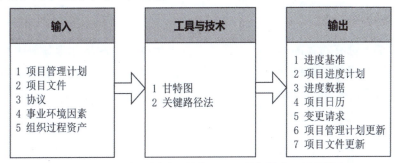

图5-9 制订进度计划过程的输入、工具与技术，以及输出

5.6.2 制订进度计划过程的输入

1. 项目管理计划

可用于本过程输入的项目管理计划组件包括(但不限于)以下两种。

(1) 进度管理计划。进度管理计划规定了用于制订进度计划的进度计划编制方法和工具，以及推算进度计划的方法。

(2) 范围基准。范围说明书、WBS和WBS词典包含了项目可交付成果的详细信息，供创建进度模型时借鉴。

2. 项目文件

可作为本过程输入的项目文件包括(但不限于)以下几种。

(1) 活动属性。活动属性提供了创建进度模型所需的细节信息。

(2) 活动清单。活动清单明确了需要在进度模型中包含的活动。

(3) 假设日志。假设日志所记录的假设条件和制约因素可能造成影响项目进度的单个项目风险。

(4) 持续时间估算。持续时间估算包括对完成某项活动所需的工作时段数的定量评估，用于进度计划的推算。

(5) 经验教训。在项目早期获得的与创建进度模型有关的经验教训，可以运用到项目后期阶段，以提高进度模型的有效性。

(6) 里程碑清单。里程碑清单列出特定里程碑的计划实现日期。

(7) 项目进度网络图。项目进度网络图中包含用于推算进度计划的紧前和紧后活动的逻辑关系。

(8) 项目团队派工单。项目团队派工单明确了分配到每个活动的资源。

(9) 资源日历。资源日历规定了项目期间的资源可用性。

(10) 资源需求。活动资源需求明确了每个活动所需的资源类型和数量，用于创建进度模型。

(11) 风险登记册。风险登记册提供了会影响进度模型的全部已识别风险的详细信息及特征。

3. 协议

合同是对双方都有约束的协议。它强制卖方提供规定的产品、服务或成果，强制买方向卖方支付相应的报酬。合同建立了受法律保护的买卖双方的关系。在制定如何执行项目工作以履行合同承诺的详细信息时，合同双方为项目进度提供了输入。

4. 事业环境因素

能够影响制订进度计划过程的事业环境因素包括(但不限于)：政府或行业标准、沟通渠道。

5. 组织过程资产

能够影响制订进度计划过程的组织过程资产包括(但不限于)：进度计划方法论，其中包括制定和维护进度模型时应遵循的政策；项目日历。

5.6.3 制订进度计划过程的工具与技术

1. 甘特图

甘特图又称为横道图、条形图。它通过日历形式列出项目活动工期及其相应的开始和结束日期，为反映项目进度信息提供了一种标准格式。

在甘特图中，项目活动在表的左侧列出，时间在表的顶部列出，可以依据计划的详细程度，以年、月、周、天或小时作为度量项目进度的时间单位。下面以表5-2所表示的活动关系为例，画出该项目活动的甘特图(如图5-10所示)，以此说明甘特图的作用。

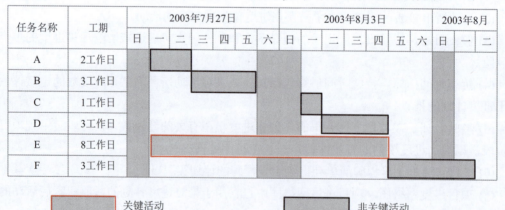

图5-10　某项目的甘特图

甘特图可以明显地表示出各活动所持续的时间，横道线显示了每项活动的开始时间和结束时间，横道线的长短代表了活动持续时间的长短。甘特图的优点是简单、明了、直观，易于编制，但是，甘特图不能系统地把项目各项活动之间的复杂关系表示出来，难以进行定量的分析和计算，同时没有指出影响项目进度的关键所在。因此，甘特图一般适用于比较简单的小型项目，对于复杂的项目来说，甘特图就显得难以应付。

2. 关键路径法

关键路径法(critical path method，CPM)是利用进度模型时使用的一种进度网络分析技术。这种进度网络分析技术在不考虑任何资源限制的情况下，沿进度网络路径使用顺推与逆推法，计算出所有活动的最早开始、最终结束、最晚开始和最晚完成日期。由此计算得到的最早开始时间和完成时间、最迟开始时间和完成时间不一定是项目的进度计划，它们只不过指明了计划活动在给定的活动持续时间、逻辑关系、时间提前量和滞后量，以及其他已知条件下应当安排的时间段的长短。

一些比较重要的基本概念如下所示。

1) 最早开始时间和最早完成时间

(1) 最早开始时间(early start date，ES)：根据进度网络逻辑、数据日期以及任何进度方面的制约因素，某计划活动尚未完成部分可能开始的最早时间点。

(2) 最早完成时间(early finish date，EF)：根据进度网络逻辑、数据日期以及任何进度方面的制约因素，某计划活动尚未完成部分可能完成的最早时间点。

计算网络图中各项活动的最早开始时间或最早完成时间的具体原则如下。

(1) 对于一开始就进行的活动，其最早开始时间为零。

(2) 某项活动的最早开始时间必须等于或晚于直接指向这项活动的所有活动的最早完成时间中的最晚时间。

(3) 计算每项活动的最早开始时间和最早完成时间时，以项目预计开始时间为参照点进行正向推算。对于中间的活动，其活动的最早开始时间就是其前置活动的最早完成时间中的最晚时间。

根据项目的最早开始时间来确定项目的最早完成时间。最早完成时间可在这项活动最早开始时间的基础上加上这项活动的工期估计进行计算。活动工期为DU(duration)，即EF=ES+DU，如图5-11所示。

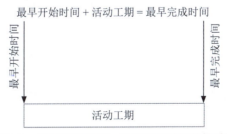

图5-11 最早开始时间、最早完成时间的关系图

2) 最迟开始时间和最迟完成时间

(1) 最迟开始时间(late start date,LS): 根据进度网络逻辑、项目完成日期以及任何施加于计划活动的制约因素，在不违反进度制约因素或延误项目完成日期的条件下允许计划活动最迟开始的时间点。

(2) 最迟完成时间(late finish date,LF): 根据进度网络逻辑、项目完成日期以及任何施加于计划活动的制约因素，在不违反进度制约因素或延误项目完成日期的条件下允许计划活动最迟完成的时间点。

计算网络图中各项活动的最迟开始时间和最迟完成时间的具体原则如下。

(1) 对于最后完成的活动，其最迟完成时间就是项目规定的完工期。

(2) 某项活动的最迟完成时间必须等于或早于该活动直接指向的所有活动最迟开始时间的最早时间。

(3) 计算每项活动的最迟开始时间和最迟完成时间时，以项目预计完成时间为参照点进行逆向计算，对于中间的活动，其活动的最迟完成时间就是其后置活动的最迟开始时间的最早时间。

最迟开始时间可在该活动最迟完成时间的基础上减去该活动的工期得出，即 $LS=LF-DU$，如图5-12所示。

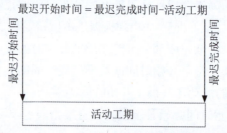

图5-12　最迟开始时间、最迟完成时间的关系图

3) 时差

时差F(float)也称为"浮动时间"，表示项目活动或整个项目的机动时间。时差分为两种类型：活动总时差和活动单时差。活动总时差是指在不影响项目在规定时间范围内完成的情况下，项目活动最迟开始时间和最早开始时间的间隔；活动单时差则是指在不影响下一个活动最早开始的前提下，该活动的完成所拥有的机动时间。由此可见，总时差是单时差的综合，但不是单时差的简单加总。时差越大，则表示项目的时间潜力越大。时差可以通过如下公式来表示。

$$F = LF - ES - DU$$

如果项目某条路线的总时差为正值，这一正的总时差可以为该路线上的所有活动公用，当该路线上的某项活动不能按期完成时，则可以利用该路线的总时差，而不必担心影响项目的进度；如果项目某条路线的总时差为负值，则表明该路线上的各项活动要加快进度，减少在该路线上花费的时间总量，否则项目就不能在规定的时间范围内顺利完成；如果项目某条路线的总时差为零，则表明该路线上的各项活动不能加速完成，但是也不能拖延时间。由此可见，项目网络图的管理理念在于利用时差来调整整个项目的进度。

4) 关键路线的确定

关键路线法的重点是确定项目的关键路线。关键路线的确定是指将项目网络图中每条路线的所有活动的历时分别相加，最长的路线就是关键路线，关键路线上的活动称为关键活动，关键路线的节点称为关键节点，关键活动的总时差为零。因此，关键路线就是网络图中由一系列活动构成的活动工期最长的那条路线，如果关键路线里的某项活动未能如期完成，则所有处于其后的工作活动都要拖延，最终的结果是项目不能按计划完成。反之，如果关键路线上的某活动能够提前完成，那么整个项目也有可能提前完成。由此可见，在编制项目进度计划时，关键路线上的活动是关注的重点。

确定关键路线的方法除了找出所有活动的历时相加最长的路线，还有一种常用的方法是找出那些具有最小时差的活动，即用每项活动的最迟完成时间减去最早完成时间(或用最迟开始时间减去最早开始时间)，然后找出时差值最小的各项活动(如果时差都是正的，则选择正时差值最小的活动；如果存在负时差，则选择负时差绝对值最大的活动)，所有这些活动就是关键路线上的活动。

【例5-3】某项目的双代号网络图如图5-13所示，试用"活动的历时相加最长的路线"的方法来确定该项目的关键路线。

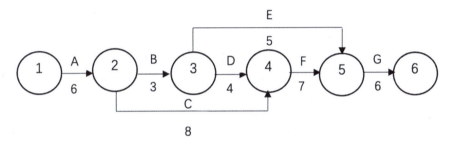

图5-13　某项目双代号网络图

解： 运用"活动的历时相加最长的路线"来确定项目的关键路线。在该项目的节点图上，有三条路线A、B、D、F、G，A、B、E、G和A、C、F、G，这三条路线的活动时间相加分别为26天、20天和27天，其中路线A、C、F、G的活动历时相加是最多的，所以是关键路线。

5.6.4　制订进度计划过程的输出

1. 进度基准

进度基准是经过批准的进度模型，只有通过正式的变更控制程序才能进行变更，用作与实际结果进行比较的依据。经相关方接受和批准，进度基准包含基准开始日期和基准结束日期。在监控过程中，将用实际开始和完成日期与批准的基准日期进行比较，以确定是否存在偏差。进度基准是项目管理计划的组成部分。

2. 项目进度计划

项目进度计划是进度模型的输出，为各个相互关联的活动标注了计划日期、持续时间、里程碑和所需资源等信息。项目进度计划中包括每个活动的计划开始日期与计划完成日期。即使在早期阶段就进行了资源规划，但在未确认资源分配和计划开始于完成日期之前，项目进度计划都只是初步的。虽然项目进度计划可用列表形式，但图形方式更常见，常用的有横道图、里程碑图、项目进度网络图。

3. 进度数据

项目进度模型中的进度数据是用来描述和控制进度计划的信息集合。进度数据至少包括进度里程碑、进度活动、活动属性，以及已知的全部假设条件与制约因素，而所需的其他数据因应用领域而异。进度数据还可包括资源直方图、现金流预测、订购与交付进度安排或其他相关信息。

4. 项目日历

在项目日历中规定可以开展进度活动的可用工作日和工作班次，它把可用于开展进度活动的时间段(按天或更小的时间单位)与不可用的时间段区分开来。在一个进度模型中，项目进度计划可能需要采用不止一个项目日历来编制，因为有些活动需要不同的工作时段。因此，项目日历可能需要进行更新。

5. 变更请求

修改项目范围或项目进度计划之后，范围基准或项目管理计划的其他组成部分可能会被提出变更请求，应该通过实施整体变更控制过程对变更请求进行审查和处理。

6. 项目管理计划更新

项目管理计划的任何变更都以变更请求的形式提出，且通过组织的变更控制过程进行处理。可能需要变更请求的项目管理计划组成部分包括进度管理计划和成本基准。

7. 项目文件更新

可在本过程更新的项目文件主要包括：活动属性、假设日志、持续时间估算、经验教训登记册、资源需求、风险登记册。

5.7 控制进度

5.7.1 控制进度过程概述

控制进度是监督项目状态，以更新项目进度和管理进度基准变更的过程。本过程的主要作用是在整个项目期间保持对进度基准的维护，且需要在整个项目期间开展。图5-14描述了本过程的输入、工具与技术，以及输出。

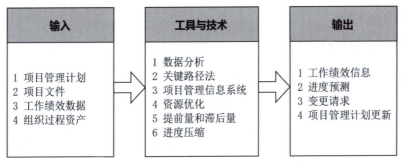

图5-14 控制进度过程的输入、工具与技术，以及输出

5.7.2 控制进度过程的输入

1. 项目管理计划

可用于本过程输入的项目管理计划组件包括(但不限于)：进度管理计划、进度基准、范围基准、绩效测量基准。

2. 项目文件

可作为本过程输入的项目文件包括(但不限于)：经验教训登记册、项目日历、项目进度计划、资源日历、进度数据。

3. 工作绩效数据

工作绩效数据包含关于项目状态的数据。例如，哪些活动已经开始，它们的进展如何(如实际持续时间、剩余持续时间和实际完成百分比)，哪些活动已经完成。

4. 组织过程资产

能够影响控制进度过程的组织过程资产主要包括：现有与进度控制有关的正式和非正式的政策、程序和指南；进度控制工具；可用的监督和报告方法。

5.7.3 控制进度过程的工具与技术

1. 数据分析

可用于本过程的数据分析技术主要包括：挣值分析、绩效审查、趋势分析、偏差分析等。

2. 关键路径法

检查关键路径的进展情况来确定进度状态。关键路径上的偏差将对项目的结束日期产生直接影响。评估关键路径上活动的进展情况，有助于识别进度风险。

3. 项目管理信息系统

项目管理信息系统包括进度计划软件。用这种软件对照计划日期跟踪实际日期，对照进度基准报告偏差和进展，预测各种变更对项目进度模型的影响。

4. 资源优化

资源优化技术是在同时考虑资源可用性和项目时间的情况下，对活动和活动所需资源进行的进度规划。

5. 提前量和滞后量

在网络分析中调整提前量和滞后量，设法使进度滞后的项目活动赶上计划。例如，在新办公大楼建设项目中，通过增加活动之间的提前量，把绿化施工调整到大楼外墙装饰完工之前开始；或者，在大型技术文件编写项目中，通过消除或减少滞后量，把草稿编辑工作调整到草稿编写完成滞后立即开始。

6. 进度压缩

采用进度压缩技术使进度落后的项目活动赶上计划，可以对剩余工作使用快速跟进或赶工方法。

5.7.4 控制进度过程的输出

1. 工作绩效信息

工作绩效信息包括与进度基准相比较的项目工作执行情况。开始和完成日期的偏差以及持续时间的偏差可以在工作包层级和控制账户层级计算。对于使用挣值分析的项目，进度偏差和进度绩效指数将记录在工作绩效报告中。

2. 进度预测

进度更新即进度预测，指根据已有的信息和知识，对项目未来的情况和事件进行的估算或预计。随着项目执行，应该基于工作绩效信息，更新和重新发布预测。这些信息基于项目的过去绩效，并取决于纠正或预防措施所期望的未来绩效，可能包括挣值绩效指数，以及可能在未来对项目造成影响的进度储备信息。

3. 变更请求

通过分析进度偏差，审查进度报告、绩效测量结果和项目范围或进度调整情况，可能会对进度基准、范围基准和项目管理计划的其他部分提出变更请求。应该通过实施整体变更控制过程对变更请求进行审查和处理。预防措施可包括推荐的变更，以消除或降低不利进度偏差的发生概率。

4. 项目管理计划更新

项目管理计划的任何变更都以变更请求的形式提出，且通过组织的变更控制过程进行处理。可能需要变更请求的项目管理计划组成部分主要包括进度管理计划、进度基准、成本基准、绩效测量基准。

本章小结

项目进度管理包括使项目按时完成所必需的管理过程。这些过程包括规划进度管理、定义活动、排列活动顺序、估算活动持续时间、制订进度计划和控制进度。

在一个项目计划中，进度安排的准确程度比成本估算的准确程度更重要，影响进度的因素有很多，进度失控会导致成本的增加，引起客户的不满，甚至引起合同纠纷和项目失败。在考虑进度安排时，要把人员的工作量与花费的时间联系起来，合理分配工作量，使用多种时间控制工具来监控项目的执行。作为项目经理，在出现项目拖期时，应该采用有效的时间控制方法，将项目拖回正常的轨道，或尽可能将项目的拖期缩短，确保项目的按时完成。

本章首先对项目进度管理做了总括性的阐述，然后分别就项目进度管理的六个过程展开论述，比较详尽地介绍了各个过程的输入、工具与技术，以及输出。

复习与思考

一、单选题

1. 活动逻辑关系中的"完成(A)—开始(B)"关系是指( )。
   A. 活动A不完成，活动B不能开始
   B. 活动A完成时，活动B必须已经开始
   C. 只有活动B开始后，活动A才能完成
   D. 活动A完成与活动B开始必须同时进行

2. 你正在改造自己的房间并决定为此项目准备一个网络图，你必须购买好用具并于衣柜的建成时准备安装，这种情况下，购买用具与建衣柜的关系是( )。
   A. 开始—完成   B. 开始—开始   C. 完成—开始   D. 完成—完成

3. 甘特图与网络图之间的区别是( )。
   A. 历时   B. 任务   C. 节点   D. 浮动时间

4. 在任务赶工时，应该集中于( )。
   A. 非关键路径的任务   B. 耗费资源多的任务
   C. 关键路径的任务   D. 降低成本，加速执行

5. 某项任务工期的最乐观时间为3天，正常时间为6天，最悲观时间为9天，此任务的预期工期为( )。
   A. 3天   B. 6天   C. 9天   D. 8.5天

6. 下列表述正确的是( )。
   A. 活动排序就是把要完成的活动按工作量大小排好，从而更好地完成
   B. 活动排序就是确定各活动之间完成的先后顺序
   C. 活动排序就是按照各种计划一项一项地完成各活动
   D. 活动排序是按照活动的必然依存关系进行排序的

二、简答题

1. 什么是项目进度管理？项目进度管理的目的是什么？
2. 网络图的定义以及网络图的构成要素是什么？
3. 项目进度计划的目的是什么？
4. 影响项目活动时间的因素有哪些？
5. 什么是关键路径？

三、计算题

1. 已知某企业数据采集与处理项目组对该项目所需进行的工作进行了分解，明确了项目的范围，通过活动定义、活动排序和活动资源估算后，得到了一张工作分解结构表(如表5-5所示)，根据这张表，请完成如下工作。

表5-5 工作分解结构表

工作代号	工作时间	紧前工作	工作代号	工作时间	紧前工作
A	4天	——	E	12天	B、C
B	7天	A	F	7天	C
C	10天	A	G	5天	D、E、F
D	8天	B	H	4天	G

(1) 绘制双代号网络图。
(2) 确定关键路线。
(3) 求出该项目总工期。

四、案例分析题

被耽误的项目

某公司为了扩大公司经营，决定投资开辟新的市场，但开辟新市场需要公司投入巨额的资金，一旦产品不受新市场欢迎，投资即失败，公司将面临资金链的断裂，这是公司无法承受的事情。于是公司决定进行市场调研项目，对市场进行预判，以降低公司的投资风险。市场部将调研项目委托给一家专业的市场调研公司，并由该公司全权负责。

项目经理小丁做过5年的调研分析工作，但这是他第一次担任项目经理。由于人手不足，小丁还兼任访问员培训工作，此外项目组还有5名有1年工作经验的访问员、1名数据录入员。项目组的成员均全程参加项目。在承担项目之后，小丁组织大家制定了项目的WBS，并依照以往的经历制订了本项目的进度计划，简单描述如下：

第1周：方案设计；
第2周：问卷设计定稿、印刷；
第3周：访问员培训试访；
第4~7周：访问实施；
第4周：数据录入清理；
第5~7周：计算机处理；

第8~9周：报告撰写；

第9周：递交报告。

春节后，2月22日(周一)，项目正式开始。后来，小丁发现原本计划在3月8日开始的访问员培训试访推到3月11日才开始，由此推测访问员培训试访任务无法在项目第3周完成。

问题：

1. 请分析问题发生的可能原因。
2. 小丁应该如何做才能保证项目整体进度不拖延？
3. 请概述典型的市场调研项目的进度管理的过程和方法，以及资源配置对进度的制约。

第 6 章

项目成本管理

> 项目成本管理的核心在于花了多少钱，对应完成了多少工作量。
>
> ——郭致星

📖 本章内容

- 项目成本管理概述
- 规划成本管理
- 项目资源规划
- 估算项目成本
- 预算项目成本
- 控制项目成本
- 挣值分析法

📖 案例导入

〜 建筑成本管理问题 〜

众所周知，悉尼歌剧院是一个非常宏伟壮观的建筑，是澳大利亚主要的艺术中心，还是著名的旅游胜地。然而，当年悉尼歌剧院的设计和建造却是件十分棘手的事情。

悉尼歌剧院从20世纪50年代开始构思兴建，1955年起公开搜集设计作品，至1956年共有32个国家233个作品参选。经评委评选，丹麦建筑师约恩·乌松的设计"屏雀"入选。这个"屏雀"方案最初的项目估算成本是700万美元。但在建造过程中，各种预想不到的因素使悉尼歌剧院项目在工程和资金方面出现了诸多困难，耗时长达16年，并耗费了1.07亿美元(比最初估计超出1亿美元)，直至1973年10月20日才正式投入使用。

你一定很想知道如何才能避免项目中出现的上述失误吧？通过学习本章的项目成本管理，或许这个问题会迎刃而解。

6.1 项目成本管理概述

6.1.1 项目成本管理的概念

在完成任何一个项目的过程中，必然会发生各种物化劳动和活劳动的消耗，这种耗费的货币表现就是项目成本。项目成本管理是项目管理的重点工作，它决定着整个项目的盈利与否。对于一个经济实体而言，成本是生命，是本钱，也是整个经济实体经营管理的中心工作，如果没有成本意识，就没有效益，就没有利润，企业也就无法生存。每个项目都会在一定程度上受客观条件和资源的制约。对于大多数项目而言，资金是一个重要的制约因素。如果项目的费用超支，不但会降低项目的经济效益，使业主或承包商受到损失，还可能使项目因无法继续获得必要的投资而被迫终止。因此，做好项目必须先搞好项目成本管理。

项目成本管理是指为确保项目在批准的预算内完成而进行的一系列管理活动和过程，主要包括规划成本管理、估算成本、制定预算、控制成本等方面的管理过程和活动。

项目成本管理重点关注完成项目活动所需资源的成本，但同时应考虑项目决策对项目产品、服务或成果的使用成本、维护成本和支持成本的影响。

6.1.2 项目成本管理的过程

项目成本管理主要解决以下五个问题。
(1) 如何估算、预算和控制项目成本？
(2) 预测项目需要什么资源，资源的种类和数量是多少？
(3) 项目将花费多少钱？
(4) 何时需要这些资金？
(5) 如何使用项目资金？

这五个需要解决的问题对应项目成本管理的五个过程：规划成本管理、项目资源规划、估算项目成本、预算项目成本、控制项目成本。项目成本管理的过程如图6-1所示。

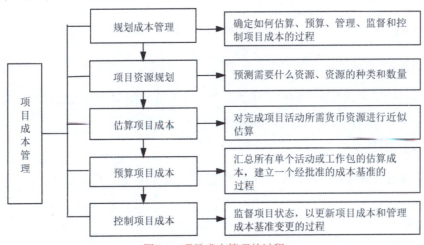

图6-1 项目成本管理的过程

虽然各项目成本管理过程以界限分明和相互独立的形式出现,但在实践中它们会以本书无法全面详述的方式相互交叠和相互作用。这些过程不仅彼此相互作用,而且与其他知识领域中的过程相互作用。

在某些项目,特别是范围较小的项目中,成本估算和成本预算之间的联系非常紧密,以至于可视为一个过程,由一个人在较短时间内完成。但本书仍然把这两个过程分开来介绍,因为它们所用的工具和技术各不相同。项目成本管理对成本的影响在项目早期最大,因此尽早定义范围就更加重要了。

6.2 规划成本管理

6.2.1 规划成本管理过程概述

规划成本管理是确定如何估算、预算、管理、监督和控制项目成本的过程。本过程的主要作用是在整个项目期间为如何管理项目成本提供指南和方向。本过程仅开展一次或仅在项目的预定义点开展。图6-2描述了本过程的输入、工具与技术,以及输出。

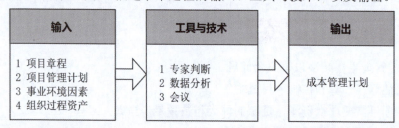

图6-2 规划成本管理过程的输入、工具与技术,以及输出

成本管理工作应该在项目规划阶段的早期就进行规划,建立各成本管理过程的基本框架,以确保各过程的有效性和协调性。成本管理计划是项目管理计划的组成部分,成本管理过程及工具与技术应记录在成本管理计划中。

6.2.2 规划成本管理过程的输入

1. 项目章程

项目章程规定了预先批准的财务资源,可据此确定详细的项目成本。项目章程所规定的项目审批要求,也对项目成本管理有影响。

2. 项目管理计划

可用于本过程的项目管理计划组件主要包括进度管理计划和风险管理计划。

3. 事业环境因素

能够影响规划成本管理过程的事业环境因素包括(但不限于)以下几点。
(1) 能够影响成本管理的组织文化和组织结构。
(2) 市场条件，决定着在当地及全球市场上可获取哪些产品、服务和成果。
(3) 货币汇率，用于换算发生在多个国家和地区的项目成本。
(4) 项目管理信息系统，可为管理成本提供多种方案。
(5) 不同地区的生产率差异，可能会对项目成本造成巨大影响。

4. 组织过程资产

能够影响规划成本管理过程的组织过程资产包括(但不限于)以下几点。
(1) 财务控制程序。
(2) 历史信息和经验教训知识库。
(3) 财务数据库。
(4) 现有的正式和非正式的与成本估算和预算有关的政策、程序和指南。

6.2.3 规划成本管理过程的工具与技术

1. 专家判断

本过程应征求具备以往类似项目、成本估算和预算和挣值管理等方面专业知识或接受过相关培训的个人或小组的意见。

2. 数据分析

适用于本过程的数据分析技术包括备选方案分析。备选方案分析可包括审查筹资的战略方法，如自筹资金、股权投资、借贷投资等，还可以包括对获取项目资源的方法(如自制、采购、租用或租赁)的考量。

3. 会议

项目团队可能举行规划会议来制订成本管理计划。参会者可能包括项目经理、项目发起人、选定的项目团队成员、选定的相关方、项目成本负责人，以及其他必要人员。

6.2.4 规划成本管理过程的输出

成本管理计划是项目管理计划的组成部分，描述将如何规划、安排和控制项目成本。成本管理过程及其工具与技术应记录在成本管理计划中。

6.3 项目资源规划

6.3.1 项目资源规划过程概述

资源可理解为一切具有现实和潜在价值的东西,完成项目必须要消耗劳动力(人力资源)、材料、设备、资金等有形资源,同时可能需要消耗其他一些无形资源,而且由于存在资源约束,项目耗用资源的质量、数量、均衡状况对项目的工期、成本有着不可估量的影响。资源保障不充分或配置不当,必然会造成工期拖延,实际成本超预算等。

项目资源规划是根据项目的资源需求,制订项目资源供应计划。图6-3描述了本过程的输入、工具与技术,以及输出。

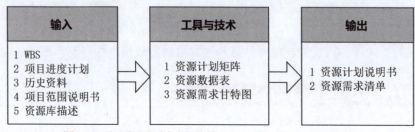

图6-3 项目资源规划过程的输入、工具与技术,以及输出

6.3.2 项目资源规划过程的输入

1. 项目工作分解结构(WBS)

利用WBS系统进行项目资源规划时,工作划分得越细、越具体,所需资源种类和数量越容易估计。工作分解自上而下逐级展开,各类资源需求量可以自下而上逐级累加,便得到了整个项目各类资源需求。

2. 项目进度计划

项目进度计划是项目计划中最主要的,是其他各项计划(如质量计划、资金使用计划、资源供应计划)的基础。资源计划必须服务于项目进度计划,什么时候需要何种资源是围绕项目进度计划的需要而确定的。

3. 历史资料

历史信息记录了以前类似工作使用资源的需求情况,这些资料如能获得,无疑对现在的工作资源需求确定有很大的参考作用。

4. 项目范围说明书

项目范围说明书描述了项目目标,确定了项目可交付成果,明确了哪些工作是属于项目该做的,而哪些工作不应包括在项目之内,对它的分析可进一步明确资源的需求范围及其数量,因此在编制项目资源计划时应该特别加以考虑。

5. 资源库描述

资源库描述是对项目拥有的资源存量的说明,对它的分析可确定资源的供给方式及其获得的可能性,这是项目资源计划所必须掌握的。资源库详细的数量描述和资源水平说明对于资源安排有特别重要的意义。

6.3.3 项目资源规划过程的工具与技术

1. 资源计划矩阵

资源计划矩阵也称资源矩阵,它是项目工作分解结构的直接产品,即根据具体工作分解结构情况来对资源进行分析、汇总。资源计划矩阵能够清晰表示WBS的结果,解决WBS中无法解决的问题。表6-1是项目资源计划矩阵的基本形式。

表6-1 项目资源计划矩阵的基本形式

工作	资源1	资源2	……	资源m-1	资源m	相关说明
工作1						
工作2						
……						
工作n-1						
工作n						

2. 资源数据表

资源数据表是主要表现项目资源在整个项目不同阶段的使用和安排情况的一种资源规划工具。表6-2是项目资源数据表的基本形式。

表6-2 项目资源数据表的基本形式

资源需求种类	资源需求总量	时间安排(不同时间资源需求量)					相关说明
		1	2	……	T-1	T	
资源1							
资源2							
……							
资源m-1							
资源m							

3. 资源需求甘特图

资源需求甘特图使用甘特图来表示项目进度与资源需求之间的关系。资源需求甘特图直观地显示了资源在各个阶段的耗用情况,它比资源数据表更为直观、简洁,其缺点是无法显示资源配置效率方面的信息,如图6-4所示。

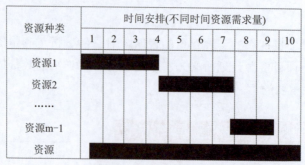

图6-4 资源需求甘特图

6.3.4 项目资源规划过程的输出

1. 资源计划说明书

资源计划说明书是在分析和识别项目资源需求的基础上,详细确定出项目需要投入的资源种类(包括人力、设备、材料、资金等)、项目资源投入的数量和时间等。

2. 资源需求清单

资源需求清单是完成项目需要的所有资源清单,包括物料、人员、设备、能源,以及其他消耗品的名称及数量。

6.4 项目成本估算

6.4.1 项目成本估算过程概述

项目成本估算是指为实现项目的目标,在某特定时点根据项目资源计划所确定的资源需求,以及市场上资源的价格信息,对完成项目工作所需资源的成本进行近似估算的过程。本过程的主要作用是确定项目所需的资金。本过程应根据需要在整个项目期间定期开展。

在估算成本时,项目需要识别和分析可用于启动与完成项目的备选成本方案,需要权衡备选成本方案并考虑风险,如比较自制成本与外购成本、购买成本与租赁成本,以及多种资源共享方案,以优化项目成本。由于项目经常发生变更,而且在项目的整个生命周期内随着宏观环境的变化(利率、通货膨胀率发生变化)、资源价格的变化(人力资源成本、原材料、设备等架构变化)、经营成本的变化、成本估计中相关项目利益相关者行为的变化,以及在项目活动进行中项目团队的学习曲线的变化等,项目成本估算在一个不确定性程度很高的环境下进行,因此其成为一个很复杂的工作。

项目成本估算与项目报价是两个既有区别又有联系的概念。成本估算所涉及的是对项目目标成本进行的量化评估,是项目组织为了向外提供产品或服务的成本费用总和。而项目报价则是一个经营决策,是项目组织向客户收取它所提供产品或服务的收入总和。项目报价不仅包含项目成本,还包括应获取的利润,项目成本仅仅是项目组织进行项目报价所需要考虑的重要内容之一。

图6-5描述了项目成本估算过程的输入、工具与技术,以及输出。

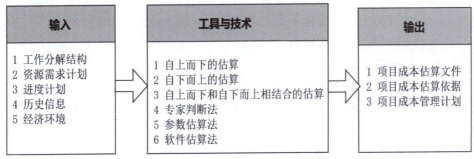

图6-5 项目成本估算过程的输入、工具与技术,以及输出

6.4.2 项目成本估算过程的输入

进行项目成本估算要考虑很多因素。项目成本估算的依据包括工作分解结构、资源需求计划、进度计划、历史信息和经济环境。

1. 工作分解结构

工作分解结构是编制资源计划的基础,也可以用于成本估算并确保所有识别的工作已被估算。

2. 资源需求计划

资源需求计划界定了项目所需资源的种类、数量和质量标准,是成本估算的主要依据。

3. 进度计划

从项目进度管理中得到项目活动的进度安排,主要对项目活动时间和所需的资源有个基本估计。

4. 历史信息

许多资源类别成本方面的信息可以从一些历史信息中获得,如相关的项目文件、商业成本估算数据库、项目组成员利用以往的经验知识等。

5. 经济环境

经济环境包括通货膨胀、各种税率和汇率等的变化,进行项目估算时,要考虑这些因素的影响。项目在可能涉及重大的不确定因素时,应考虑适当的应急备用金。

6.4.3 项目成本估算过程的工具与技术

1. 自上而下的估算

自上而下的估算又称类比估算,通常在项目的初期或信息不足时进行,此时只确定了初步的工作分解结构,分解层次少,很难将项目的基本单元详细列出来。因此,成本估算的基本对象可能就是整个项目或其中的子项目,估算精度较差。自上而下的成本估算实际上是以项目成本总体为估算对象,在收集上层和中层管理人员的经验判断,以及可以获得的关于以往类似项目的历史数据的基础上,将成本从工作分解结构的上部向下部依次分配、传递,直至WBS的最底层。

【例6-1】某建筑公司拟在A校建设一座教学楼,该建筑公司3年前曾在B校建设了一座相同的教学楼,该教学楼的实际成本为3100万元。两栋教学楼都是10层框架结构,建筑面积和建筑材料相同,但外墙装饰材料有所不同,A校的教学楼为干挂石材,每平方米价格为1000元;B校的教学楼外墙墙砖,每平方米价格为600元,外墙面积为7000平方米。

另外,3年来工人平均工资上涨10%,其他资源的价格不变。B校的教学楼的人工费用占成本的20%。

根据上述材料,用自上而下估算法来估算A校的教学楼的成本为

$C=[3100+3100×20\%×10\%+7000×(0.1-0.06)]$万元$=3442$万元

2. 自下而上的估算

自下而上的估算又称工料清单估算。自下而上的估算是先估算各个工作单元的费用,然后自下而上将各个估算结果汇总,算出项目费用总和。采用这种技术的前提是确定了详细的工作分解结构,能做出较准确的估算。当然,这种估算本身要花费较多的费用。

【例6-2】某建筑公司拟在A高校建设教学楼一座,项目组成员根据要求绘制了成本估算图(如图6-6所示)。

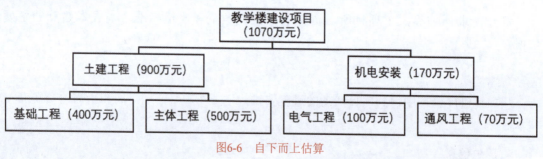

图6-6 自下而上估算

如果采取自下而上的成本估算法,土建工程、机电安装、教学楼建设项目的总成本分别是多少?

土建工程成本=400万元+500万元=900万元

机电安装成本=100万元+70万元=170万元

教学楼建设项目的总成本=900万元+170万元=1070万元

3. 自上而下和自下而上相结合的估算

采用自上而下的估算路线，虽然简便，但估算精度较差；采用自下而上的估算路线，所得结果更为精确，但估算工作量大。因此，可将两者结合起来，以取长补短，即采用自上而下与自下而上相结合的路线进行成本估算。

4. 专家判断法

专家判断法是以专家为索取信息的对象，组织专家运用其项目管理理论及经验对项目成本进行估算的方法。该方法适用于项目成本估算精度要求不高的情况。

5. 参数估算法

参数估算法又称参数模型法，是根据项目成本重要影响因素的特性参数建立数学模型来估算项目成本的方法。

6. 软件估算法

项目管理软件；如项目成本估算软件、计算机工作表、模拟和统计工具，被广泛用来进行费用估算。这些工具可以简化一些费用估算工作量，便于进行各种费用估算方案的快速计算。

6.4.4 项目成本估算过程的输出

1. 项目成本估算文件

项目成本估算文件是项目管理文件中最重要的文件之一，它包括项目各个活动所需资源(包括人力、物力、财力，并考虑通货膨胀或意外事故等)及其成本的定量估算，这些估算可以用简略或详细的形式表示。成本通常以货币单位表示，但有时为了方便也可用人/天或人/小时这样的单位。

2. 项目成本估算依据

项目成本估算依据包括如下几点。
(1) 项目工作范围说明书，通常从工作分解结构中得到。
(2) 项目成本估算的基础，说明估算是怎样做出的。
(3) 项目成本估算所做的假设说明，如项目所需资源价格的估定。

3. 项目成本管理计划

项目成本管理计划是整个项目计划的组成部分，说明了如何管理实际成本与计划成本之间发生的差异。成本管理计划根据项目的需要，可以是高度详细或粗略框架的，同时既可以是正规的，也可以是非正规的。

6.5 项目成本预算

6.5.1 项目成本预算过程概述

项目成本预算是项目成本控制的基础,是项目成功的关键,在项目成本估算的基础上,项目成本预算更精确地估算项目总成本,并将其分摊到项目的各项具体活动和各个具体项目阶段上,为项目成本控制制订基准计划的项目成本管理活动,所以又称之为项目成本计划。

成本估算和成本预算既有区别又有联系。成本估算的目的是估计项目的总成本和误差范围,而成本预算是将项目的总成本分配到各工作项和各阶段上。成本估算的输出结果是成本预算的基础与依据,成本预算则是将已批准的估算分摊到项目的各项具体活动和各个具体项目阶段上。

项目成本预算的主要作用是确定可据以监督和控制项目绩效的成本基准。项目成本预算包括两个步骤:首先,将项目成本估算分摊到项目工作分解结构的各个工作包中;其次,将每个工作包的预算分摊到工作包的工期中,这样就能知道在每个时间点上预算支出是多少。图6-6描述了本过程的输入、工具与技术,以及输出。

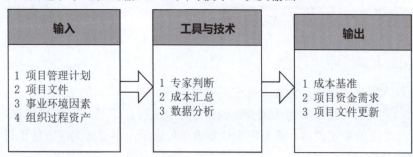

图6-7 项目成本预算过程的输入、工具与技术,以及输出

6.5.2 项目成本预算过程的输入

1. 项目管理计划

可作为本过程输入的项目管理计划组件主要包括以下几种。

(1) 成本管理计划。成本管理计划描述了如何将项目成本纳入项目预算中。

(2) 资源管理计划。资源管理计划提供了有关人力和其他资源的费率、差旅成本估算和其他可预见成本的信息,这些信息是估算整个项目预算时必须考虑的因素。

(3) 范围基准。范围基准包括项目范围说明书、WBS和WBS词典的详细信息。项目成本预算将成本分配到各个活动中,而WBS确认了需要分配成本的所有活动。

2. 项目文件

可作为本过程输入的项目文件主要包括以下几种。

(1) 估算依据。在估算依据中包括基本的假设条件，如项目预算中是否应该包含间接成本或其他成本。

(2) 项目进度计划。为了将成本分配到项目各时间段内，进度信息是不可缺少的，这些进度信息只能由项目进度计划来提供。

(3) 风险登记册。风险登记册应该进行审查，以确定如何汇总风险应对成本。

3. 事业环境因素

会影响本过程的事业环境因素主要包括汇率。

4. 组织过程资产

影响本过程的组织过程资产主要包括：现有的正式和非正式的与成本预算有关的政策、程序和指南；历史信息和经验教训知识库；成本预算方法与工具；报告方法。

6.5.3 项目成本预算过程的工具与技术

1. 专家判断

本过程应征求具备与项目相关专业知识或接受过相关培训的个人或小组的意见。

2. 成本汇总

成本汇总就是先把成本估算汇总到WBS的工作包，再由工作包汇总至WBS的更高层次，最终得出整个项目的总成本。

3. 数据分析

可用于本过程的数据分析技术包括(但不限于)可以建立项目管理储备的储备分析。管理储备是为了管理控制的目的而特别留出的项目预算，用来应对项目范围中不可预见的工作，目的是用来应对会影响项目的"未知—未知"风险。管理储备不包括在成本基准中，但属于项目总预算和资金需求的一部分。当动用管理储备资助不可预见的工作时，就要把动用的管理储备增加到成本基准中，从而导致成本基准变更。

6.5.4 项目成本预算过程的输出

1. 成本基准

成本基准是经过批准的、按时间段分配的项目预算，不包括任何管理储备，只有通过正式的变更控制程序才能变更，用作与实际结果进行比较的依据。成本基准是不同进度活动经批准的预算的总和。

2. 项目资金需求

项目资金需求是根据成本基准确定总资金需求和阶段性(如季度或年度)资金需求。成本基准中既包括预计支出，也包括预计债务。

3. 项目文件更新

可在本过程更新的项目文件包括(但不限于)：成本估算、项目进度计划、风险登记册。

6.6 项目成本控制

6.6.1 项目成本控制过程概述

项目成本控制是按照项目成本预算过程所确定的成本基准计划，运用多种恰当的方法(如挣值管理)，对项目实施过程中所消耗的费用的使用情况进行管理控制，以确保项目的实际成本限定在项目成本预算所规定的范围内。

项目成本控制的主要目的是对造成实际成本与成本基准发生偏差的因素施加影响，保证其向有利的方向发展，同时对与成本基准已经发生偏差和正在发生偏差的各项成本进行管理，以保证项目顺利进行。项目成本控制主要包括如下内容。

(1) 检查成本执行情况，监控成本执行绩效。

(2) 发现实际成本与成本基准的偏差。

(3) 确保所有正确的、合理的、已经核准的变更都包括在项目成本基准计划中，并将变更后的项目成本基准计划通知相关的项目利益相关者。

(4) 分析成本绩效，从而确定是否需要采取纠正措施，并且决定要采取哪些有效的纠正措施。

项目成本控制的过程必须和项目范围变更控制、计划进度变更控制和项目质量控制等紧密结合，防止因单纯控制成本而出现项目范围、进度、质量等方面的问题。有效的成本控制关键是及时分析成本执行绩效，及早发现成本无效和出现偏差的原因，以便在项目成本失控前能够及时采取纠正措施。图6-7描述了项目成本控制过程的输入、工具与技术，以及输出。

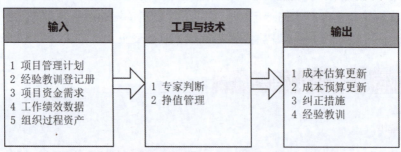

图6-8 项目成本控制过程的输入、工具与技术，以及输出

6.6.2 项目成本控制过程的输入

1. 项目管理计划

可用于本过程的项目管理计划组件包括以下几种。

(1) 成本管理计划。成本管理计划描述了如何管理和控制项目成本。

(2) 成本基准。把成本基准与实际结果相比，以判断是否需要进行变更或采取纠正或预防措施。

(3) 绩效测量基准。使用挣值分析时，将绩效测量基准与实际结果比较，以决定是否有必要进行变更、采取纠正措施或预防措施。

2. 经验教训登记册

项目早期获得的经验教训可以运用到后期阶段，以改进成本控制。

3. 项目资金需求

项目资金需求包括预计支出及预计债务。

4. 工作绩效数据

工作绩效数据包含关于项目状态的数据，如哪些成本已批准、发生、开票和支付。

5. 组织过程资产

会影响本过程的组织过程资产主要包括：现有的正式和非正式的与成本控制相关的政策、程序和指南；成本控制工具；可用的监督和报告方法。

6.6.3 项目成本控制过程的工具与技术

1. 专家判断

项目成本控制过程中的专家判断主要包括：偏差分析、挣值分析、预测和财务分析。

2. 挣值管理

挣值管理是一种综合的绩效度量技术，既可用于评估项目成本变化的大小、程度及原因，又可用于对项目的范围、进度进行控制，将项目范围、费用、进度整合在一起，帮助项目管理团队评估项目绩效。本章6.7节将详细介绍该方法的原理和应用。

6.6.4 项目成本控制过程的输出

1. 成本估算更新

更新成本估算是为了管理项目的需要而修改成本信息，更新后的项目成本估算是对用于项目管理的费用资料所做的修改。

2. 成本预算更新

在某些情况下，费用偏差可能极其严重，以致需要修改费用基准才能对绩效提供一个现实的衡量基础，此时预算更新是非常必要的。预算更新是对批准的费用基准所做的变更，是一个特殊的修订成本预算的工作，一般仅在进行项目范围变更的情况下进行修改。

3. 纠正措施

纠正措施是为了使项目将来的预期绩效与项目管理计划一致所采取的所有行动，是指任何使项目实现原有计划目标的努力。

4. 经验教训

费用控制中所涉及的各种情况对以后项目实施与执行是一个非常好的案例，应该以数据库的形式保存下来，供以后参考。

6.7 挣值分析法

挣值分析法又称成本偏差分析法，是项目成本控制中经常使用的一种技术性分析法，用于衡量目标实施与目标计划之间的差异。它通过测量和计算已完成工作预算成本、已完成工作实际成本及计划工作的预算成本，进而得到相关计划实施的进度和成本偏差，从而达到判断项目预算和进度执行情况的目的。挣值分析法主要通过对计划值、挣值和实际成本的分析比较对项目的成本、进度状态进行监督。挣值法之所以如此取名，是因为这种分析方法中用到的一个关键数值——挣值(已完成工作的预算)。

6.7.1 挣值分析法的三个参数

(1) 计划工作量的预算费用(budgeted cost for work scheduled，BCWS)，也称计划价值(planned value，PV)：某个阶段计划要求完成的工作量所需的预算工时或费用，反映进度计划应该完成的工作量。PV=计划工作量×预算定额。

(2) 已经完成工作量的实际费用(actual cost for work performed，ACWP)，也称实际成本(actual cost，AC)：某阶段实际完成的工作量所消耗的工时或费用，反映项目执行的实际消耗指标。

(3) 已完成工作量的预算成本(budgeted cost for work performed，BCWP)，也称挣值(earned value，EV)：某个阶段实际完成工作量及按预算定额计算出来的工时或费用。EV=已完成工作量×预算定额。

挣值分析法从上述三个基本值计算出两个差异指标和两个绩效指标。

6.7.2 挣值分析法的四个计算参数

(1) 成本偏差(cost variance，CV)：CV是检查期间EV与AC之间的差异。其计算公式为

$$CV=EV-AC 或 CV=BCWP-ACWP$$

当CV为负值时，表示执行效果不佳，即实际消耗超过预算，也就是超支。
当CV为正值时，表示消耗低于预算，即有节余或效率高。
当CV等于零时，表示实际消耗等于预算值。

(2) 进度偏差(schedule variance，SV)：SV是检查期间EV与PV之间的差异。其计算公式为

$$SV=EV-PV 或 SV=BCWP-BCWS$$

当SV为负值时，表示进度延误。
当SV为正值时，表示进度提前。
当SV为零时，表示实际进度与计划进度一致。

(3) 成本绩效指数(cost performed index，CPI)：CPI是挣值与实际成本的比值。其计算公式为

$$CPI=EV/AC 或 CPI=BCWP/ACWP$$

当CPI>1时，表示完成工作的实际成本低于预算成本，即实际费用低于预算费用，项目节约成本。
当CPI<1时，表示已完成工作的实际成本超出预算成本，项目超支。
当CPI=1时，表示预算成本与实际成本相等。

(4) 进度绩效指数(schedule performed index，SPI)：SPI是项目挣值与计划成本的比值。其计算公式为

$$SPI=EV/PV 或 SPI=BCWP/BCWS$$

当SPI>1时，表示进度提前，即实际进度比计划进度快。
当SPI<1时，表示进度延误，即实际进度比计划进度慢。
当SPI=1时，表示实际进度等于计划进度。

6.7.3 使用挣值分析法预测项目成本

使用挣值分析法还可以预测未来项目成本的发展变化趋势，从而为项目成本控制指明方向。项目完工成本(estimate at completion，EAC)是按项目执行情况估计完成项目全部工作所需要的总成本。EAC的计算是以项目的实际执行情况为基础的，再加上项目全部未完成工作的费用预测。在不同的情况下，对未完成工作的费用预测不同，EAC的计算方法也不同。最常见的计算方法有以下三种。

(1) 假定项目未完成部分将按照目前的效率进行的预测方法，计算公式为

$$EAC=BAV/CPI$$

式中：EAC为项目完工成本；CPI为成本绩效指数；BAC为总预算成本。

(2) 假定项目未完成部分将按计划规定的效率进行的预测方法，计算公式为

$$EAC=AC+BAC-EV$$

(3) 当过去的执行情况表明先前的成本假设有根本缺陷或由于条件改变而不再适用新的情况时，需要全面重估剩余工作成本的预测方法，计算公式为

$$EAC=AC+ETC$$

式中：ETC(estimate to completion)是全面重新估算项目剩余工作的成本。

本章小结

项目的成本是项目的全过程所耗用的各种费用的总和。项目的成本管理对于组织来说非常重要，成本管理并不只是把项目的成本进行监控和记录，而是需要对成本数据进行分析，以发现项目的成本隐患和问题，在项目遭受可能的损失之前采取必要的行动。项目成本管理希望节约项目的费用，但并不意味着要一味减少成本。

本章首先对项目成本管理做了总括性的阐述，主要有项目成本管理的概念、项目成本管理的过程；然后分别就项目进度管理过程所包含的子过程进行阐述，即规划成本管理过程、项目资源规划过程、项目成本估算过程、项目成本预算过程和项目成本控制过程展开了讨论，比较详尽地介绍了各个过程的输入、工具与技术和输出；同时对项目成本控制的挣值分析法进行了详细的介绍。

在学习过程中，本章要求重点理解并掌握项目成本管理的概念与过程，以及项目成本控制的挣值分析法，并能在实际项目成本控制过程中灵活运用。

复习与思考

一、单选题

1. 预算项目成本的工具与技术不包括( )。
   A. 专家判断　　　B. 成本汇总　　　C. 数据分析　　　D. 工作分解结构
2. 如果一个工作包原计划花费1500元于今天完成，而直到今天花费了1350元却只完成了2/3，则成本偏差(CV)是( )。
   A. 150元　　　B. -350元　　　C. -150元　　　D. -500元
3. 在一个项目中，需要把成本分配到各阶段，应该( )。
   A. 准备成本绩效计划　　　　　　B. 准备详细和精确的成本估计
   C. 把项目进度作为成本预算的依据　D. 确定要分配成本的项目组成部分
4. 挣值是( )。
   A. 已完成工作量的预算成本　　　B. 计划工作量的预算成本
   C. 完成工作量的实际成本　　　　D. 到工作完成时的成本

二、简答题

1. 项目成本管理主要包括哪些工作内容？
2. 简述项目成本计划编制的原则。
3. 简述项目资源规划的编制依据。
4. 简述项目成本预算的主要作用和步骤。
5. 项目成本估算与项目成本预算的联系与区别是什么？

三、计算题

某一市场调研项目,预算单价为60元/人。计划工期为20天,每天计划进度为50人。项目管理人员于调研开始后的第5天末进行核算,发现此刻调研项目已完成了220人,且获悉截止到该日应支付给调研公司的调研款为2万元人民币。要求计算:

(1) 该项目此时的成本偏差(CV)和进度偏差(SV)是多少?
(2) 该项目此时的成本绩效指数(CPI)和进度绩效指数(SPI)是多少?

四、案例分析题

中国铁建沙特项目巨亏"内幕"

2009年2月10日,中国铁建与沙特阿拉伯王国城乡事务部签署了《沙特麦加萨法至穆戈达莎轻轨合同》。根据合同,中铁建将负责该轻轨项目的设计、采购、施工、系统(包括车辆)安装调试,以及从2010年11月13日起的三年运营和维护。合同要求2010年11月13日开通运营,达到35%的运能,2011年5月完成所有调试,达到100%的运能。沙特麦加地铁项目是沙特政府为缓解交通压力而专门建造的。该项目为设计、施工、采购、运营、维护一体化运作的总承包项目,合同造价17.73亿美元,建设工期22个月,计划2010年10月开通。麦加地铁项目全线长17.77km,共设9座车站,全线土石约484万m^2,桥梁总长约14km,房屋面积约10万m',无砟轨道单线长38km,包含系统工程、联调联试和运营管理。

该项目采用EPC模式,EPC意味着中国铁建拥有项目设计权、采购权、施工权,设备采购都应由中国铁建进行调度。中国铁建管理层介绍,在实际执行过程中,尤其是在工程分包过程中,设计是由国外公司负责的。由国外设计,意味着标准、订货存在一些问题,可能由设计公司指定。沙特的制度和我国存在很多差异,项目采购清单中很多设备都预先指定了供货公司。

在项目执行过程中,沙特方面不但提出了新的功能需求,还缩短了工期。中国铁建管理层表示,项目图纸变更,是按照沙特方面要求更改的,增加了工程量。"项目工期非常紧,时间提前了,所有的成本都要增加。例如,原先5个月的采购周期变成3个月,货来不了,就要临时调度,这时候就要增加成本"。

在项目分包过程中,有许多非中国企业参与,这些企业普遍按照8小时工作制来推进工期,"一些工人甚至执行不了8小时工作制"。事实上,这个项目工期原本就非常紧张。国内工程企业做工程时,许多执行24小时工作制,实行三班倒。国外的工作习惯严重制约了工期的进展。除此以外,中国铁建在项目推进过程中,沙特负责的地下管网和征地拆迁严重滞后,很多拆迁他们都不能按期完成,一直拖延到项目后期他们才完成拆迁工作。

中国铁建的公告显示,该项目可能导致中国铁建亏损41.53亿元。沙特项目无疑是中国铁建本年度最失误的项目。

问题:
1. 你认为中国铁建在该项目的成本管理方面出现了哪些问题?
2. 对于该项目而言,你认为中国铁建现在可能通过哪些途径减少亏损?
3. 如果你是该项目的负责人,在项目开始时你会如何进行项目成本管理?

第 7 章

项目质量管理

> 质量是维护顾客忠诚度的最好保证。
>
> ——杰克·韦尔奇

本章内容

- 项目质量管理概述
- 规划质量管理
- 管理质量
- 控制质量

案例导入

激励几代中国人的伟大工程

南京长江大桥是长江上第一座由中国人自行设计和建造的双层式铁路、公路两用桥梁，在中国桥梁史和世界桥梁史上具有重要意义，同时其作为打通长江天堑的交通枢纽、展示中华民族自强精神的城市地标，在当时的国家建设中具有极大的经济意义、政治意义和战略意义。

激励几代人的伟大工程——南京长江大桥全桥155万颗铆钉，50年大修时只有6000多颗需要更换。作为新中国建设成就的闪亮名片承载了自力更生的艰苦奋斗精神，精益求精的工匠精神，勇攀高峰的创新精神，家国情怀的奉献精神。

7.1 项目质量管理概述

质量关系着人民的生命财产安全和生活质量。项目质量是衡量项目是否实现其使用功能的一个重要标志。客户是项目的使用者,如何识别和满足客户对项目的质量要求,如何保证项目的质量,是项目管理的重要内容之一。

质量是维护客户忠诚的最好保障,也是企业的生命。质量对于一个项目的成功也是非常重要的。一般来说,如果一个项目能按时交付并能达到质量和成本方面的要求,则该项目就算是成功的。

7.1.1 项目质量管理的定义

1. 质量的定义

国际标准化组织(ISO)发布的2000版ISO 9000将质量定义为:"一组固有特性满足要求的程度。"其明确指出了质量是产品或过程的固有特性满足要求的程度。美国质量管理学家约瑟夫·朱兰从顾客的角度出发,提出了著名的"适用性"观点。他认为,质量就是产品的适用性,即产品在使用时能够满足用户需要的程度。综上所述,质量的概念应该包括以下几方面的特点。

(1) 质量的广义性。顾客不仅对组织的产品提出要求,还可能对过程提出要求,而过程同样具有固有特性,因此质量不仅指产品质量,还包括过程质量。

(2) 质量的规定性。质量是指固有特性满足要求的程度,将赋予特性与固有特性予以区分。

(3) 质量的适用性。产品必须能够满足顾客的某些需求,能够解决顾客提出的问题,因此产品的适用性要求对于产品能否在市场上生存也是至关重要的。

(4) 质量的经济性。产品或服务不但要满足顾客功能上的要求,还要满足顾客经济上的要求,努力为顾客节约投入。

(5) 质量的时效性。由于顾客对组织的产品或过程的需求和期望是不断变化的,因此,质量也在变化,这就要求组织不断地调整对质量的要求。

(6) 质量的相对性。既然将质量定义为"满足顾客要求的程度",不同顾客的要求是不同的,那么他们对质量的要求也是不同的。

2. 质量管理的定义

质量管理是指确定质量方针、目标和职责,并通过质量体系中的质量策划、控制、保证和改进来使其实现的全部活动。从这个定义可以看出,质量管理是一项具有广泛含义的企业管理活动,它包括如下几方面的内容。

(1) 项目质量管理贯穿企业质量方针政策的制定到用户对产品质量的最终检验的全过程,是专门针对保障和提高项目质量而进行的管理活动。

(2) 项目质量管理需要所有项目利益相关者的共同努力。

(3) 项目质量管理不仅包括项目产品的质量管理，而且包括制造项目产品过程中工作质量的管理，因为项目最终产品的质量是由产品生产过程来保证的，只有保证高质量水平的生产过程，才能生产出高质量的产品。

3. 项目质量管理的定义

项目质量是指项目的可交付成果能够满足客户需求的程度。而项目质量管理是为了保证项目的可交付成果能够满足客户的需求，围绕项目的质量而进行的计划、协调、控制等活动。

项目质量管理的主要目的是确保项目的可交付成果满足客户的要求。项目团队必须与客户建立良好的关系，理解他们明确的需求以及隐含的需求，因为客户是项目质量是否达到要求的最终裁判者。

项目质量管理的概念与质量管理的概念有许多相同之处，也有不同之处。不同之处是由项目的一次性或独特性所决定的。质量管理是针对日常运作所进行的活动，日常运作是重复做某件事情，一旦过程设计好了，只需以保守的态度采用诸如统计过程控制等方法进行监控即可，其工作的重点是在质量监控上。在运作管理中，产品通常也会采用破坏性的测试，测试之后产品就会报废。例如，每100件产品可能会抽取一件产品进行测试。但在项目中，由于项目只有一次机会，项目团队无法对其进行上述的破坏性测试，因此必须在项目的早期强调质量保证和质量控制。

7.1.2 项目质量管理理论

随着质量管理思想在不同经济领域的运用，项目管理也开始运用现代质量管理思想对项目运作过程中的质量进行全面管理。下面对主要的质量管理理论进行介绍。

1. 朱兰质量管理三部曲

朱兰质量管理三部曲是由美国质量管理学家约瑟夫·朱兰(Joseph M. Juran)提出的，其主要包括以下三部分内容。

(1) 质量计划。确立质量目标，了解顾客的需求，并通过可能的、持续的过程把这些目标转化成实实在在的产出。

质量计划就是清晰质量目标以及为实现质量目标所做的质量战略。质量目标提出的过程是一个自我评价的过程，即找到自己的位置，与同行业水平横向、纵向比较，发现内部不同个体之间、不同时段之间质量水平的差异，然后策划出短期目标和中长期目标。提出目标后要分解质量目标，有具体的时间方案，形成对质量目标细化指标的有效支撑。提出质量战略是对实现质量目标过程的审核和对流程的审视，要充分考虑每个影响产品质量的因素，使用科学的分析方法审核每一次质量目标实现的过程，然后对这个实施结果有一个正确的评价。经过上述质量计划过程后建立的质量标准才可能在一段时间内使产品质量保持稳定。有些管理人员认为质量目标就是产品检验合格、不出问题，其实这种理解是片面的。所有制作行业不可能做到每个产品全检，检验合格只能代表所检验的样品合格。想证明所取样品与整批产品质量的一致性，我们必须制定一个全过程的质量标准。质量计划就是致力于让人们从一开始就将正确的事情全过程做对,将全过程的质量"标准"确定下来。

(2) 质量控制。用计划—实施—检查—评价循环监控这些过程的运行,以确保产出质量最优化。

质量控制不是等到产品出现不合格的时候进行控制,而是在生产过程中通过质量管理工具,监控到在不久以后的时间必然会出现的不合格现象,从而分析原因,制定相应的措施,杜绝不合格品的产生。产品生产过程中,我们收集了大量产品质量数据,但往往忽视数据分析处理。数据分析处理中最重要的过程就是质量控制图。质量控制图以长时期内相同产品的质量指标数据作为基础,分析出上下控制限,然后对现行的各生产工序进行控制,预防不合格品的产生。

(3) 质量改进。质量改进即识别并解决问题,利用团队不断地寻找优化质量的最佳方法,维持最高的质量标准。

质量控制是消除偶发性问题,使产品质量保持在规定的水平,即质量维持。而质量改进是消除系统性的问题,对现有的质量水平在控制的基础上加以提高,使质量达到一个新水平、新高度。

2. PDCA循环

PDCA循环最早由质量管理学家爱德华兹•戴明(Edwards Deming)提出,所以又称为"戴明环"。PDCA循环是能使任何一项活动有效进行的一种合乎逻辑的工作程序,特别是在质量管理中得到了广泛的应用。

PDCA分别为计划(plan)、执行(do)、检查(check)、处理(action)。

1) PDCA循环的价值

(1) 计划阶段。计划阶段包括方针和目标的确定,以及活动计划的制订。

(2) 执行阶段。执行就是具体运作,实现计划中的内容。

(3) 检查阶段。检查阶段就是要总结执行计划的结果,分清哪些对了,哪些错了,明确效果,找出问题。

(4) 处理阶段。处理阶段即对总结检查的结果进行处理,成功的经验加以肯定,并予以标准化,或制定作业指导书,便于以后工作时遵循;失败的教训也要总结,以免重现;对于没有解决的问题,应留到下一个循环中去解决。

2) PDCA循环的特点

(1) 周而复始。PDCA循环的四个过程不是运行一次就完结,而是周而复始地进行。一个循环结束了,解决了一部分问题,可能还存在没有解决的问题,或者又出现了新的问题,再进行下一个PDCA循环,以此类推。

(2) 大环带小环。PDCA循环类似行星轮系,一个公司或组织的整体运行体系与其内部各子体系的关系,是大环带动小环的有机逻辑组合体。

(3) 阶梯式上升。PDCA循环不是停留在一个水平上的循环,不断解决问题的过程就是水平逐步上升的过程。

(4) 统计的工具。PDCA循环应用了科学的统计观念和处理方法。作为推动工作、发现问题和解决问题的有效工具,典型的模式被称为"四个阶段""八个步骤"和"七种工具"。

- 四个阶段：P、D、C、A。
- 八个步骤：分析现状，发现问题；分析质量问题中各种影响因素；分析影响质量问题的主要原因；针对主要原因，采取解决的措施；执行，按措施计划的要求去做；检查，把执行结果与要求达到的目标进行对比；标准化，把成功的经验总结出来，制定相应的标准；把没有解决或新出现的问题转入下一个PDCA循环中进行解决。
- 七种工具：直方图、控制图、因果图、排列图、相关图、分层法和统计分析。

7.1.3 项目质量的影响因素

影响项目质量的因素是多方面的，而且不同的项目影响因素会有所不同。但无论何种项目，也无论在何种阶段，影响项目质量的因素都可归纳为人、机械设备、材料、方法和环境条件五类因素。

1. 人对项目质量的影响

就项目而言，人是项目活动的主体，具体体现在项目的决策者是人、项目的管理者是人、项目的操作者也是人，项目的所有环节、所有阶段都是通过人来完成的，所以人将会对项目质量产生最直接、最重要的影响。

人对项目质量的影响程度取决于人的素质和质量意识。人的素质包括人的知识、经验、能力、职业道德、身体素质等。项目的参与人员应具备与其所承担的工作相适应的专业知识、文化水平、技术水平、工作经验、决策能力、管理能力、组织能力、作业能力、控制能力、创新能力，应具备最基本的职业道德和身体素质。人的质量意识是指人对项目质量重要性的认识及对项目质量所持的态度。

2. 机械设备对项目质量的影响

项目中的机械设备分为两类：一类是构成项目本身的机械设备、机具等；另一类是项目形成过程中使用的各类机具设备、仪器等。对于不同类型的项目，其机械设备对项目质量的影响程度也不同。因此，在项目进行过程中，应有针对性地加以分析，以明确机械设备对项目质量可能造成的影响。

3. 材料对项目质量的影响

材料泛指构成项目实体的各类原材料、构(配)件、半成品等，是形成项目的物质条件，是项目质量的基础。材料的选用是否合理、质量是否合格、是否经过检验、保管是否恰当等，都将直接影响项目质量，甚至会造成质量事故。

4. 方法对项目质量的影响

方法是指项目实施所采用的工艺方案、技术方案、作业方案和组织方案等。在项目实施过程中，选用方法的合理性、先进性、可靠性、科学性都会对项目质量产生重大影响。因此，采用成熟的新技术、新工艺、新方法，不断提高方法的科学性和可靠性，是保证项目质量稳定提高的重要因素。

5. 环境条件对项目质量的影响

在项目进行过程中,我们应对项目的环境条件加以认真分析,有针对性地采取一些措施,创造有利于保证项目质量的环境。

7.1.4 项目质量管理过程

项目质量管理过程包括规划质量管理、管理质量和控制质量。

规划质量管理是识别项目及其可交付成果的质量要求或标准,并书面描述项目将如何证明符合质量要求或标准的过程。

管理质量是把组织的质量政策应用于项目,并将质量管理计划转化为可执行的质量活动的过程。

控制质量是为了评估绩效,确保项目输出完整、正确,满足客户期望,而监督和记录质量管理活动执行结果的过程。

项目质量管理过程如图7-1所示。

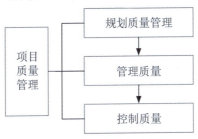

图7-1 项目质量管理过程

7.1.5 项目质量管理的趋势和新兴实践

现代质量管理方法力求缩小偏差,交付满足既定相关方要求的成果。项目质量管理的趋势包括(但不限于)以下几点。

(1) 客户满意。了解、评估、定义和管理要求,以便满足客户的期望。这就需要把"符合要求"(确保项目产出预定的成果)和"适合使用"(产品或服务必须满足实际需求)结合起来。在敏捷环境中,让相关方参与团队工作能确保在整个项目期间始终做到客户满意。

(2) 持续改进。由休哈特提出并经戴明完善的"计划(plan)—执行(do)—检查(check)—处理(action)"PDCA循环是质量改进的基础。另外,诸如全面质量管理(TQM)、六西格玛和精益六西格玛等质量改进举措也可以提高项目管理的质量,以及最终产品、服务或成果的质量。

(3) 管理层的责任。项目的成功需要项目团队全体成员的参与。管理层在其质量职责内,肩负着为项目提供具有足够能力的资源的相应责任。

(4) 与供应商的互利合作关系。组织与其供应商相互依赖。相对传统的供应商管理而言,与供应商建立合作伙伴关系对组织和供应商都更加有益。组织应注重长期关系,而不是短期利益。互利合作关系增强了组织和供应商互相为对方创造价值的能力,推动他们共同实现客户的需求和期望,并优化成本和资源。

7.2 规划质量管理

7.2.1 规划质量管理过程概述

规划项目质量管理的结果是项目质量计划,项目质量计划是项目质量管理的依据,项目质量管理是从规划项目质量管理开始的,通过对项目质量计划的实施,完成管理质量和控制质量。因此,项目质量管理中的首要工作是规划质量管理。

规划质量管理是识别项目及其可交付成果的质量要求或标准,并书面描述项目将如何证明符合质量要求或标准的过程。本过程的主要作用是为在整个项目期间如何管理和核实质量提供指南和方向。本过程仅开展一次或仅在项目的预定义点开展。图7-2描述了本过程的输入、工具与技术,以及输出。

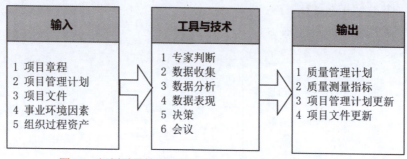

图7-2 规划质量管理过程的输入、工具与技术,以及输出

7.2.2 规划质量管理过程的输入

1. 项目章程

项目章程中不仅包含对项目和产品特征的高层级描述,还包括可以影响项目质量管理的项目审批要求、可测量的项目目标和相关的成功标准。

2. 项目管理计划

项目管理计划组件包括(但不限于)以下几种。

(1) 需求管理计划。需求管理计划提供了识别、分析和管理需求的方法,以供质量管理计划和质量测量指标借鉴。

(2) 风险管理计划。风险管理计划提供了识别、分析和监督风险的方法。将风险管理计划和质量管理计划的信息相结合,有助于成功交付产品和项目。

(3) 相关方参与计划。相关方参与计划提供了记录相关方需求和期望的方法,为质量管理奠定了基础。

(4) 范围基准。在确定适用于项目的质量标准和目标时,以及在确定要求质量审查的项目可交付成果和过程时,需要考虑WBS和项目范围说明书中记录的可交付成果。范围说明书包含可交付成果的验收标准。该标准的界定可能导致质量成本,进而导致项目成本的显著升高或降低。满足所有的验收标准意味着满足相关方的需求。

3. 项目文件

可作为本过程输入的项目文件包括(但不限于)以下几种。

(1) 假设日志。假设日志记录与质量要求和标准合规性有关的所有假设条件和制约因素。

(2) 需求文件。需求文件记录项目和产品为满足相关方的期望应达到的要求，它包括(但不限于)针对项目和产品的质量要求。这些要求有助于项目团队规划将如何实施项目质量控制。

(3) 需求跟踪矩阵。需求跟踪矩阵将产品需求连接到可交付成果，有助于确保需求文件中的各项需求都得到测试。该矩阵提供了核实需求时所需测试的概述。

(4) 风险登记册。风险登记册包含可能影响质量要求的各种威胁和机会的信息。

(5) 相关方登记册。相关方登记册有助于识别对质量有特别兴趣或影响的相关方，尤其注重客户和项目发起人的需求与期望。

4. 事业环境因素

能够影响规划质量管理过程的事业环境因素包括(但不限于)以下几种。

(1) 政府法规。
(2) 特定应用领域的相关规则、标准和指南。
(3) 地理分布。
(4) 组织结构。
(5) 市场条件。
(6) 项目或可交付成果的工作条件或运行条件。
(7) 文化观念。

5. 组织过程资产

能够影响规划质量管理过程的组织过程资产包括(但不限于)以下几种。

(1) 组织的质量管理体系，包括政策、程序及指南。
(2) 质量模板，如核查表、跟踪矩阵及其他。
(3) 历史数据库和经验教训知识库。

7.2.3 规划质量管理过程的工具与技术

1. 专家判断

本过程应征求具备质量保证、质量控制、质量测量结构、质量改进、质量体系专业知识或接受过相关培训的个人或小组的意见。

2. 数据收集

适用于本过程的数据收集技术包括(但不限于)以下几种。

(1) 标杆对照。标杆对照是将实际或规划中的项目实践或项目的质量标准与可比项目的实践或质量标准进行比较，以便识别最佳实践，形成改进意见，并为绩效考核提供依据。作为标杆的项目可以来自执行组织内部或外部，或者来自同一应用领域或其他应用领域。标杆对照也允许用不同应用领域或行业的项目做类比。

(2) 头脑风暴。可以通过头脑风暴向团队成员或主题专家创造性地收集数据，以制订最适合新项目的质量管理计划。

(3) 访谈。访谈有经验的项目参与者、相关方和主题专家有助于了解他们对项目和产品质量的隐性和显性、正式和非正式的需求和期望。应在信任和保密的环境下开展访谈，以获得真实可信、不带偏见的反馈。

3. 数据分析

适用于本过程的数据分析技术包括(但不限于)以下几种。

(1) 成本效益分析。成本效益分析是用来估算备选方案优势和劣势的财务分析工具，以确定可以创造最佳效益的备选方案。成本效益分析可帮助项目经理确定规划的质量活动是否具有成本有效性。达到质量要求的主要效益包括减少返工、提高生产率、降低成本、提升相关方满意度及提升赢利能力。对每个质量活动进行成本效益分析，就是要比较其可能成本与预期效益。

(2) 质量成本。与项目有关的质量成本包含以下一种或多种成本。

① 预防成本。预防特定项目的产品、可交付成果或服务质量低劣所带来的相关成本。

② 评估成本。评估、测量、审计和测试特定项目的产品、可交付成果或服务所带来的相关成本。

③ 失败成本。因交付成果或服务与相关方需求或期望不一致而导致的相关成本。

最优的质量成本能够在预防成本和评估成本之间找到恰当的投资平衡点，以规避失败成本。有关模型表明，最优项目质量成本是指在投资额外的预防/评估成本时，既无益处又不具备成本效益。

4. 数据表现

适用于本过程的数据表现技术包括(但不限于)以下几种。

(1) 流程图。流程图也称过程图，用来显示在一个或多个输入转化成一个或多个输出的过程中，所需要的步骤顺序和可能分支。

(2) 逻辑数据模型。逻辑数据模型把组织数据可视化，以商业语言加以描述，不依赖任何特定技术。逻辑数据模型可用于识别会出现数据完整性或其他质量问题的地方。

(3) 矩阵图。矩阵图在行列交叉的位置展示因素、原因和目标之间的关系强弱。在本过程中，它有助于识别对项目成功至关重要的质量测量指标。

(4) 思维导图。思维导图是一种用于可视化组织信息的绘图法。它可以有助于快速收集项目质量要求、制约因素、依赖关系和联系。

5. 决策

适用于本过程的决策技术包括(但不限于)多标准决策分析。多标准决策分析工具(如优先矩阵)可用于识别关键事项和合适的备选方案,并对备选方案排出优先顺序,作为供执行的决策。先对标准排序和加权,再应用于所有备选方案,计算出各个备选方案的数学得分,然后根据得分对备选方案排序。在本过程中,它有助于排定质量测量指标的优先顺序。

6. 会议

项目团队可以召开规划会议来制订质量管理计划。参会者可能包括项目经理、项目发起人、选定的项目团队成员、选定的相关方、项目质量管理活动的负责人,以及其他必要人员。

7.2.4 规划质量管理过程的输出

1. 质量管理计划

质量管理计划是项目管理计划的组成部分,描述如何实施适用的政策、程序和指南以实现质量目标。它描述了项目管理团队为实现一系列项目质量目标所需的活动和资源。质量管理计划可以是正式或非正式的,非常详细或高度概括的,其风格与详细程度取决于项目的具体需要。在项目早期就对质量管理计划进行评审,可以确保决策是基于准确信息的。这样做的好处是,更加关注项目的价值定位,降低因返工而造成的成本超支金额和进度延误次数。

质量管理计划包括(但不限于)以下组成部分。
(1) 项目将采用的质量标准。
(2) 项目的质量目标。
(3) 质量角色与职责。
(4) 需要质量审查的项目可交付成果和过程。
(5) 为项目规划的质量控制和质量管理活动。
(6) 项目将适用的质量工具。
(7) 与项目有关的主要程序,如处理不符合要求的情况、纠正措施程序,以及持续改进程序。

2. 质量测量指标

质量测量指标专用于描述项目或产品属性,以及控制质量过程将如何验证质量符合测量指标程度。质量测量指标的例子包括按时完成的任务的百分比、以CPI测量的成本绩效、故障率、每天发现的缺陷数量、每月总停机时间、每个代码行的错误、客户满意度分数,以及测试计划所涵盖的需求的百分比(即测试覆盖率)。

3. 项目管理计划更新

项目管理计划的任何变更都以变更请求的形式提出,且通过组织的变更控制过程进行处理。可能需要变更请求的项目管理计划组成部分包括(但不限于)以下两种。
(1) 风险管理计划。在确定质量管理方法时可能需要更改已商定的项目风险管理方法,这些变更会记录在风险管理计划中。

(2) 范围基准。如果需要增加特定的质量管理活动，范围基准可能因本过程而变更。WBS词典记录的质量要求可能需要更新。

4. 项目文件更新

可在本过程更新的项目文件包括(但不限于)以下几种。

(1) 经验教训登记册。在质量规划过程中，遇到的挑战需要更新在经验教训登记册中。

(2) 需求跟踪矩阵。本过程制定的质量要求，记录在需求跟踪矩阵中。

(3) 风险登记册。在本过程中识别的新风险记录在风险登记册中，并通过风险管理过程进行管理。

(4) 相关方登记册。如果在本过程中收集到有关现有或新相关方的其他信息，则记录到相关方登记册中。

7.3 管理质量

7.3.1 管理质量过程概述

管理质量是把组织的质量政策用于项目，并将质量管理计划转化为可执行的质量活动的过程。本过程的主要作用是提高实现质量目标的可能性，以及识别无效过程和导致质量低劣的原因。管理质量使用控制质量过程的数据和结果向相关方展示项目的总体质量状态。本过程需要在整个项目期间展开。

管理质量有时被称为"保证质量"，但"管理质量"的定义比"保证质量"更广，因为其可用于非项目工作。在项目管理中，保证质量着重于项目使用的过程，并高效地执行项目过程，包括遵守和满足标准，向相关方保证最终产品可以满足他们的需求、期望和要求。管理质量包括所有质量保证活动，还与产品设计和过程改进有关。

管理质量过程执行在项目质量管理计划中所定义的一系列有计划、有系统的行动和过程，有助于以下方面。

(1) 通过执行有关产品特定方面的设计准则，设计出最优的成熟产品。

(2) 建立信心，相信通过质量保证工具和技术可以使未来输出在完工时满足特定的需求及期望。

(3) 确保使用质量过程，并确保其使用能够满足项目的质量目标。

(4) 提高过程和活动的效率与效果，以获得更好的成果和绩效，并提高相关方的满意程度。

质量管理被认为是所有人的共同职责，包括项目经理、项目团队、项目发起人、执行组织的管理层，甚至客户。所有人在管理项目质量方面都扮演一定的角色，尽管这些角色的大小和工作量不同。参与质量管理工作的程度取决于所在行业和项目管理风格。在敏捷项目中，整个项目期间的质量管理由所有团队成员执行；但在传统项目中，质量管理通常是特定团队成员的职责。

图7-3描述了管理质量过程的输入、工具与技术，以及输出。

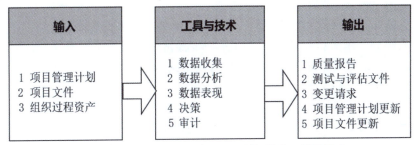

图7-3 管理质量过程的输入、工具与技术，以及输出

7.3.2 管理质量过程的输入

1. 项目管理计划

项目管理计划组件包括(但不限于)质量管理计划。质量管理计划定义了项目和产品质量的可接受水平，并描述了如何确保可交付成果和过程达到这一质量水平。质量管理计划还描述了不合格产品的处理方式，以及须采取的纠正措施。

2. 项目文件

可作为本过程输入的项目文件主要包括(但不限于)以下几种。

(1) 经验教训登记册。项目早期获取的与质量管理有关的经验教训，可以运用到项目后期阶段，以提高质量管理的效率与效果。

(2) 质量控制测量结果。质量控制测量结果用于分析和评估项目过程和可交付成果的质量是否符合执行组织的标准或特定要求。质量控制测量结果也有助于分析这些测量结果的产生过程，并确定实际测量结果的正确程度。

(3) 质量测量指标。核实质量测量指标是控制质量过程的一个环节。管理质量过程依据这些质量测量指标设定对项目及其可交付成果的测试场景，以及实施过程改进举措。

(4) 风险报告。管理质量过程使用风险报告识别整体项目风险的来源，以及整体风险敞口的最重要的驱动因素。这些来源和因素能够影响项目的质量目标。

3. 组织过程资产

能够影响质量管理过程的组织过程资产主要包括(但不限于)以下几点。
(1) 政策、程序及指南的组织质量管理体系。
(2) 质量模板，如核查表、跟踪矩阵、测试计划、测试文件及其他模板。
(3) 以往审计的结果。
(4) 包含类似项目信息的经验教训知识库。

7.3.3 管理质量过程的工具与技术

1. 数据收集

适用于本过程的数据收集技术包括(但不限于)核对单。核对单是一种结构化工具，通常列出特定组成部分，用来核实所要求的一系列步骤是否已得到执行或检查，需求列表是否已得到满足。基于项目需求和实践，核对单可简可繁。

2. 数据分析

适用于本过程的数据分析技术包括(但不限于)以下几种。

(1) 备选方案分析。该技术用于评估已识别的可选方案，以选择最合适的质量方案或方法。

(2) 文件分析。分析项目控制过程所输出的不同文件，如质量报告、测试报告、绩效报告和偏差分析，可以重点指出可能超出控制范围并阻碍项目团队满足特定要求或相关方期望的过程。

(3) 过程分析。过程分析可以识别过程改进机会，同时检查在过程期间遇到的问题、制约因素，以及非增值活动。

(4) 根本原因分析。根本原因分析是确定引起偏差、缺陷或风险的根本原因的一种分析技术。一项根本原因可能引起多项偏差、缺陷或风险。根本原因分析还可以作为一项技术，用于识别问题的根本原因并解决问题。消除所有根本原因可以杜绝问题再次发生。

3. 数据表现

适用于本过程的数据表现技术包括(但不限于)以下几种。

(1) 亲和图。亲和图可以对潜在缺陷成因进行分类，展示最应关注的领域。

(2) 因果图。因果图又称"鱼骨图"，将问题陈述的原因分解为离散的分支，有助于识别问题的主要原因或根本原因。

(3) 流程图。流程图展示了引发缺陷的一系列步骤。

(4) 直方图。直方图是一种展示数字数据的图形，可以展示每个可交付成果的缺陷数量、缺陷成因的排列、各个过程的不合规次数，或项目或产品缺陷的其他表现形式。

(5) 矩阵图。矩阵图在行列交叉的位置展示因素、原因和目标之间的关系强弱。

(6) 散点图。散点图是一种展示两个变量之间的关系的图形。在散点图中，一支轴表示过程、环境或活动的任何要素，另一支轴表示质量缺陷，并展示该要素与质量缺陷之间的关系。

4. 决策

适用于本过程的决策技术包括(但不限于)多标准决策分析。

5. 审计

审计是用于确定项目活动是否遵循了组织和项目政策、过程与程序的一种结构化且独立的过程。质量审计通常由项目外部的团队展开。

7.3.4 管理质量过程的输出

1. 质量报告

质量报告可以是图形、数据或定性文件,其中包含的信息可帮助其他过程和部门采取纠正措施,以实现项目质量期望。质量报告的信息可以包含团队上报的全部质量管理问题,针对过程、项目和产品的改善建议,纠正措施建议,以及在控制质量过程中发现的情况的概述。

2. 测试与评估文件

可基于行业需求和组织模板创建测试与评估文件,它们用于控制质量过程的输入,以及评估质量目标的实现情况。这些文件可能包括专门的核对单和详尽的需求跟踪矩阵。

3. 变更请求

如果管理质量过程期间出现了可能影响项目管理计划任何组成部分、项目文件或项目/产品管理过程的变更,项目经理应提交变更请求。

4. 项目管理计划更新

项目管理计划的任何变更都以变更请求的形式提出,且通过组织的变更控制过程进行处理。可能需要变更请求的项目管理计划组成部分包括(但不限于):质量管理计划、范围基准、进度基准、成本基准。

5. 项目文件更新

可在本过程更新的项目文件包括(但不限于):问题日志、经验教训登记册、风险登记册。

7.4 控制质量

7.4.1 控制质量过程概述

控制质量是为了评估绩效,确保项目输出完整、正确且满足客户期望而监督和记录质量管理活动执行结果的过程。本过程的主要作用是核实项目可交付成果和工作已经达到主要相关方的质量要求,可供最终验收。控制质量过程确定项目输出是否达到预期目的,这些输出需要满足所有适用标准、要求、法规和规范。本过程需要在整个项目期间开展。

图7-4描述了控制质量过程的输入、工具与技术,以及输出。

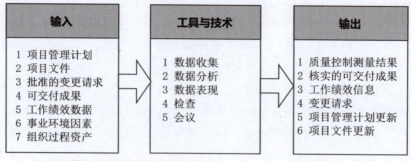

图7-4 控制质量过程的输入、工具与技术,以及输出

7.4.2 控制质量过程的输入

1. 项目管理计划

项目管理计划组件包括(但不限于)质量管理计划。质量管理计划定义了如何在项目中开展质量控制。

2. 项目文件

可作为本过程输入的项目文件包括(但不限于):经验教训登记册、质量测量指标、测试与评估文件。

3. 批准的变更请求

在实施整体变更控制过程中,通过更新变更日志,显示哪些变更已经得到批准,哪些变更没有得到批准。批准的变更请求可包括各种修正,如缺陷弥补、修订的工作方法和修订的进度计划。

4. 可交付成果

可交付成果指的是在某一过程、阶段或项目完成时,必须产出的任何独特并可核实的产品、成果或服务能力。作为指导与管理项目工作过程的输出的可交付成果将得到检查,并与项目范围说明书定义的验收标准做比较。

5. 工作绩效数据

工作绩效数据包括产品状态数据,如观察结果、质量测量指标、技术绩效测量数据,以及关于进度绩效和成本绩效的项目质量信息。

6. 事业环境因素

能够影响控制质量过程的事业环境因素包括(但不限于)以下几点。
(1) 项目管理信息系统,质量管理软件可用于跟进过程或可交付成果中的错误和偏差。
(2) 政府法规。
(3) 特定应用领域的相关规则、标准和指南。

7. 组织过程资产

能够影响控制质量过程的组织过程资产包括(但不限于)以下几种。
(1) 质量标准和政策。
(2) 质量模板，如核查表、核对单等。
(3) 问题与缺陷报告程序及沟通政策。

7.4.3 控制质量过程的工具与技术

1. 数据收集

适用于本过程的数据收集技术包括(但不限于)：核对单、核查表、统计抽样、问卷调查。

2. 数据分析

适用于本过程的数据分析技术包括(但不限于)：绩效审查、根本原因分析。

3. 数据表现

适用于本过程的数据表现技术包括(但不限于)：因果图、控制图、直方图、散点图。

4. 检查

检查是指检验工作产品，以确定该产品是否符合书面标准。检查的结果通常包括相关的测量数据。检查可在任何层面上进行，可以检查单个活动的成果，也可以检查项目的最终产品。

5. 会议

会议可作为审查已批准的变更请求、回顾/经验教训等控制质量过程的一部分。

7.4.4 控制质量过程的输出

1. 质量控制测量结果

质量控制测量结果是对质量控制活动的结果的书面记录，应以质量管理计划所确定的格式加以记录。

2. 核实的可交付成果

控制质量过程的一个目的就是确定可交付成果的正确性。开展控制质量过程的结果是核实的可交付成果。

3. 工作绩效信息

工作绩效信息包含有关项目需求实现情况的信息、拒绝的原因、要求的返工、纠正措施建议、核实的可交付成果列表、质量测量指标的状态,以及过程调整需求。

4. 变更请求

如果控制质量过程期间出现了可能影响项目管理计划任何组成部分或项目文件的变更,项目经理应提交变更请求,且应该通过实施整体变更控制过程对变更请求进行审查和处理。

5. 项目管理计划更新

项目管理计划的任何变更都以变更请求的形式提出,且通过组织的变更控制过程进行处理。可能需要变更请求的项目管理计划组成部分包括(但不限于)质量管理计划。

6. 项目文件更新

可在本过程更新的项目文件包括(但不限于):问题日志、经验教训登记册、风险登记册、测试与评估文件。

本章小结

质量对于一个项目的成功是非常重要的。质量管理是确定质量方针、目标和职责,并在质量体系中通过诸如质量策划、质量控制和质量改进,使质量得以实现的全部活动。项目质量是指项目的可交付成果能够满足客户需求的程度。项目质量管理的主要目的是确保项目的可交付成果满足客户的要求。

本章首先对项目质量管理做了总括性的阐述,主要有项目质量管理的定义、项目质量管理理论、项目质量的影响因素、项目质量管理过程、项目质量管理的趋势和新兴实践;然后分别就项目质量管理过程所包含的规划质量管理过程、管理质量过程、控制质量过程展开讨论,比较详尽地介绍了各个过程的输入、工具与技术,以及输出。

在学习过程中,本章要求重点理解并掌握项目质量管理的概念与过程,以及项目质量管理过程所涉及的子过程,并能在实际项目成本控制过程中灵活运用。

复习与思考

一、单选题

1. 在新产品研发项目中,项目经理发现了一个质量缺陷。他立即召集项目团队成员分析产生缺陷的原因,请大家各抒己见,并使用因果图来梳理各种意见之间的联系。大家正在进行的工作属于以下哪个过程?(   )

    A. 规划质量　　　　　　　　B. 实施质量保证
    C. 实施质量控制　　　　　　D. 开展质量分析

2. 作为当地最大一家医院的项目经理，经观察发现，患者在接受治疗前，要等待很长时间。为了找出造成这个问题的原因，项目经理和他的团队会选择(　　)这种技术。

　　A. 因果图　　　　B. 帕累托分析　　　C. 散点图　　　　D. 控制图

3. 下列对某软件的描述中，(　　)不属于质量问题。

　　A. 用户手册不规范，错别字很多

　　B. 用户手册标明的功能无法实现

　　C. 程序运行经常出错

　　D. 功能特征有限

4. 大多质量问题的起因是(　　)。

　　A. 员工技术水平差　　　　　　　B. 激励水平不够

　　C. 管理层不够重视　　　　　　　D. 质量标准不规范

5. 下列描述中，(　　)不属于项目质量管理。

　　A. 执行组织确定质量政策

　　B. 使项目满足其预定的需求

　　C. 收集需求，产生需求文件

　　D. 监控、控制和确保达到项目质量要求

6. 项目质量管理过程不包括(　　)。

　　A. 规划质量管理　　B. 管理质量　　　C. 控制质量　　　D. 预测质量问题

二、判断题

1. 质量好并不代表质量高。　　　　　　　　　　　　　　　　　　　　(　　)
2. 内部故障成本属于质量纠正成本。　　　　　　　　　　　　　　　　(　　)
3. 项目质量计划的实际执行情况是项目质量的最基本依据。　　　　　　(　　)
4. 项目质量保证的结果主要是项目质量改进与提高的建议。　　　　　　(　　)
5. 项目质量方针是不可以调整的。　　　　　　　　　　　　　　　　　(　　)

三、简答题

1. 简述PDCA循环的特点。
2. 简述项目质量的影响因素。
3. 简述质量管理的理念。
4. 项目质量控制的主要工作内容有哪些？
5. 朱兰质量管理三部曲有哪些？

四、案例分析题

摩拜共享自行车产品设计的项目质量管理

作为共享经济产品，摩拜共享自行车的产品设计需要满足相关方对质量的期待。对用户而言，他们对摩拜自行车质量的期待可用"安全，便于出行"来概括。对管理者而言，摩拜自行车的质量标准是达到4年不返修。对投资方而言，他们希望自己的投资能得到回报，期待产品的质量能体现投资的价值。对制造方而言，他们期待产能提高，并能降低产品维护成本。

　　为满足各相关方对质量的不同期待，需要引入产品全生命周期设计理念。因此，轮胎采用实心的防爆轮胎，座位不可调节，这样可以在很大程度上降低返修率；以轴承转动取代链条传动，提高能量利用率，从而满足用户"安全，便于出行"的要求。为了满足制造方的期待，现有轴承传动中的非标件齿轮也被改进为标准件，进一步提高了产品的标准化系数，有助于提高产能以及产品的一致性和可靠性，并降低整个产品生命周期的维护成本。然而产品要保证质量就得加大投入，这直接导致产品的成本瞬间提升到3000元/辆，对于投资方而言，面对如此高昂的投资费用，在无法预测其是否会带来期望的回报时，他们往往会望而却步。因此，在处理成本和质量两者的关系上，摩拜陷入了两难的境地。

问题：
摩拜自行车产品设计项目体现了质量管理的哪些思想和原则？

第 8 章

项目资源管理

> 卓有成效的管理者善于用人之长。
>
> ——彼得·德鲁克

本章内容

- 项目资源管理概述
- 规划资源管理
- 估算活动资源
- 获取资源
- 建设团队
- 管理团队
- 控制资源

案例导入

西游记：一场项目资源管理的奇幻之旅

在遥远的古代，大唐皇帝决定派遣一位高僧前往西天取经，以求佛法真谛，普渡众生。于是，一项名为"西游记"的宏大项目悄然拉开序幕。而这场历时十四年、跨越千山万水、历经九九八十一难的取经之旅，实则是一场精彩绝伦的项目资源管理实践。

唐僧作为项目经理，深知此行的重任。出发前，他精心组建了一支团队：机智过人的孙悟空负责解决技术难题和战斗任务；虽然贪吃懒惰，但善于沟通、关键时刻能提供重要支持的猪八戒负责质量控制；勤劳细心、忠诚可靠、忍耐力强的沙僧则负责团队的生活和物资管理，确保后勤无忧。

在团队组建完毕后,唐僧开始着手制订项目计划。他明确了项目的目标、范围和时间,并将这些信息详细地记录在"取经计划书"中。同时,他还为团队制定了严格的预算,确保每一笔开销都符合大唐皇帝的拨款。

然而,西行之路并非一帆风顺。在旅途中,团队遇到了各种各样的挑战。有时,他们需要在荒凉的山岭中寻找食物和水源;有时,他们需要与凶猛的妖怪进行战斗。每当这时,唐僧都会充分发挥他的领导力,调动团队的资源,共同应对困难。

孙悟空作为技术专家,他的七十二变和筋斗云在多次危机中发挥了关键作用。猪八戒和沙僧也在各自的领域里发挥着不可或缺的作用。他们共同协作,确保项目能够按照计划顺利进行。

在取经的过程中,唐僧还特别注意对项目进度的把控。他时常与团队成员沟通,了解项目的进展情况,并根据实际情况灵活调整计划。在遇到困难时,他也会及时寻求大唐皇帝或佛祖的帮助,以确保项目能够得到足够的支持和资源。

历经九九八十一难,唐僧师徒四人终于成功取得真经,返回大唐。这场名为"西游记"的项目也画上了圆满的句号。在这场奇幻的旅途中,唐僧和他的团队通过精心的资源管理、紧密的团队协作和灵活的计划调整,共同克服了一个又一个的困难,最终实现了项目的目标。

而"西游记"这个故事,也成为后人学习项目资源管理的经典案例。它告诉我们,在复杂多变的项目环境中,只有充分发挥团队的力量,精心管理各项资源,才能确保项目的成功实施。

8.1 项目资源管理概述

8.1.1 项目资源管理过程

项目资源是指一切具有使用价值,可以为项目接受和利用,且属于项目发展过程所需求的各种实际投入。项目资源主要包括:人力资源、物质资源、财务资源、时间资源、技术资源、信息资源等。

项目资源管理包括识别、获取和管理所需资源以成功完成项目的各个过程,这些过程有助于确保项目经理和项目团队在正确的时间和地点使用正确的资源。

项目资源管理过程包括如下几点。

(1) 规划资源管理。规划资源管理是定义如何估算、获取、管理和利用实物,以及团队项目资源的过程。

(2) 估算活动资源。估算活动资源是估算执行项目所需的团队资源,以及材料、设备和用品的类型和数量的过程。

(3) 获取资源。获取资源是获取项目所需的团队成员、设施、设备、材料、用品和其他资源的过程。

(4) 建设团队。建设团队是提高工作能力、促进团队成员互动、改善团队整体氛围以提高项目绩效的过程。

(5) 管理团队。管理团队是跟踪团队成员工作表现、提供反馈、解决问题并管理团队变更以优化项目绩效的过程。

(6) 控制资源。控制资源是确保按计划为项目分配实物资源，以及根据资源使用计划监督资源实际使用情况，并采取必要纠正措施的过程。

图8-1描述了项目资源管理过程。虽然各项目资源管理过程以界限分明和相互独立的形式出现，但在实践中它们往往会相互交叠和相互作用。由于每个项目都是独特的，因此在实践中，项目经理需要裁剪项目资源管理过程。

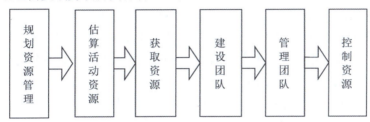

图8-1 项目资源管理过程

团队资源管理相对于实物资源管理，对项目经理提出了不同的技能和能力要求。实物资源包括设备、材料、设施和基础设施，而团队资源或人员指的是人力资源。项目团队成员可能具备不同的技能，可能是全职或兼职，可能随项目进展而增加或减少，因此，优化团队资源配置和动态管理对于项目成功至关重要。项目资源管理与项目相关方管理之间有重叠的部分(见第12章)，本章则重点关注组成项目团队的部分相关方。

项目团队由承担特定角色和职责的个人组成，他们为实现项目目标而共同努力。项目经理应积极、努力地获取、管理、激励和增强项目团队。尽管项目团队成员被分派了特定的角色和职责，但让他们全员参与项目规划和决策仍然是有益的。团队成员参与规划阶段，既可使他们对项目规划工作贡献专业技能，又可以增强他们对项目的责任感。

项目经理既是项目团队的领导者，又是项目团队的管理者。除了项目管理活动，项目经理还负责建设高效的团队。作为领导者，项目经理应负责积极培养团队技能和能力，同时提高团队的满意度和积极性；项目经理还应了解并支持符合职业与道德要求的行为，并确保所有团队成员都按这些要求行动。

8.1.2 项目资源管理的趋势与新兴实践

项目管理风格正在从命令和控制，转向更加协作和支持性的管理方法，通过将决策权分配给团队成员来提高团队能力。此外，现代的项目资源管理方法致力于寻求优化资源使用的方法。有关项目资源管理的趋势和新兴实践包括(但不限于)以下内容。

(1) 资源管理方法。过去几年，由于关键资源稀缺，某些行业出现了追求更有效资源管理的普遍趋势，涌现出很多关于精益管理、准时制生产、持续改进等方法的文献资料。项目经理应确定执行组织是否采用了一种或多种资源管理工具，从而对项目做出相应的调整。

(2) 情商。项目经理应提升内在(如自我管理和自我意识)和外在(如关系管理)能力，从而提高个人情商。研究表明，提高项目团队的情商或情绪管理能力不仅可提高团队效率，还可以降低团队成员离职率。

(3) 自组织团队。随着敏捷方法在IT项目中的应用越来越普遍，自组织团队(无须集中管控运作)越来越多。对于拥有自组织团队的项目，"项目经理"(可能不称为"项目经理")的角色主要是为团队创造环境、提供支持并信任团队可以完成工作。成功的自组织团队通常由通用的专才而不是主题专家组成，他们能够不断适应变化的环境并采纳建设性反馈。

(4) 虚拟团队/分布式团队。项目全球化推动了对虚拟团队需求的增长。这些团队成员致力于同一个项目，却分布在不同的地方。沟通技术(如电子邮件、电话会议、社交媒体、网络会议等)的使用，使虚拟团队变得可行。虚拟团队管理有独特的优势，如能够利用项目团队的专业技术，即使相应的专家不在同一地理区域，亦可将在家办公的员工纳入团队，以及将行动不便者或残疾人纳入团队。虚拟团队管理面临的挑战主要在于沟通，包括可能产生孤立感、团队成员之间难以分享知识和经验、难以跟进进度和生产率，以及可能存在时区和文化差异。

8.2 规划资源管理

8.2.1 规划资源管理过程概述

规划资源管理是定义如何估算、获取、管理和利用团队以及实物资源的过程。本过程的主要作用是根据项目类型和复杂程度确定适用于项目资源的管理方法和管理程度。本过程仅开展一次或仅在项目的预定义点开展。图8-2描述了本过程的输入、工具与技术，以及输出。

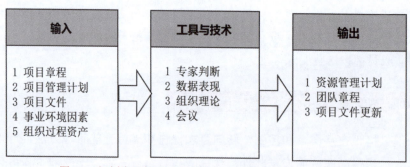

图8-2 规划资源管理过程的输入、工具与技术，以及输出

8.2.2 规划资源管理过程的输入

1. 项目章程

项目章程除提供项目的高层级描述和要求外,还包括可能影响项目资源管理的关键相关方名单、里程碑概况,以及预先批准的财务资源。

2. 项目管理计划

项目管理计划组件包括(但不限于)以下两种。

(1) 质量管理计划。质量管理计划有助于定义项目所需的资源水平,以实现和维护已定义的质量水平并达到项目测量指标。

(2) 范围基准。范围基准识别了可交付成果,决定了需要管理的资源的类型和数量。

3. 项目文件

可作为本过程输入的项目文件包括(但不限于)以下几种。

(1) 项目进度计划。项目进度计划提供了所需资源的时间轴。

(2) 需求文件。需求文件指出了项目所需资源的类型和数量,并可能影响管理资源的方式。

(3) 风险登记册。风险登记册包含可能影响资源规划的各种威胁和机会的信息。

(4) 相关方登记册。相关方登记册有助于识别对项目所需资源有特别兴趣或影响的相关方,以及会影响资源使用偏好的相关方。

4. 事业环境因素

能够影响规划资源管理过程的事业环境因素包括(但不限于)以下几个方面。

(1) 组织文化和结构。

(2) 设施和资源的地理分布。

(3) 现有资源的能力和可用性。

(4) 市场条件。

5. 组织过程资产

能够影响规划资源管理过程的组织过程资产包括(但不限于)以下几种。

(1) 人力资源政策和程序。

(2) 实物资源管理政策和程序。

(3) 安全政策。

(4) 安保政策。

(5) 资源管理计划模板。

(6) 类似项目的历史信息。

8.2.3 规划资源管理过程的工具与技术

1. 专家判断

本过程应征求具备资源管理专业知识或接受过相关培训的个人或小组的意见。

2. 数据表现

适用于本过程的数据表现技术包括(但不限于)图表。

3. 组织理论

组织理论阐述个人、团队和组织部门的行为方式。有效利用组织理论中的常用技术,可以节约规划资源管理过程的时间、成本及人力投入,提高规划工作的效率。

4. 会议

项目团队可召开会议来规划项目资源管理。

8.2.4 规划资源管理过程的输出

1. 资源管理计划

作为项目管理计划的一部分,资源管理计划提供了关于如何分类、分配、管理和释放项目资源的指南。资源管理计划可以根据项目的具体情况分为团队管理计划和实物资源管理计划。资源管理计划可能包括(但不限于):识别资源、获取资源、角色与职责、项目组织图、项目团队资源管理、培训、团队建设、资源控制、认可计划。

2. 团队章程

团队章程是为团队创建团队价值观、共识和工作指南的文件。团队章程可能包括(但不限于):团队价值观、沟通指南、决策标准和过程、冲突处理过程、会议指南、团队共识。

3. 项目文件更新

可在本过程更新的项目文件包括(但不限于):假设日志和风险登记册。

8.3 估算活动资源

8.3.1 估算活动资源过程概述

估算活动资源是估算执行项目所需的团队资源,以及材料、设备和用品的类型、数量的过程。本过程的主要作用是明确完成项目所需的资源种类、数量和特征。本过程应根据需要在整个项目期间定期开展。图8-3描述了估算活动资源过程的输入、工具与技术,以及输出。

图8-3 估算活动资源过程的输入、工具与技术,以及输出

8.3.2 估算活动资源过程的输入

1. 项目管理计划

项目管理计划组件包括(但不限于)以下两种。

(1) 资源管理计划。资源管理计划定义了识别项目所需不同资源的方法,还定义了量化各个活动所需的资源并整合这些信息的方法。

(2) 范围基准。范围基准识别了实现项目目标所需的项目和产品范围,而范围决定了对团队和实物资源的需求。

2. 项目文件

可作为本过程输入的项目文件主要包括(但不限于):活动属性、活动清单、假设日志、成本估算、资源日历、风险登记册。

3. 事业环境因素

能够影响估算活动资源过程的事业环境因素包括(但不限于):资源的位置、资源可用性、团队资源的技能、组织文化、发布的估算数据、市场条件。

4. 组织过程资产

能够影响估算活动资源过程的组织过程资产主要包括(但不限于):关于人员配备的政策和程序、关于用品和设备的政策与程序、关于以往项目中类似工作所使用的资源类型的历史信息。

8.3.3 估算活动资源过程的工具与技术

1. 专家判断

本过程应征求具备团队和实物资源规划与估算方面专业知识或接受过相关培训的个人或小组的意见。

2. 自下而上估算

自下而上估算先对团队和实物资源在活动级别上估算，然后汇总成工作包、控制账户和总体项目层级上的估算。

3. 类比估算

类比估算将以往类似项目的资源相关信息作为估算未来项目的基础。这是一种快速估算方法，适用于项目经理只能识别WBS的几个高层级的情况。

4. 参数估算

参数估算基于历史数据和项目参数，使用某种算法或历史数据与其他变量之间的统计关系，来计算活动所需的资源数量。

8.3.4 估算活动资源过程的输出

1. 资源需求

资源需求识别了各个工作包或工作包中每个活动所需的资源类型和数量，可以汇总这些需求，以估算每个工作包、每个WBS分支及整个项目所需的资源。

2. 估算依据

资源估算所需的支持信息的数量和种类，因应用领域而异。但不论其详细程度如何，支持性文件都应该清晰完整地说明资源估算是如何得出的。

3. 资源分解结构

资源分解结构是资源依类别和类型的层级展现。资源类别包括(但不限于)人力、材料、设备和用品；资源类型则包括技能水平、等级水平、持有证书或适用于项目的其他类型。在规划资源管理过程中，资源分解结构用于指导项目的分类活动。在这一过程中，资源分解结构是一份完整的文件，用于获取和监督资源。

4. 项目文件更新

可在本过程更新的项目文件包括(但不限于)：活动属性、假设日志、经验教训登记册。

8.4 获取资源

8.4.1 获取资源过程概述

获取资源是获取项目所需的团队成员、设施、设备、材料、用品和其他资源的过程。本过程的主要作用是概述和指导资源的选择，并将其分配给相应的活动。本过程应根据需要在整个项目期间定期开展。图8-4描述了本过程的输入、工具与技术，以及输出。

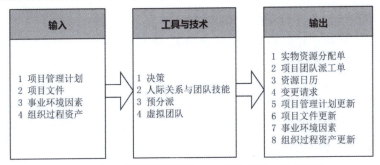

图8-4 获取资源过程的输入、工具与技术，以及输出

项目所需资源可能来自项目执行组织的内部或外部。内部资源由职能经理或资源经理负责获取(分配)，外部资源则通过采购过程获得。

8.4.2 获取资源过程的输入

1. 项目管理计划

项目管理计划组件包括(但不限于)：资源管理计划、采购管理计划、成本基准。

2. 项目文件

可作为本过程输入的项目文件包括(但不限于)：项目进度计划、资源日历、资源需求、相关方登记册。

3. 事业环境因素

能够影响获取资源过程的事业环境因素包括(但不限于)：现有组织资源信息、市场条件、组织结构、地理位置。

4. 组织过程资产

能够影响获取资源过程的组织过程资产包括(但不限于)：有关项目资源的获取、配给和分配的政策和程序；历史信息和经验教训知识库。

8.4.3 获取资源过程的工具与技术

1. 决策

适用于获取资源过程的决策技术包括(但不限于)多标准决策分析。

2. 人际关系与团队技能

适用于本过程的人际关系与团队技能包括(但不限于)谈判。

3. 预分派

预分派指事先确定项目的实物或团队资源,可在下列情况下发生:在竞标过程中承诺分派特定人员进行项目工作;项目取决于特定人员的专有技能;在编制初始资源管理计划之前,制定项目章程过程或其他过程已经指定了某些团队成员的工作分派。

4. 虚拟团队

虚拟团队的使用为招募项目团队成员提供了新的可能性。虚拟团队可定义为具有共同目标、在完成角色任务的过程中很少或没有时间面对面工作的一群人。现代沟通技术使虚拟团队成为可能。

8.4.4 获取资源过程的输出

1. 实物资源分配单

实物资源分配单记录了项目将使用的材料、设备、用品、地点和其他实物资源。

2. 项目团队派工单

项目团队派工单记录了团队成员及其在项目中的角色和职责,可包括项目团队名录,还需要把人员姓名插入项目管理计划的其他部分,如项目组织图和进度计划。

3. 资源日历

资源日历识别了每种具体资源可用时的工作日、班次、正常上下班时间、周末和公共假期。

4. 变更请求

如果获取资源过程中出现变更请求(例如影响了进度),或者推荐措施、纠正措施或预防措施影响了项目管理计划的任何组成部分或项目文件,项目经理应提交变更请求,且应该通过实施整体变更控制过程对变更请求进行审查和处理。

5. 项目管理计划更新

项目管理计划的任何变更都以变更请求的形式提出,且通过组织的变更控制过程进行处理。开展本过程可能导致项目管理计划更新的内容包括(但不限于):资源管理计划、成本基准。

6. 项目文件更新

可在本过程更新的项目文件包括(但不限于):经验教训登记册、项目进度计划、资源分解结构、资源需求、风险登记册、相关方登记册。

7. 事业环境因素更新

需要更新的事业环境因素包括(但不限于):组织内部资源的可用性、组织已使用的消耗资源的数量。

8. 组织过程资产更新

作为获取资源过程的结果，需要更新的组织过程资产包括(但不限于)有关获取、配给和分配资源的文件。

8.5 建设团队

8.5.1 建设团队过程概述

建设团队是提高工作能力、促进团队成员互动、改善团队整体氛围以提高项目绩效的过程。本过程的主要作用是改进团队协作、增强人际关系技能和胜任力、激励员工、减少摩擦及提升整体项目绩效，本过程需要在整个项目期间开展。图8-5描述了本过程的输入、工具与技术，以及输出。

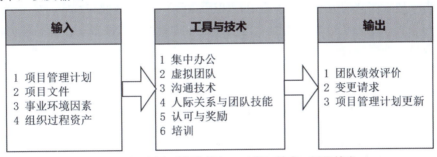

图8-5 建设团队过程的输入、工具与技术，以及输出

建设高效的项目团队是项目经理的主要职责之一。项目经理应创建一个能促进团队协作的环境，并通过给予挑战与机会、提供及时反馈与所需支持，以及认可与奖励优秀绩效，不断激励团队。

有一种关于团队发展的模型叫塔卡曼阶梯理论，其中包括团队建设通常要经过的五个阶段，这些阶段通常按顺序进行。但是团队停滞在某个阶段或退回到较早阶段的情况也并非罕见，如果团队成员曾经共事过，项目团队建设也可跳过某个阶段。

(1) 形成阶段。在本阶段，团队成员相互认识，并了解项目情况及他们在项目中的正式角色与职责。在这一阶段，团队成员倾向于相互独立，不会开诚布公。

(2) 震荡阶段。在本阶段，团队开始从事项目工作、制定技术决策和讨论项目管理方法。如果团队成员不能用合作和开放的态度对待不同观点和意见，团队环境可能变得事与愿违。

(3) 规范阶段。在规范阶段，团队成员开始协同工作，并调整各自的工作习惯和行为来支持团队，团队成员之间变得相互信任。

(4) 成熟阶段。进入这一阶段后，团队就像一个组织有序的单位，团队成员之间相互依靠，平稳高效地解决问题。

(5) 解散阶段。在解散阶段，团队完成所有工作，团队成员离开项目。通常在项目可交付成果完成之后，或者在结束项目或阶段过程中，解散团队。

某个阶段持续时间的长短取决于团队活力、团队规模和团队领导力。项目经理应该对团队活力有较好的理解，以便有效地带领团队经历所有阶段。

8.5.2 建设团队过程的输入

1. 项目管理计划

项目管理计划组件包括(但不限于)资源管理计划。

2. 项目文件

可作为本过程输入的项目文件包括(但不限于)：经验教训登记册、项目进度计划、项目团队派工单、资源日历、团队章程。

3. 事业环境因素

能够影响建设团队的事业环境因素包括(但不限于)：有关雇佣和解雇、员工绩效审查、员工发展与培训记录、认可与奖励的人力资源管理政策；团队成员的技能、能力和专业知识；团队成员的地理分布。

4. 组织过程资产

能够影响建设团队的组织过程资产包括(但不限于)历史信息和经验教训知识库。

8.5.3 建设团队过程的工具与技术

1. 集中办公

集中办公是指把许多或全部最活跃的项目团队成员安排在同一个物理地点工作，以增强团队工作能力。

2. 虚拟团队

虚拟团队的使用能带来很多好处。虚拟团队可以利用技术来营造在线团队环境，以供团队存储文件、使用在线对话来讨论问题，以及保存团队日历。

3. 沟通技术

在解决集中办公或虚拟团队的团队建设问题方面，沟通技术至关重要。可采用的沟通技术包括：共享门户、视频会议、音频会议、电子邮件、聊天软件。

4. 人际关系与团队技能

适用于本过程的人际关系与团队技能包括(但不限于)：冲突管理、影响力、激励、谈判、团队建设。

5. 认可与奖励

在建设团队过程中，需要对成员的优良行为给予认可与奖励。

6. 培训

培训指提高项目团队成员能力的全部活动，可以是正式或非正式的。

8.5.4 建设团队过程的输出

1. 团队绩效评价

随着项目团队建设工作的开展，项目管理团队应该对项目团队的有效性进行正式或非正式的评价。有效的团队建设策略和活动可以提高团队绩效，从而提高实现项目目标的可能性。

2. 变更请求

如果本过程中出现变更请求，或者推荐的纠正措施或预防措施影响了项目管理计划的任何组成部分或项目文件，项目经理应提交变更请求并遵循变更控制过程。

3. 项目管理计划更新

项目管理计划的任何变更都以变更请求的形式提出，且通过组织的变更控制过程进行处理。可能需要变更的项目管理计划组成部分包括(但不限于)资源管理计划。

8.6 管理团队

8.6.1 管理团队过程概述

管理团队是跟踪团队成员工作表现、提供反馈、解决问题并管理团队变更以优化项目绩效的过程。本过程的主要作用是影响团队行为、管理冲突以及解决问题。本过程需要在整个项目期间开展。图8-6描述了本过程的输入、工具与技术，以及输出。

图8-6 管理团队过程的输入、工具与技术，以及输出

管理项目团队需要借助多方面的管理和领导力技能来促进团队协作，整合团队成员的工作，从而创建高效团队。进行团队管理，需要综合运用各种技能，特别是沟通、冲突管理、谈判和领导技能。项目经理应该向团队成员分配富有挑战性的任务，并对优秀绩效进行表彰。

项目经理应留意团队成员是否有意愿和能力完成工作，然后相应地调整管理和领导力方式。相对那些已展现出能力和经验的团队成员，技术能力较低的团队成员更需要强化监督。

8.6.2 管理团队过程的输入

1. 项目管理计划

项目管理计划组件包括(但不限于)资源管理计划。

2. 项目文件

可作为本过程输入的项目文件包括(但不限于)：问题日志、经验教训登记册、项目团队派工单、团队章程。

3. 工作绩效报告

工作绩效报告是为制定决策、采取行动或引起关注所形成的实物或电子工作绩效信息，它包括从进度控制、成本控制、质量控制和范围确认中得到的结果，有助于项目团队管理。工作绩效报告和相关预测报告中的信息，有助于确定未来的团队资源需求、认可与奖励，以及更新资源管理计划。

4. 团队绩效评价

项目管理团队应该持续地对项目团队绩效进行正式或非正式的评价。不断地评价项目团队绩效，有助于采取措施解决问题、调整沟通方式、解决冲突和改进团队互动。

5. 事业环境因素

能够影响管理团队过程的事业环境因素包括(但不限于)人力资源管理政策。

6. 组织过程资产

能够影响管理团队过程的组织过程资产包括(但不限于)：嘉奖证书、公司制服、组织中其他的额外待遇。

8.6.3 管理团队过程的工具与技术

1. 人际关系与团队技能

适用于本过程的人际关系与团队技能包括(但不限于)：冲突管理、制定决策、情商、影响力、领导力。

2. 项目管理信息系统

项目管理信息系统可包括资源管理或进度计划软件，可用于在各个项目活动中管理和协调团队成员。

8.6.4 管理团队过程的输出

1. 变更请求

如果管理团队过程中出现变更请求，或者推荐实施、纠正措施或预防措施影响了项目管理计划的任何组成部分或项目文件，项目经理应提交变更请求，并通过实施整体变更控制过程对变更请求进行审查和处理。

2. 项目管理计划更新

项目管理计划的任何变更都以变更请求的形式提出，且通过组织的变更控制过程进行处理。可能需要变更的项目管理计划组成部分包括(但不限于)：资源管理计划、进度基准、成本基准。

3. 项目文件更新

可在本过程更新的项目文件包括(但不限于)：问题日志、经验教训登记册、项目团队派工单。

4. 事业环境因素更新

作为管理团队过程的结果，需要更新的事业环境因素包括(但不限于)：对组织绩效评价的输入、个人技能。

8.7 控制资源

8.7.1 控制资源过程概述

控制资源是确保按计划为项目分配实物资源，以及根据资源使用计划监督资源实际使用情况，并采取必要纠正措施的过程。本过程的主要作用是确保所分配的资源适时、适地可用于项目，且在不再需要时被释放。本过程需要在整个项目期间开展。图8-7描述了本过程的输入、工具与技术，以及输出。

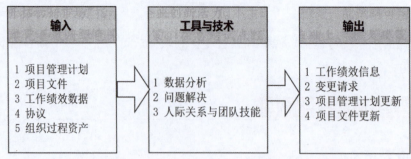

图8-7 控制资源过程的输入、工具与技术,以及输出

控制资源过程应在所有项目阶段和整个项目生命周期期间持续进行,且适时、适地和适量地分配和释放资源,使项目能够毫无延误地向前推进。控制资源过程关注实物资源,如设备、材料、设施和基础设施。管理团队过程关注团队成员。

8.7.2 控制资源过程的输入

1. 项目管理计划

项目管理计划组件包括(但不限于)资源管理计划。

2. 项目文件

可作为本过程输入的项目文件包括(但不限于):问题日志、经验教训登记册、实物资源分配单、项目进度计划、资源分解结构、资源需求、风险登记册。

3. 工作绩效数据

工作绩效数据包含有关项目状态的数据,如已使用的资源的数量和类型。

4. 协议

在项目中签署的协议是获取组织外部资源的依据,应在需要新的和未规划的资源时,或在当前资源出现问题时,在协议里定义相关程序。

5. 组织过程资产

能够影响控制资源过程的组织过程资产包括(但不限于):有关资源控制和分配的政策;执行组织内用于解决问题的上报程序;经验教训知识库,其中包含以往类似项目的信息。

8.7.3 控制资源过程的工具与技术

1. 数据分析

适用于本过程的数据分析技术包括(但不限于):备选方案分析、成本效益分析、绩效审查、趋势分析。

2. 问题解决

问题解决可能会用到一系列工具，有助于项目经理解决控制资源过程中出现的问题。问题可能来自组织内部或来自组织外部。项目经理应采取有条不紊的步骤来解决问题，包括识别问题；定义问题；调查、分析、解决、检查解决方案。

3. 人际关系与团队技能

人际关系与团队技能有时被称为"软技能"，属于个人能力。本过程使用的人际关系与团队技能包括谈判、影响力。

8.7.4 控制资源过程的输出

1. 工作绩效信息

工作绩效信息包括项目工作进展信息，这一信息将资源需求和资源分配与项目活动期间的资源使用相比较，从而发现需要处理的资源可用性方面的差异。

2. 变更请求

如果控制资源过程出现变更请求，或者推进的纠正措施或预防措施影响了项目管理计划的任何组成部分或项目文件，项目经理应提交变更请求，并通过实施整体变更控制过程对变更请求进行审查和处理。

3. 项目管理计划更新

项目管理计划的任何变更都以变更请求的形式提出，且通过组织的变更控制过程进行处理。可能需要变更的项目管理计划组成部分包括(但不限于)：资源管理计划、进度基准、成本基准。

4. 项目文件更新

可在本过程更新的项目文件包括(但不限于)：假设日志、问题日志、经验教训登记册、实物资源分配单、资源分解结构、风险登记册。

本章小结

本章首先对项目资源管理进行概述，主要包括项目资源管理过程、项目资源管理的趋势与新兴实践，然后分别就项目资源管理过程所包含的规划资源管理过程、估算活动资源过程、获取资源过程、建设团队过程、管理团队过程和控制资源过程进行阐述，并对每个过程所涉及的输入、工具与技术，以及输出进行详细介绍。

在学习过程中，本章要求重点理解并掌握项目资源管理过程，以及项目资源管理过程所涉及的子过程，并能在实际项目资源管理过程中灵活运用。

复习与思考

一、单选题

1. 下列不属于项目资源管理过程的是(　　)。
   A. 规划资源管理　B. 估算活动资源　C. 估算活动时间　D. 建设团队
2. 在团队建设的(　　)阶段,项目经理可以把大量工作授权给团队成员去完成。
   A. 震荡阶段　　　B. 规范阶段　　　C. 成熟阶段　　　D. 解散阶段
3. 资源需求是(　　)管理过程的输出。
   A. 规划资源管理　B. 估算活动资源　C. 获取资源　　　D. 组建团队
4. 具有共同目标,通常不面对面工作,而是依靠电子通信工具相互联系的一群人,被称为(　　)。
   A. 项目团队　　　B. 虚拟团队　　　C. 虚假团队　　　D. 项目管理团队
5. 为了获得项目所需的人力资源,项目经理经常要与以下各方谈判,除了(　　)。
   A. 高级管理层　　　　　　　　　B. 职能部门经理
   C. 其他项目经理　　　　　　　　D. 外部资源供应商
6. 高效的项目团队应该(　　)。
   A. 以领导为导向　　　　　　　　B. 以任务和结果为导向
   C. 集中办公　　　　　　　　　　D. 通过电子网络联系
7. (　　)不是团队章程的内容。
   A. 团队价值观　B. 沟通指南　　　C. 会议指南　　　D. 团队建设
8. 对于新进人员应采取(　　)的培训方式。
   A. 预备实习　　B. 职务轮换　　　C. 电视录像　　　D. 远程教育

二、判断题

1. 人力资源具有消耗性。　　　　　　　　　　　　　　　　　　　　　　　　(　　)
2. 如果项目团队成员配合合理,就会减少项目的成本。　　　　　　　　　　　　(　　)
3. 项目的人员是不能事先指定的。　　　　　　　　　　　　　　　　　　　　(　　)

三、简答题

1. 简述项目资源管理的含义。
2. 项目资源管理的主要过程有哪几个阶段?
3. 简述项目团队建设的内容。
4. 简述估算活动资源的工具与技术。
5. 管理团队的目的和作用分别是什么?

四、案例分析题

某知名财经服务公司计划开展一项为期六个月的"全球投资策略分析报告"项目。该项目旨在深入分析全球投资市场,包括股票市场、债券市场、外汇市场及新兴的投资领域(如数字货币)，为客户提供具有前瞻性的投资策略建议。由于项目涉及多个国家和地区，需要综合运用多种财经数据和分析工具，因此在项目资源管理方面面临诸多挑战，尤其是人力资源的管理。

项目团队由多名具有丰富经验的财经分析师、数据科学家、市场专家及一位经验丰富的项目经理组成。每位成员都具有独特的专业背景和技能，但同时存在技能重叠和协作的问题。为了确保项目进度和质量，项目经理需要精心制订工作计划，并合理分配工作任务，使每个成员都能发挥其最大效用。

然而，在项目初期，团队就遭遇了人力资源分配方面的挑战。由于项目涉及的内容广泛且深入，因此团队成员之间的技能差异和协作问题逐渐显现。部分成员对分配的任务表示不满，认为自己的专业技能没有得到充分发挥，而另一些成员则因为工作量过大而感到压力重重。这种不满和压力在团队内部逐渐累积，导致团队氛围变得紧张，协作效率下降。

与此同时，项目经理也面临着如何促进团队成员之间有效沟通和协作的问题。由于团队成员来自不同的部门和背景，他们在工作方式和沟通习惯上存在差异。这使得团队成员在协作过程中经常出现误解和沟通障碍，进一步加剧了团队内部的矛盾和冲突。

面对这些挑战和冲突，项目经理需要采取一系列措施来解决问题，确保项目的顺利进行。

问题：

1. 面对团队成员对任务分配的不满和技能重叠问题，项目经理应如何重新分配工作任务，并解决团队内部的冲突？

2. 为了改善团队成员之间的沟通和协作效率，项目经理应采取哪些具体措施来促进有效沟通和协作？

3. 面对项目涉及内容的广泛性和深入性，以及团队成员之间的技能差异，项目经理应如何鼓励团队成员不断学习和提升自己的专业技能，以适应项目的需求，并促进团队的整体发展？

第 9 章

项目沟通管理

> 管理就是沟通、沟通再沟通。
>
> ——杰克·韦尔奇(Jack Welch)

本章内容

- 项目沟通管理概述
- 规划沟通管理
- 管理沟通
- 监督沟通

案例导入

秀才买薪

古时候,有个秀才去集市上买柴。

他看见卖柴火的人,高喊:"荷薪者过来。"卖柴火的人没完全听明白秀才说的话,但他听到了"过来"两个字。于是,他把柴火挑到了秀才面前。

秀才问:"其价如何?"

卖柴火的挠了挠头,听到了"价"字,应该是问价格吧,于是他说了价钱。

秀才又说:"外实而内虚,烟多而焰少,请损之。"

但卖柴火的人没听明白他说的这句话,于是挑着柴火走了。

不会沟通的秀才,柴火都买不到。这个故事体现了沟通的重要性。

9.1 项目沟通管理概述

沟通是人与人之间思想和信息的交换，是将信息由一个人传达给另一个人，并逐渐在更加广泛的空间领域传播的过程。在项目管理中，项目经理一般要花70%以上的时间用于沟通，可见沟通在项目管理中的重要性。多数人理解的沟通，就是善于表达，能说、会说，但是项目管理中的沟通，并不等同于人际交往的沟通技巧，更多的是对沟通的管理。

9.1.1 项目沟通管理的概念

项目沟通管理就是为了确保项目信息的合理收集和传输，对项目运行中使用到的不同沟通活动进行管理的过程。项目沟通管理是对项目信息与信息传递的内容、方法、过程的全面管理，同时是对人们在项目管理过程中交换思想和交流感情的活动与过程的全面管理。其目的是保证有关项目的信息能够适时以合理的方式产生、收集、处理、存储和交换。

项目沟通管理为不同的人、想法和信息之间提供了一座"桥梁"或媒介。涉及项目的任何人都应准备以项目"语言"发送和接收信息，并理解他们以个人身份参与的沟通会怎样影响整个项目。

沟通就是信息交流，组织之间的沟通是指组织之间的信息传递。对于项目来说，要科学地组织、指挥、协调和控制项目的实施过程，就必须进行项目的信息沟通。好的信息沟通对项目的发展和人际关系的改善都具有促进作用。

项目沟通管理具有复杂性和系统性的特征。著名组织管理学家切斯特·巴纳德(Chester Barnard)认为，沟通是把一个组织中的成员联系在一起，以实现共同目标的手段。没有沟通就没有管理。沟通不良几乎是每个项目都存在的问题，项目的组织越复杂，其沟通就越困难。

项目沟通管理的理念：一是沟通需要权力渠道；二是沟通要有高度的弹性和技巧。

9.1.2 项目沟通管理过程

项目沟通管理过程包括以下内容。

(1) 规划沟通管理。规划沟通管理是基于每个相关方或相关方群体的信息需求、可用的组织资产，以及具体项目的需求，为项目沟通活动制订恰当的方法和计划的过程。

(2) 管理沟通。管理沟通是确保项目信息及时且恰当地收集、生成、发布、存储、检索、管理、监督和最终处置的过程。

(3) 监督沟通。监督沟通是确保满足项目及其相关方的信息需求的过程。

图9-1描述了项目沟通管理过程。虽然各项目沟通管理过程以界限分明和相互独立的形式出现，但在实践中它们会相互交叠和相互作用。

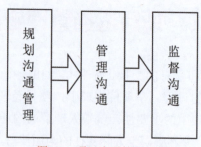

图9-1 项目沟通管理过程

9.1.3 项目沟通管理的发展趋势和新兴实践

在关注相关方及认可相关方的有效参与对项目及组织价值的同时,也要认识到制定和落实适当的沟通策略,对维系与相关方的有效关系是至关重要的。项目沟通管理的发展趋势和新兴实践包括(但不限于)如下内容。

(1) 将相关方纳入项目评审范围。每个项目的相关方都包括对成功达成项目目标不可或缺的个人、群体和组织。有效的沟通策略要求定期且及时地评审相关方,以管理成员及其态度的变化。

(2) 让相关方参与项目会议。项目会议应邀请项目外部甚至组织外部的相关方参与。

(3) 社交工具的使用日益增多。社交工具已经改变组织及其人员的沟通和业务方式。社交工具将不同的协作方式融合在一起,也有助于建立更深层次的信任和社群关系。

(4) 多面性沟通方法。在沟通过程中,项目沟通管理应尊重因文化、实践和个人背景而产生的对沟通语言、媒介、内容和方式的偏好。多面性沟通方法能够提高与不同年代和文化背景的相关方沟通的效果。

9.2 规划沟通管理

9.2.1 规划沟通管理过程概述

规划沟通管理是基于每个相关方或相关方群体的信息需求、可用的组织资产,以及具体项目的需求,为项目沟通活动制订恰当的方法和计划的过程。本过程的主要作用是及时向相关方提供相关信息,引导相关方有效参与项目而编制书面沟通计划。本过程应根据需要在整个项目期间定期开展。图9-2描述了本过程的输入、工具与技术,以及输出。

规划沟通管理过程在项目生命周期的早期,针对项目相关方多样性的信息需求,制订有效的沟通管理计划;定期审核沟通管理计划,并进行必要的修改,同时考虑并合理记录用来存储、检索和最终处置项目信息的方法;在整个项目期间,定期审查规划沟通管理过程的成果并做必要修改,以确保其持续适用。

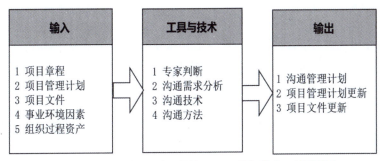

图9-2 规划沟通管理过程的输入、工具与技术,以及输出

9.2.2 规划沟通管理过程的输入

1. 项目章程

项目章程会列出主要相关方清单,其中可能还包含与相关方角色及职责有关的信息。

2. 项目管理计划

项目管理计划组件包括(但不限于):资源管理计划、相关方参与计划。

3. 项目文件

可作为本过程输入的项目文件包括(但不限于):需求文件、相关方登记册。

4. 事业环境因素

能够影响规划沟通管理过程的事业环境因素包括(但不限于):组织文化、政治氛围和治理框架;人事管理政策;相关方风险临界值;已确立的沟通渠道、工具和系统;全球、区域或当地的趋势、实践或习俗;设施和资源的地理分布。

5. 组织过程资产

能够影响规划沟通管理过程的组织过程资产包括(但不限于):组织的社交媒体、道德和安全政策及程序;组织的问题、风险、变更和数据管理政策及程序;组织对沟通的要求;制作、交换、存储和检索信息的标准化指南;历史信息和经验教训知识库;以往项目的相关方及沟通数据和信息。

9.2.3 规划沟通管理过程的工具与技术

1. 专家判断

本过程应征求具备沟通管理相关专业知识或接受过相关培训的个人或小组的意见。

2. 沟通需求分析

分析沟通需求,确定项目相关方的信息需求,包括所需信息的类型和格式,以及信息对相关方的价值。

3. 沟通技术

用于在项目相关方之间传递信息的方法有很多。信息交换和协作的常见方法包括对话、会议、书面文件、数据库、社交媒体和网站。

4. 沟通方法

项目相关方之间用于分享信息的沟通方法有几种。这些方法可以大致分为：互动沟通、推式沟通、拉式沟通。

9.2.4 规划沟通管理过程的输出

1. 沟通管理计划

沟通管理计划是项目管理计划的组成部分，描述将如何规划、结构化、执行与监督项目沟通，以提高沟通的有效性。

2. 项目管理计划更新

本过程可能需要变更的项目管理计划组件包括(但不限于)相关方参与计划。

3. 项目文件更新

可在本过程更新的项目文件包括(但不限于)：项目进度计划、相关方登记册。

9.3 管理沟通

9.3.1 管理沟通过程概述

管理沟通是确保项目信息及时且恰当地收集、生成、发布、存储、检索、管理、监督和最终处置的过程。本过程的主要作用是促成项目团队与相关方之间的有效信息流动。本过程应根据需要在整个项目期间定期开展。图9-3描述了本过程的输入、工具与技术，以及输出。

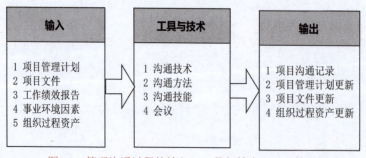

图9-3 管理沟通过程的输入、工具与技术，以及输出

管理沟通过程会涉及与开展有效沟通有关的所有方面，包括使用适当的技术、方法和技巧。此外，它还应允许沟通活动具有灵活性，允许对方法和技术进行调整，以满足相关方及项目不断变化的需求。

9.3.2 管理沟通过程的输入

1. 项目管理计划

项目管理计划组件包括(但不限于)：资源管理计划、沟通管理计划、相关方参与计划。

2. 项目文件

可作为本过程输入的项目文件包括(但不限于)：变更日志、问题日志、经验教训登记册、质量报告、风险报告、相关方登记册。

3. 工作绩效报告

工作绩效报告会通过本过程传递给项目相关方。

4. 事业环境因素

会影响管理沟通过程的事业环境因素包括(但不限于)：组织文化、政治氛围和治理框架；人事管理政策；相关方风险临界值；已确立的沟通渠道、工具和系统；全球、区域或当地的趋势、实践或习俗；设施和资源的地理分布。

5. 组织过程资产

会影响管理沟通过程的组织过程资产包括(但不限于)：企业的社交媒体、道德和安全政策及程序；企业的问题、风险、变更和数据管理政策及程序；企业对沟通的要求；制作、交换、存储和检索信息的标准化指南；以往项目的历史信息，包括经验教训知识库。

9.3.3 管理沟通过程的工具与技术

1. 沟通技术

会影响技术选用的因素包括团队是否集中办公、需要分享的信息是否需要保密、团队成员的可用资源，以及组织文化会如何影响会议和讨论的正常开展。

2. 沟通方法

沟通方法的选择应具有灵活性，以应对相关方社区的成员变化，或成员的需求和期望变化。

3. 沟通技能

适用于本过程的沟通技能包括(但不限于)：沟通胜任力、反馈、非口头技能、演示。

4. 会议

项目团队可以召开会议，支持沟通策略和沟通计划所定义的行动。

9.3.4 管理沟通过程的输出

1. 项目沟通记录

项目沟通记录可包括(但不限于)：绩效报告、可交付成果的状态、进度进展、产生的成本，以及相关方需要的其他信息。

2. 项目管理计划更新

可在本过程更新的项目管理计划组件包括(但不限于)：沟通管理计划、相关方参与计划。

3. 项目文件更新

可在本过程更新的项目文件包括(但不限于)：问题日志、经验教训登记册、项目进度计划、风险登记册、相关方登记册。

4. 组织过程资产更新

可在本过程更新的组织过程资产包括(但不限于)：项目记录；计划内的和临时的项目报告。

9.4 监督沟通

9.4.1 监督沟通过程概述

监督沟通是确保满足项目及其相关方的信息需求的过程。本过程的主要作用是按沟通管理计划和相关方参与计划的要求优化信息传递流程。本过程需要在整个项目期间开展。图9-4描述了本过程的输入、工具与技术，以及输出。

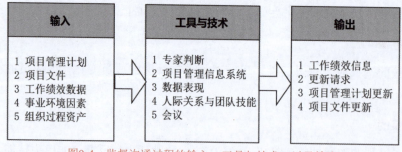

图9-4 监督沟通过程的输入、工具与技术，以及输出

通过监督沟通过程来确定规划的沟通活动是否如预期提高，或保持了相关方对项目可

交付成果与预计结果的支持力度。项目沟通的影响和结果应该接受认真的评估和监督，以确保在正确的时间，通过正确的渠道，将正确的内容传递给正确的受众。

监督沟通过程可能触发规划沟通管理和管理沟通过程的迭代，以便修改沟通计划并开展额外的沟通活动来提升沟通的效果。这种迭代体现了项目沟通管理各过程的持续性。问题、关键绩效指标、风险或冲突，都可能立即触发重新开展这些过程。

9.4.2 监督沟通过程的输入

1. 项目管理计划

项目管理计划组件包括(但不限于)：资源管理计划、沟通管理计划、相关方参与计划。

2. 项目文件

可作为本过程输入的项目文件包括(但不限于)：问题日志、经验教训登记册、项目沟通记录。

3. 工作绩效数据

工作绩效数据包含关于实际已开展的沟通类型和数量的数据。

4. 事业环境因素

能够影响监督沟通过程的事业环境因素包括(但不限于)：组织文化、政治氛围和治理框架；已确立的沟通渠道、工具和系统；全球、区域或当地的趋势、实践或习俗；设施和资源的地理分布。

5. 组织过程资产

可能影响监督沟通过程的组织过程资产包括(但不限于)：企业的社交媒体、道德和安全政策及程序；组织对沟通的要求；制作、交换、存储和检索信息的标准化指南；以往项目的历史信息，包括经验教训知识库；以往项目的相关方及沟通数据和信息。

9.4.3 监督沟通过程的工具与技术

1. 专家判断

本过程应征求具备沟通管理专业知识或接受过相关培训的个人或小组的意见。

2. 项目管理信息系统

项目管理信息系统为项目经理提供一系列标准化工具，以根据沟通计划为内部和外部的相关方收集、存储与发布所需的信息。应监控该系统中的信息以评估其有效性和效果。

3. 数据表现

适用的数据表现技术包括(但不限于)相关方参与度评估矩阵。它可以提供与沟通活动效果有关的信息，检查相关方的期望与当前参与度的变化情况，并对沟通进行必要调整。

4. 人际关系与团队技能

适用于本过程的人际关系与团队技能包括(但不限于)观察和交谈。

5. 会议

面对面或虚拟会议适用于制定决策，回应相关方请求，与提供方、供应方及其他项目相关方讨论。

9.4.4 监督沟通过程的输出

1. 工作绩效信息

工作绩效信息包括与计划比较的沟通的实际开展情况，它也包括对沟通的反馈，如关于沟通效果的调查结果。

2. 更新请求

监督沟通过程往往会导致需要对沟通管理计划所定义的沟通活动进行调整、采取行动和进行干预。变更请求需要通过实施整体变更控制过程进行处理。

3. 项目管理计划更新

项目管理计划的任何变更都以变更请求的形式提出，且通过组织的变更控制过程进行处理。可能需要变更的项目管理计划组件包括(但不限于)沟通管理计划、相关方参与计划。

4. 项目文件更新

可在本过程更新的项目文件包括(但不限于)：问题日志、经验教训登记册、相关方登记册。

本章小结

项目沟通管理包括确保项目生命周期中所有信息及时、正确地收发、存储和最终处理的过程，它提供了项目成功所必需的成员、思想和信息之间的重要联系，参与项目的每个人都应当做好传递和接收信息的准备，并且理解这些信息是如何影响整个项目的。项目沟通管理过程包括：规划沟通管理、管理沟通和监督沟通。

本章首先对项目沟通管理进行概述，主要包括项目沟通管理的概念、过程、项目沟通管理的趋势与新兴实践，然后分别就项目沟通管理过程所包含的规划沟通管理过程、管理沟通过程、监督沟通过程进行阐述，并对每个过程所涉及的输入、工具与技术，以及输出进行详细介绍。

复习与思考

一、单选题

1. 缺乏沟通和存在未解决的争端意味着（   ）。
   A. 项目复杂　　　　　　　　　　B. 进度计划失败
   C. 项目团队效率低下　　　　　　D. 项目团队的职责界定不明确

2. 项目沟通管理中信息的过滤（   ）。
   A. 应当尽量限制
   B. 是有效沟通所必需的
   C. 只有当项目出现重大问题或危机时才应该发生
   D. B和C

3. 在会议前，项目经理采用电子邮件邮寄进度和绩效报告，他使用的是（   ）类型的沟通方式。
   A. 交互式沟通　　B. 推式沟通　　C. 拉式沟通　　D. 主动式沟通

4. 项目相关方对项目经理月报中提供的信息不满意，这是由于（   ）造成的。
   A. 未邀请项目相关方参加项目启动大会
   B. 项目需求文件不准确
   C. 相关方沟通策略无效
   D. 执行、负责、咨询矩阵未正确定义

5. 项目经理邀请客户参加月会，但客户不常参加。项目经理应该（   ）。
   A. 继续邀请客户　　　　　　　　B. 更新风险登记册
   C. 将该问题上报给项目发起人　　D. 审查并更新沟通管理计划

二、判断题

1. 相对正式沟通而言，非正式沟通的沟通效果好。（   ）
2. 在双向沟通中，沟通主体和沟通客体两者的角色不断交换。（   ）
3. 项目进度冲突往往是由于项目经理的权力受限而发生的。（   ）

三、简答题

1. 简述项目沟通管理的概念、目的与理念。
2. 简述项目沟通的重要性并进行简略分析。
3. 简述项目沟通管理过程。
4. 简述规划沟通管理过程的工具与技术。
5. 管理沟通采用的相关技术有哪些？

四、案例分析题

沟通的重要性

旭天公司是一家生产制造型企业,最近他们为准备进行的项目采购一批生产原料。邵丽是该项目采购部的资深采购员,她在公司工作了十多年,经验丰富,但脾气很不好,常和同事发生摩擦,尤其和计划部的人关系恶劣。这一次,计划部的人因为缺料问题又和邵丽发生矛盾,他们不能接受下周需要的生产物料得两周后才能到货,要求邵丽提前交期,邵丽则表示交期无法提前。计划部不同意,要求物料一定要按时到,否则停产。计划部的强硬态度让邵丽大发脾气:"停产是计划部的事情,跟我没关系!"计划部经理愤然离开,直接到采购部经理办公室投诉:"我和你们部门的人没法沟通!"

采购部廖经理刚上任两周,对公司正处于熟悉状态,得知自己部门的工作会影响生产进度,他立即问邵丽:"怎么回事?缺料停产这么大的事,你怎么不早来报告?"邵丽满不在乎地说:"你刚来公司不久,对供应商还不太熟。我已经向王经理(王经理是公司部门经理,也是廖经理的领导)报告了此事。"廖经理怒道:"我才是你的领导,弄清楚自己的位置在哪。"邵丽不回答。廖经理又问:"现在缺料的状态如何?"邵丽回答道:"物料安排的是海运,现在还在海上漂呢。"廖经理接着说:"如此紧急的物料,你还安排走海运?"邵丽辩解说:"是计划部突然提前了生产,不是我的错!"说完后她转身离开了经理办公室。

问题:

1. 邵丽和廖经理的沟通分别存在什么问题?
2. 邵丽和廖经理的沟通应如何改进?
3. 这一案例给我们什么启示?

第 10 章

项目采购管理

> 采购和销售是公司仅有的能"挣钱"的部门,其他任何部门发生的都是管理费用。
> ——杰克·韦尔奇

本章内容

- 项目采购管理概述
- 规划采购管理
- 实施采购
- 控制采购

案例导入

2024年政府采购主要做好三件事

国务院新闻办公室于2024年4月22日下午3时举行新闻发布会,财政部副部长王东伟、国库司司长李先忠、预算司司长王建凡出席发布会。李先忠表示近年来,财政部积极发挥政府采购在支持科技创新、绿色环保、中小企业和乡村振兴等方面的作用,助力经济社会高质量发展。下一步,财政部将按照党中央、国务院决策部署,围绕支持新质生产力发展、构建现代化产业体系,不断建立健全符合国际规则的政府采购政策体系。2024年,主要做好三件事:

一是研究建立合作创新政府采购制度。合作创新采购,指的是对于目前市场上没有的、需要研发的创新产品,由采购单位从研发环节提前介入,先购买研发服务,再购买研发产品。我们把这种新的采购方式特点概括为"两给两共":既对供应商的研发成本"给补偿",又以承诺购买一定量创新产品的方式"给订单",通过"共同分担研发风险""共同开拓初始市场",激发企业创新活力。

二是继续完善政府绿色采购政策。在总结试点经验的基础上,扩大政策实施范围,试点城市将由48个扩大到100个,绿色建材政府采购需求标准涵盖的产品由75种增加至100种,进一步加大对绿色建筑和绿色建材推广应用的支持力度。同时,进一步深化、拓展对其他类绿色产品政府采购支持政策,对符合条件的绿色产品强化强制采购或优先采购的政策措施,持续发挥政府绿色采购的示范引领作用。

三是持续推动政府采购平等对待内外资企业政策落地落实。政府采购对内外资企业在中国境内生产的产品、提供的服务一视同仁、平等对待,是我们一贯坚持的政策取向。此外,我们还将借鉴国际通行做法,研究制定政府采购本国产品标准,更好保障平等对待内外资企业的政策在政府采购领域落地落实。

我国政府采购规模巨大,对经济社会发展具有重要的导向和促进作用。同时,政府采购在推动创新、推动绿色采购、促进采购公平等方面都具有重要的社会意义。

10.1 项目采购管理概述

项目采购管理是指在整个项目过程中为了达到项目目标,而从外部寻求和采购各种项目所需资源的管理过程。项目采购管理是保证项目成功实施的关键活动,影响项目成本、进度、质量等目标的实现,甚至导致项目的失败。采购管理包括编制和管理协议所需的管理和控制过程,如合同、订购单、协议备忘录。被授权采购项目所需货物或服务的人员可以是项目团队、管理层或自主采购部(如果有)的成员。

10.1.1 项目采购管理过程

项目采购管理过程包括规划采购管理、实施采购和控制采购。

1. 规划采购管理

规划采购管理是记录项目采购决策、明确采购方法,以及识别潜在卖方的过程。

2. 实施采购

实施采购是获取卖方应答、选择卖方并授予合同的过程。

3. 控制采购

控制采购是管理采购关系、监督合同绩效、实施必要的变更和纠偏,以及关闭合同的过程。

图10-1概括了项目采购管理的各个过程。

虽然在《PMBOK指南》中项目采购管理过程以界限分明和相互独立的形式出现,但在实践中,采购过程相当复杂且相互作用,还与其他知识领域的过程相互作用。本章以从项目外部获取货物或服务的视角来叙述采购过程。

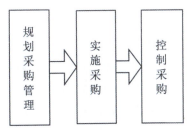

图10-1　项目采购管理过程

因应用领域不同,卖方可以是承包商、供货商、服务提供商或供应商;买方可能为最终产品的所有人、分包商、收购机构、服务需求者或购买方。在合同生命周期中,卖方首先是投标人,然后是中标人,之后是签约供应商或供货商。

10.1.2　项目采购管理的关键角色

项目采购管理主要涉及四个利益相关主体,它们作为买主、卖主或既是买主又是卖主出现在项目采购中。

1. 项目业主或顾客

项目业主或顾客是项目发起人和项目最终买主,因此他们与项目实施组织之间存在合同关系。在这种合同关系中,项目实施组织以卖方的形式出现,向项目业主或顾客提供项目产品。项目业主或顾客是项目最终成果的所有者或使用者,也是项目各种资源的真正购买者,不管是自己采购还是找人代理采购都是如此。因此,项目业主或顾客在项目采购中始终以买方的形式出现。

2. 项目实施组织

项目实施组织是指项目的承包商或项目团队,他们是项目业主或顾客的代理人和劳务提供者,他们既可以受托为项目业主或顾客采购商品和劳务,也可以作为卖主直接出售自己的劳务。因此,他们在项目实施中既可能是买方,也可能是卖方。

3. 项目供应商

项目供应商是为项目业主或实施组织提供项目所需商品及部分劳务的卖主,他们可以直接将商品卖给业主或顾客,也可以将商品或劳务(部分)直接卖给分包商或项目团队。他们在项目采购管理中始终作为卖方出现。

4. 项目分包商和专业咨询服务专家

项目分包商或各种专业咨询服务专家都是从事某方面专业服务的企业或独立工作者,他们可以直接为项目实施组织提供服务,也可以直接为项目业主或顾客提供服务。他们与项目供应商一样,在项目实施过程中始终作为卖方出现。

10.1.3　采购管理的发展趋势和新兴实践

不同行业各方面(软件工具、风险、过程、物流和技术)的一些重大趋势,会影响项目的成功率。项目采购管理的发展趋势和新兴实践包括(但不限于)以下几个方面。

1. 工具的改进

用于管理项目采购和项目执行的工具已经取得重大进展。如今,买方能够使用在线工具集中发布采购广告;卖方也能够使用在线工具集中查找采购文件,并直接在线填写。在施工、工程和基础设施领域,建筑信息模型(BIM)软件的应用日益广泛,为工程项目节省了大量时间和资金。它能够大幅减少施工索赔,从而降低成本、缩短工期,因此世界各地的主要公司和政府都开始要求在大型项目中使用BIM。

2. 更先进的风险管理

风险管理领域日益流行的一个趋势,就是在编制合同时准确地将具体风险分配给最有能力对其加以管理的一方。没有任何承包商有能力管理项目的所有重大风险,买方因而必须接受承包商无法掌控的风险,例如,采购方公司政策的不断变化、法规要求的不断变化,以及项目以外的其他风险。在合同中可以明确规定风险管理是合同工作的一部分。

3. 变化中的合同签署实践

在过去几年时间内,超大型项目的数量显著增加,尤其是在基础设施建设和工程项目领域,数十亿美元的项目已十分常见。大部分此类项目都要求与多个国家和地区的多家承包商签署国际合同,因此该项目肯定比仅使用当地承包商的项目具有更大的风险。承包商越来越重视在采购过程中与客户开展密切合作,以便对批量采购或有其他特殊关系的客户给予折扣优惠。对于此类项目来说,为了减少执行过程中的问题和索赔,采用国际公认的标准合同范本也日益普遍。

4. 物流和供应链管理

因为多数大型工程、施工和基础设施建设项目由多家跨国承包商完成,所以材料物流管理对于项目成功完成至关重要。对于采购周期较长的产品,制造环节和运输(到项目现场)环节都是项目进度的决定因素。供应链管理也是承包商的项目团队日益重视的一个领域。在项目早期,不仅要明确主要的采购渠道,通常还需要明确次要和备选渠道。全球很多国家要求跨国承包商至少向当地供应商采购一定比例的材料和用品。

5. 技术和相关方关系

基础设施和商业建设项目正逐渐采用包括网络摄像在内的技术,以方便与相关方沟通和改善与相关方的关系,在施工期间,施工现场安装一台或多台网络摄像机,并定期更新视频资料发布到公开的网站上,方便所有相关方在互联网上查看项目进展。另外,视频资料可以存储,有助于在索赔发生时进行分析。使用网络摄像机记录现场情况,能够避免对事实的分歧,从而能够把与现场施工有关的争议降到最低程度。

6. 试用采购

并非每个卖方都能很好地适应买方组织的环境,因此在决定大批量采购之前,有些项目会试用多个候选卖方,向他们采购少量的可交付成果和工作产品。这样一来,买方可以在推进项目工作的同时,对潜在合作伙伴进行评估。

10.1.4 裁剪项目采购过程时需要考虑的因素

因为每个项目都是独特的,所以项目经理需要裁剪项目采购管理过程。裁剪时应考虑的因素包括(但不限于)如下方面。

1. 采购的复杂性

只开展一次主要的采购,或者需要在不同时间向不同卖方进行多次采购(会提高采购的复杂性)?

2. 物理地点

买方和卖方在同一或邻近地点,或者位于不同时区、国家或大洲?

3. 治理和法规环境

组织的采购政策是否和当地相关的法律法规兼容?当地的法律法规会如何影响合同审计工作?

4. 承包商的可用性

是否有具备工作执行能力的承包商可供选择?

10.2 规划采购管理

10.2.1 规划采购管理过程概述

规划采购管理是记录项目采购决策、明确采购方法及识别潜在卖方的过程。本过程的主要作用是确定是否从项目外部获取货物和服务,如果是,则还要确定将在什么时间、以什么方式获取什么货物和服务。货物和服务可从执行组织的其他部门采购,或者从外部渠道采购。本过程仅开展一次或仅在项目的预定义点开展。图10-2描述了本过程的输入、工具与技术,以及输出。

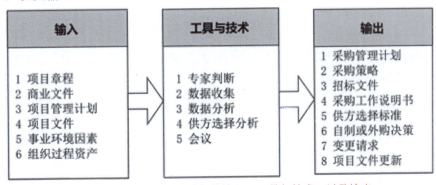

图10-2 规划采购管理过程的输入、工具与技术,以及输出

10.2.2 规划采购管理过程的输入

1. 项目章程

项目章程包括目标、项目描述、总体里程碑,以及预先批准的财务资源。

2. 商业文件

项目经理需要确保项目采购管理方法紧扣商业文件的意图。商业文件包括项目商业论证、项目效益管理计划。

3. 项目管理计划

项目管理计划组件包括(但不限于):范围管理计划、质量管理计划、资源管理计划、范围基准。

4. 项目文件

可作为本过程输入的项目文件包括(但不限于):里程碑清单、项目团队派工单、需求文件、需求跟踪矩阵、资源需求、风险登记册、相关方登记册。

5. 事业环境因素

能够影响规划采购管理过程的事业环境因素包括(但不限于):市场条件;可从市场获得的产品、服务和成果;卖方以往绩效或声誉;特殊的当地要求;关于采购的法律建议;合同管理系统,包括合同变更控制程序;已有的多层级供应商系统;财务会计和合同支付系统。

6. 组织过程资产

组织使用的各种合同协议类型也会影响规划采购管理过程中的决策。能够影响规划采购管理过程的组织过程资产包括(但不限于):预先批准的卖方清单;正式的采购政策、程序和指南;合同类型;成本补偿合同;工料合同。

10.2.3 规划采购管理过程的工具与技术

1. 专家判断

本过程应征求具备采购管理专业知识或接受过合同类型和合同文件、法规及合规性相关培训的个人或小组的意见。

2. 数据收集

适用于本过程的数据收集技术包括(但不限于)市场调研。市场调研包括考察行业情况和具体卖方的能力。

3. 数据分析

适用于本过程的数据分析技术包括(但不限于)自制或外购分析,自制或外购分析用于确定某项工作或可交付成果最好由项目团队自行完成，还是应该从外部采购。

4. 供方选择分析

常用的供方选择分析方法包括：最低成本、仅凭资质、基于质量或技术方案得分、基于质量和成本、独有来源、固定预算。

5. 会议

不借助于潜在投标人的信息交流会，仅靠调研也许还不能获得制定采购策略所需的具体信息。采购方与潜在投标人合作，有利于卖方以互惠的方法提供产品或服务，从而使采购方从中受益。会议可用于确定管理和监督采购的策略。

10.2.4 规划采购管理过程的输出

1. 采购管理计划

采购管理计划包含要在采购过程中开展的各项活动。它应该记录是否要开展国际竞争性招标、国内竞争性招标、当地招标等。如果项目由外部资助，资金的来源和可用性应符合采购管理计划和项目进度计划的规定。根据每个项目的需要，采购管理计划可以是正式或非正式的，非常详细或高度概括的。

2. 采购策略

项目团队一旦完成自制或外购分析，并决定从项目外部渠道采购，就应制定一套采购策略。项目团队应该在采购策略中规定项目交付方法、具有法律约束力的协议类型，以及如何在采购阶段推动采购进展。

3. 招标文件

招标文件用于向潜在卖方征求建议书。如果主要依靠价格来选择卖方(如购买商业或标准产品时)，则通常使用标书、投标或报价等术语；如果其他考虑因素(如技术能力或技术方法)至关重要，则通常使用建议书之类的术语。具体使用的采购术语也可能因行业或采购地点而异。

4. 采购工作说明书

依据项目范围基准，项目团队为每次采购编制工作说明书，仅对将要包含在相关合同中的那一部分项目范围进行定义。采购工作说明书会充分详细地描述拟采购的产品、服务或成果，以便潜在卖方确定是否有能力提供此类产品、服务或成果。采购工作说明书的内容包括：规格、所需数量、质量水平、绩效数据、履约期间、工作地点和其他要求。

5. 供方选择标准

在确定评估标准时，买方要努力确保选出的建议书将提供最佳质量的所需服务。供方选择标准可包括(但不限于)：能力和潜能、产品成本和生命周期成本、交付日期、技术专长和方法；具体的相关经验；关键员工的资质、可用性和胜任力；公司的财务稳定性等。

6. 自制或外购决策

通过自制或外购分析，项目团队做出某项特定工作最好是由自己完成，还是需要从外部渠道采购的决策。在比较自制或外购的经济性时，需要考虑成本的差异，以及组织的长远需要和项目的当前需求。

7. 变更请求

关于采购货物、服务或资源的决策，可能导致变更请求；规划采购期间的其他决策，也可能导致变更请求。项目团队应该通过实施整体变更控制过程对变更请求进行审查和处理。

8. 项目文件更新

可在本过程更新的项目文件包括(但不限于)：经验教训登记册、里程碑清单、需求文件、需求跟踪矩阵、风险登记册、相关方登记册。

10.3 实施采购

10.3.1 实施采购过程概述

实施采购是获取卖方应答、选择卖方并授予合同的过程。本过程的主要作用是选定合格卖方并签署关于货物或服务交付的法律协议。本过程的最后成果是签订的协议，包括正式合同。本过程应根据需要在整个项目期间定期展开。图10-3描述了实施采购过程的输入、工具与技术，以及输出。

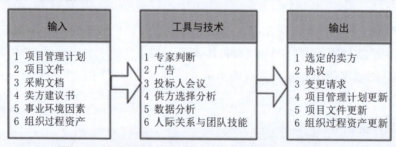

图10-3 实施采购过程的输入、工具与技术，以及输出

10.3.2 实施采购过程的输入

1. 项目管理计划

项目管理计划组件包括(但不限于)：范围管理计划、需求管理计划、沟通管理计划、风险管理计划、采购管理计划、配置管理计划、成本基准。

2. 项目文件

可作为本过程输入的项目文件包括(但不限于)：经验教训登记册、项目进度计划、需求文件、风险登记册、相关方登记册。

3. 采购文档

采购文档是用于达成法律协议的各种书面文件，其中可能包括当前项目启动之前的较旧文件。采购文档可包括招标文件、采购工作说明书、独立成本估算和供方选择标准。

4. 卖方建议书

卖方为响应采购文件包而编制的建议书，其中包含的基本信息将被评估团队用于选定一个或多个投标人(卖方)。

5. 事业环境因素

能够影响实施采购过程的事业环境因素包括(但不限于)：关于采购的当地的地方性法规、制约采购过程的外部经济环境、市场条件、以往与卖方合作的相关经验、之前使用的协议、合同管理系统。

6. 组织过程资产

能够影响实施采购过程的组织过程资产包括(但不限于)：预审合格的优先卖方清单；会影响卖方选择的组织政策；组织中关于协议起草及签订的具体模板或指南；关于付款申请和支付过程的财务政策和程序。

10.3.3 实施采购过程的工具与技术

1. 专家判断

本过程应征求具备以下专业知识或接受过相关培训的个人或小组的意见。其中，专业知识主要包括：建议书评估；技术或相关主题事宜；相关的职能领域，如财务、工程、设计、开发、供应链管理等；行业监管环境；法律法规和合规性要求；谈判。

2. 广告

广告是就产品、服务或成果与用户或潜在用户进行的沟通。在大众出版物或专门行业出版物上刊登广告，往往可以扩充现有的潜在卖方名单。大多数政府机构都要求公开发布采购广告，或在网上公布拟签署的政府合同的信息。

3. 投标人会议

投标人会议又称承包商会议、供应商会议或投标前会议。投标人会议是在卖方提交建议书之前，在买方和潜在卖方之间召开的会议，其目的是确保所有潜在投标人对采购要求都有清楚且一致的理解，并确保没有任何投标人会得到特别优待，以获得最佳的投标效果。

4. 供方选择分析

常用的供方选择分析方法包括：最低成本、仅凭资质、基于质量或技术方案得分、基于质量和成本、独有来源、固定预算。

5. 数据分析

适用于本过程的数据分析技术包括(但不限于)建议书评估。对建议书进行评估，确定它们是否对包含在投标文件包中的招标文件、采购工作说明书、供方选择标准和其他文件，都做出了完整且充分的响应。

6. 人际关系与团队技能

适用于本过程的人际关系与团队技能包括谈判。谈判是为达成协议而进行的讨论。采购谈判是指在合同签署之前，对合同的结构、各方的权利和义务，以及其他条款加以澄清，以便双方达成共识。最终的文件措辞应该反映双方达成的全部一致意见。谈判以签署买方和卖方均可执行的合同文件或其他正式协议而结束。

谈判应由采购团队中拥有合同签署职权的成员主导。项目经理和项目管理团队的其他成员可以参加谈判并提供必要的协助。

10.3.4 实施采购过程的输出

1. 选定的卖方

选定的卖方是在建议书评估或投标评估中被判断为最有竞争力的投标人。对于较复杂、高价值和高风险的采购，在授予合同前，要把选定的卖方报给组织高级管理人员审批。

2. 协议

合同是对双方都有约束力的协议。它强制卖方提供规定的产品、服务或成果，强制买方向卖方支付相应的报酬。合同建立了受法律保护的买卖双方的关系。协议文本的主要内容会有所不同。

3. 变更请求

通过实施整体变更控制过程，来审查和处理对项目管理计划及其子计划和其他组件的变更请求。

4. 项目管理计划更新

项目管理计划的任何变更都以变更请求的形式提出，且通过组织的变更控制过程进行处理。可能需要变更的项目管理计划组件包括(但不限于)：需求管理计划、质量管理计划、沟通管理计划、风险管理计划、采购管理计划、范围基准、进度基准、成本基准。

5. 项目文件更新

可在本过程更新的项目文件包括(但不限于)：经验教训登记册、需求文件、需求跟踪矩阵、资源日历、风险登记册、相关方登记册。

6. 组织过程资产更新

可在实施采购过程更新的组织过程资产包括：潜在和预审合格的卖方清单；与卖方合作的相关经验，包括正反两方面。

10.4 控制采购

10.4.1 控制采购过程概述

控制采购是管理采购关系、监督合同绩效、实施必要的变更和纠偏，以及关闭合同的过程。本过程的主要作用是确保买卖双方履行法律协议，满足项目需求。本过程应根据需要在整个项目期间开展。图10-4描述了本过程的输入、工具与技术，以及输出。

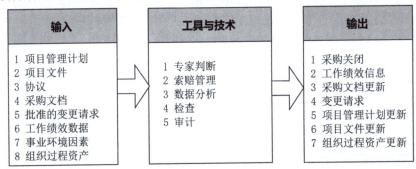

图10-4 控制采购过程的输入、工具与技术，以及输出

买方和卖方都出于相似的目的来管理采购合同，每方都必须确保双方履行合同义务，确保各自的合法权利得到保护。合同关系的法律性质，要求项目管理团队必须了解在控制采购期间所采取的任何行动的法律后果。对于有多个供应商的较大项目，合同管理的一个重要方面就是管理各个供应商之间的沟通。

在控制采购过程中，需要把适当的项目管理过程应用于合同关系，并且需要整合这些过程的输出，以便于对项目进行整体管理。

10.4.2 控制采购过程的输入

1. 项目管理计划

项目管理计划组件包括(但不限于)：需求管理计划、风险管理计划、采购管理计划、变更管理计划、进度基准。

2. 项目文件

可作为本过程输入的项目文件包括(但不限于)：假设日志、经验教训登记册、里程碑清单、质量报告、需求文件、需求跟踪矩阵、风险登记册、相关方登记册。

3. 协议

协议是双方之间达成的谅解，包括对各方义务的一致理解。对照相关协议，确认其中的条款和条件的遵守情况。

4. 采购文档

采购文档包含用于管理采购过程的完整支持性记录，包括工作说明书、支付信息、承包商工作绩效信息、计划、图纸和其他往来函件。

5. 批准的变更请求

批准的变更请求可能包括对合同条款和条件的修改。与采购相关的任何变更，在通过控制采购过程实施之前，都需要以书面形式正式记录，并取得正式批准。

6. 工作绩效数据

工作绩效数据包含与项目状态有关的卖方数据，例如，技术绩效，已启动、进展中或已结束的活动，已产生或投入的成本，还可能包括已向卖方付款的情况。

7. 事业环境因素

能够影响控制采购过程的事业环境因素包括(但不限于)：合同变更控制系统、市场条件、财务管理和应付款系统、采购组织的道德规范。

8. 组织过程资产

能够影响控制采购过程的组织过程资产包括(但不限于)采购政策。

10.4.3 控制采购过程的工具与技术

1. 专家判断

本过程应征求具备相关专业领域或接受过相关培训的个人或小组的意见。相关专业领域如财务、工程、设计、开发、供应链管理等。

2. 索赔管理

如果买卖双方不能就变更补偿达成一致意见，或对变更是否发生存在分歧，那么被请求的变更就成为有争议的变更或潜在的推定变更。此类有争议的变更称为索赔。如果不能妥善解决，它们将成为争议并最终引发申诉。在整个合同生命周期中，通常会按照合同条款对索赔进行记录、处理、监督和管理。如果合同双方无法自行解决索赔问题，则可能不得不按合同中规定的程序，用替代争议解决方法(ADR)去处理。谈判是解决所有索赔和争议的首选方法。

3. 数据分析

用于监督和控制采购的数据分析技术包括(但不限于)：绩效审查、挣值分析、趋势分析。

4. 检查

检查是指对承包商正在执行的工作进行结构化审查，可能涉及对可交付成果的简单审查，对工作本身的实地审查。在施工、工程和基础设施建设项中，检查包括买方和承包商联合巡检现场，以确保双方对正在进行的工作有共同的认识。

5. 审计

审计是对采购过程的结构化审查。应该在采购合同中明确规定与审计有关的权利和义务。买方的项目经理和卖方的项目经理都应该关注审计结果，以便对项目进行必要调整。

10.4.4 控制采购过程的输出

1. 采购关闭

买方通常通过其授权的采购管理员，向卖方发出合同已经完成的正式书面通知。关于正式关闭采购的要求，通常已在合同条款和条件中规定，并包括在采购管理计划中。一般而言，这些要求包括：已按时、按质、按技术要求交付全部可交付成果，没有未决索赔或发票，全部最终款项已经付清。项目管理团队应该在关闭采购之前批准所有的可交付成果。

2. 工作绩效信息

工作绩效信息是卖方正在履行的工作的绩效情况，包括与合同要求相比较的可交付成果完成情况和技术绩效达成情况，以及与工作说明书预算相比较的已完成工作的成本产生和认可情况。

3. 采购文档更新

采购文档更新可包括用于支持合同的全部进度计划、已提出但未批准的合同变更，以及已批准的变更请求。采购文档还包括由卖方编制的技术文件，以及其他工作绩效信息，如可交付成果的状况、卖方绩效报告和担保、财务文件(包括发票和支付记录)，以及与合同相关的检查结果。

4. 变更请求

在控制采购过程中，买方可能提出对项目管理计划及其子计划和其他组件的变更请求，如成本基准、进度基准和采购管理计划。通过实施整体变更控制过程可以对变更请求进行审查和处理。

已提出而未解决的变更，可能包括买方发布的指示或卖方采取的行动，而对方认为该指示或行动已构成对合同的推定变更。因为双方可能对推定变更存在争议，并可能引起一方向另一方索赔，所以通常应该在项目往来函件中对推定变更进行专门识别和记录。

5. 项目管理计划更新

项目管理计划的任何变更都以变更请求的形式提出，且通过组织的变更控制过程进行处理。可能需要变更的项目管理计划组件包括(但不限于)：风险管理计划、采购管理计划、进度基准、成本基准。

6. 项目文件更新

可在本过程更新的项目文件包括(但不限于)：经验教训登记册、资源需求、需求跟踪矩阵、风险登记册、相关方登记册。

7. 组织过程资产更新

作为控制采购过程的结果，需要更新的组织过程资产包括(但不限于)：支付计划和请求、卖方绩效评估文件、预审合格卖方清单更新、经验教训知识库、采购档案。

本章小结

项目采购管理是指在整个项目过程中为了达到项目目标，而从外部寻求和采购各种项目所需资源的管理过程。项目采购管理过程包括规划采购管理、实施采购和控制采购。

本章首先对项目采购管理进行概述，主要包括项目采购管理过程、项目采购管理的关键角色、采购管理的发展趋势与新兴实践，以及裁剪项目采购管理时需要考虑的因素，然后分别就项目采购管理过程所包含的规划采购管理过程、实施采购过程、控制采购过程进行阐述，并对每个过程所涉及的输入、工具与技术，以及输出进行详细介绍。

复习与思考

一、单选题

1. 在项目采购管理中，项目经理的角色应该是(　　)。
   A. 采购管理的专家　　　　　　　B. 法律法规方面的专家
   C. 管理整个采购过程的人　　　　D. 代表组织签署协议的人
2. 投标人会议通常在(　　)举行。
   A. 规划采购管理阶段　　　　　　B. 实施采购阶段
   C. 卖方选择阶段　　　　　　　　D. 控制采购阶段
3. 下列(　　)活动发生在规划采购管理过程。
   A. 考察市场情况，识别潜在卖方　B. 回答卖方关于招标文件的问题
   C. 签订书面合同　　　　　　　　D. 了解各种投标机会

4. 项目部的会议室装修预算只有30万元，谁能在该价格之内完成装修，并确保方案和效果最佳，谁就最有可能成为我们选定的卖方。这是(　　)供方选择方法。

　　A. 最低成本　　　　　　　　B. 独有来源
　　C. 基于质量和成本　　　　　D. 固定预算

5. 某供应商因绩效不佳被取消了以后的投标资格，需要从预审合格卖方清单中删掉，该内容应该被写入控制采购过程的(　　)输出文件中。

　　A. 采购关闭　　　　　　　　B. 采购文档更新
　　C. 变更请求　　　　　　　　D. 组织过程资产更新

6. 下列各项中，(　　)不是规划采购管理过程的输出。

　　A. 采购管理计划　　　　　　B. 招标文件
　　C. 卖方建议书　　　　　　　D. 供方选择标准

7. 在实施采购过程中，与潜在卖方开展谈判的主要目的是(　　)。

　　A. 争取更多利益
　　B. 澄清问题，获得对合同措辞的一致意见
　　C. 解决与合同有关的争议
　　D. 商定合同价格

8. 供方选择分析，是采购管理中(　　)过程使用的工具与技术。

　　A. 规划采购管理　　　　　　B. 实施采购
　　C. 控制采购　　　　　　　　D. 结束采购

9. 一名新项目经理即将第一次参加投标人会议，他向你询问关于投标人会议的注意事项。你可以给他的最好建议是(　　)。

　　A. 限制参会者提问的次数，防止少数人问太多的问题
　　B. 防止参会者私下向买方提问，因为他们可能不愿意当着竞争对手的面提问
　　C. 项目经理不需要参加投标人会议，只需采购管理员参加
　　D. 设法获得每个参会者的机密信息

10. 实施采购中谈判，应该以(　　)为主导。

　　A. 项目经理　　　　　　　　B. 组织法务部的人员
　　C. 组织采购部的人员　　　　D. 拥有合同签署权的人员

11. 某项目需要一种零件，若自制，单位产品变动成本12元，并需增加一台6000元的专用设备。若外购，购买量大于2000件时，14元/件。购买量小于2000件时，15元/件。当需要量大于3000件时，应(　　)。

　　A. 自制　　　　　　　　　　B. 外购
　　C. 外购、自制均可　　　　　D. 外购、自制各一半

二、简答题

1. 项目采购管理的关键角色有哪些？
2. 采购管理的发展趋势和新兴实践有哪些？
3. 简述实施采购过程的内容和主要作用。

4. 项目采购管理的过程有哪些?
5. 项目采购管理六因素法分别是什么?

三、案例分析题

1. 合同管理中的合同类型与责任问题分析

某施工单位根据领取的某2 000m^{2}两层厂房工程项目招标文件和全套施工图纸,采用低报价策略编制了投标文件,并中标。该施工单位(乙方)于2020年5月10日与建设单位(甲方)签订了该工程项目的固定价格施工合同,合同工期为8个月。

甲方在乙方进入施工现场后,因资金紧缺,无法如期支付工程款,口头要求乙方暂停施工一个月,乙方也口头答应。工程按合同规定期限验收时,甲方发现工程质量有问题,要求返工。两个月后,返工完毕。结算时甲方认为乙方迟延交付工程,应按合同约定偿付逾期违约金。乙方认为临时停工是甲方要求的。乙方为抢工期,加快施工进度才出现了质量问题,因此迟延交付的责任不在乙方。甲方则认为临时停工和不顺延工期是当时乙方答应的,因此乙方应履行承诺,承担违约责任。

问题:

1. 该工程采用固定价格合同是否合适?
2. 该施工合同的变更形式是否妥当?此合同争议依据合同法律规范应如何处理?

2. 政府采购案例分析

某民族自治州的一家民族出版社,经自治州政府批准,准备使用州财政资金采购一套可处理80个终端的"民族文书刊出版业务综合管理系统"。经过分析,社长提议采用"政府采购法"中规定的"竞争性谈判"采购方式,并报请有关部门批准。

出版社技术改造处具体负责该项采购工作,经过讨论,他们草拟了如下的采购程序。

(1) 成立谈判组。谈判组由9人组成。其中,出版社3人,社外专家6人。

(2) 制定谈判文件。谈判文件应当明确谈判程序、谈判内容、合同草案的条款,以及评定成交的标准等事项。

(3) 谈判组从符合相应资格条件的供应商名单中优选三家供应商参加谈判。

(4) 谈判组将谈判程序、谈判内容、合同草案的条款等文件提供给选定的供应商,任何人都不能将评定成交的标准透露给供应商。

(5) 为提高工作效率,将谈判组分成三个小组(每个小组包括出版社代表1人、社外专家2人),每个小组与一个供应商进行谈判。

(6) 第一轮谈判结束后,谈判组将报价最低的供应商所报之价透露给另外两家供应商,迫使其报出最低的底价。

(7) 谈判结束后,谈判组要求所有参加谈判的供应商在规定时间内进行最后报价。出版社从谈判组提出的成交候选人中根据符合采购需求、质量和服务相等且报价最低的原则确定成交供应商,并将结果通知所有参加谈判的未成交的供应商。

社长审查了以上采购程序。认为其中的三条不符合"政府采购法",应予改正。遵循改正后的采购程序,出版社最终确定A公司作为"民族文书刊出版业务综合管理系统"的供应商,并与其签订了采购合同,成交价为458万元。

在合同履行期间，该出版社兼并了当地的另外两家出版社。出版业务量成倍增长。原定的80个终端已不能满足其出版业务要求。出版社与A公司协商，计划将80个终端扩展为120个终端，A公司提出需增加16万元采购经费。于是，出版社向政府采购主管部门提出了增加16万采购预算的申请，但该申请没有得到政府采购主管部门的批准。

问题：

1. 社长为什么提议采用"竞争性谈判"采购方式？采用该种采购方式应当获得什么部门的批准？
2. 出版社技术改造处草拟的采购程序中哪三条不符合"政府采购法"？为什么？
3. 出版社提出的增加16万采购预算的申请为什么没有得到政府采购主管部门的批准？

第 11 章

项目风险管理

> 如果你担心某种情况发生,那么它就更有可能发生。
>
> ——墨菲定理

本章内容

- 项目风险管理概述
- 规划风险管理
- 识别风险
- 实施定性风险分析
- 实施定量风险分析
- 规划风险应对
- 实施风险应对
- 监督风险

案例导入

风险无处不在　风险管理是大事

大家是否听说过"未雨绸缪"?这是我们处理项目风险时的金科玉律。就像我们要在下雨前准备好雨伞一样,项目经理在开始一个新项目之前,也要做好充足的风险管理准备。

任何项目都有风险,所以无论项目进行到哪个阶段,无论项目的进展多么顺利,随时都有可能出现风险,进而产生问题。风险发生后既可能给项目带来问题,也可能会给项目带来机会,关键在于项目的风险管理水平如何。风险管理就是要对项目风险进行认真的分析和科学的管理,这样才能够避开不利条件,少受损失,取得预期的结果并实现项目目标,才能够争取避免风险的发生或尽量减小风险发生后的影响。但是,完全避开或消除风险,或者只享受权益而不承担风险是不可能的。

风险管理首先是识别风险,风险识别就像是侦探破案一样,我们得找出潜在的危险,才能做好准备。风险识别的过程就像挖宝藏,你得仔细观察周围的环境,找出那些可能会影响项目的"危险信号"。这些信号可能是技术上的问题,或者是项目团队中的一些潜在问题,也可能是外部环境的变化,如变动或者市场的波动。识别出风险之后,我们就要进行风险评估,看看哪些风险最严重,哪些风险可能影响比较小。这个过程有点像医生给病人做检查,要了解病情的严重程度,才能制定合适的治疗方案。评估完风险之后,我们就要给这些风险排队。通常来说,高概率、高影响的风险要优先处理。这就像是在大街上看到两个问题,一个是小水坑,一个是大坑洞,人们自然会先处理大坑洞。给风险排个优先级,可以帮助我们集中资源,先解决最严重的问题。最后,就是怎么样应对风险。应对风险就像是打游戏时的防御策略,我们要根据每种风险的特点,制定不同的应对措施。

项目风险管理就像一场大冒险,你需要识别各种可能的危险,评估它们的严重性,然后制定各种应对策略。只有做好了这些,才能确保项目顺利进行,避免让人头疼的风险。

11.1　项目风险管理概述

任何项目都存在不能达到预期目的的风险,因此项目风险管理尤为重要。风险管理源于第一次世界大战中战败的德国,当时的风险管理强调风险控制、风险分散、风险补偿、风险转嫁、风险预防、风险回避与抵消等。风险管理于20世纪30年代兴起,直到20世纪50年代才发展为全面风险管理,此后逐渐发展为一门学科。

11.1.1　项目风险管理的概念

既然项目是未交付收益而开展的、具有不同复杂程度的独特性工作,那自然就会充满风险。开展项目,不仅要面对各种制约因素和假设条件,而且要应对可能相互冲突和不断变化的相关方期望。组织应该有目的地以可控方式去冒项目风险,以便平衡风险和回报,并创造价值。

项目风险管理指在识别和管理未被其他项目管理过程所管理的风险。如果不妥善管理,这些风险有可能导致项目偏离计划,无法达成既定的项目目标。因此,项目风险管理的有效性直接关乎项目成功与否。

每个项目都在两个层面上存在风险。每个项目都有会影响项目达成目标的单个风险,以及由单个项目风险和不确定性的其他来源联合导致的整体项目风险。考虑整体项目风险,也非常重要。项目风险管理过程同时兼顾这两个层面的风险。它们的定义如下。

(1) 单个项目风险:风险一旦发生,会对一个或多个项目目标产生正面或负面影响的不确定事件或条件。

(2) 整体项目风险：是不确定性对项目整体的影响，是相关方面临的项目结果正面和负面变异的区间。它源于包括单个风险在内的所有不确定性。

单个项目风险一旦发生，会对项目目标产生正面或负面的影响。项目风险管理旨在利用或强化正面风险(机会)，规避或减轻负面风险(威胁)。未妥善管理的威胁可能引发各种问题，如工期延误、成本超支、绩效不佳或声誉受损。把握好机会则能够获得众多好处，如工期缩短、成本节约、绩效改善或声誉提升。

整体项目风险也有正面或负面影响之分。整体项目风险管理是指通过削弱负面变异的驱动因素，加强正面变异的驱动因素，以及最大化实现整体项目目标的概率，把项目风险敞口保持在可接受的范围之内。

因为风险会在项目生命周期内持续发生，所以项目风险管理过程也应不断迭代开展。在项目规划期间，通过调整项目策略可以对风险做初步处理。接着，随着项目进展，监督和管理风险可以确保项目处于正轨，并且突发性风险也能得到处理。

为有效管理特定项目的风险，项目团队需要知道，相对于要追求的项目目标，可接受的风险敞口究竟是多大。这通常用可测量的风险临界值来定义。风险临界值反映了组织与项目相关方的风险偏好程度，是项目目标可接受的变异程度。项目经理应该明确规定风险临界，并传达给项目团队，同时将其反映在项目的风险影响级别定义中。

11.1.2 项目风险管理过程

项目风险管理包括规划风险管理、识别风险、实施定性风险分析、实施定量风险分析、规划风险应对、实施风险应对和监督风险的各个过程。项目风险管理的目标在于提高正面风险的概率和(或)影响，降低负面风险的概率和(或)影响，从而提高项目成功的可能性。

项目风险管理的过程包括如下几个方面。

(1) 规划风险管理：定义如何实施项目风险管理活动的过程。

(2) 识别风险：识别单个项目风险及整体项目风险的来源，并记录风险特征的过程。

(3) 实施定性风险分析：通过评估单个项目风险发生的概率、影响及其他特征，对风险进行优先级排序，从而为后续分析或行动提供基础的过程。

(4) 实施定量风险分析：就已识别的单个项目风险和其他不确定性的来源对整体项目目标的综合影响进行定量分析的过程。

(5) 规划风险应对：为处理整体项目风险敞口及应对单个项目风险而制订可选方案、选择应对策略并商定应对行动的过程。

(6) 实施风险应对：执行商定的风险应对计划的过程。

(7) 监督风险：在整个项目期间，监督商定的风险应对计划的实施、跟踪已识别风险、识别和分析新风险，以及评估风险管理有效性的过程。

图11-1概括了项目风险管理的各个过程。虽然在《PMBOK指南》中各项目管理风险过程以界限分明和相互独立的形式出现，但在实践中它们会相互交叠和相互作用。

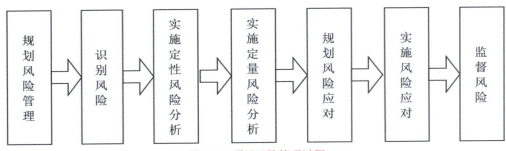

图11-1 项目风险管理过程

11.1.3 项目风险管理的发展趋势和新兴实践

项目风险管理的关注面正在扩大，以便确保考虑所有类型的风险，并在更广泛的背景中理解项目风险。项目风险管理的发展趋势和新兴实践包括(但不限于)非事件类风险、项目韧性和整合式风险管理。

1. 非事件类风险

大多数项目只关注作为可能发生或不发生的不确定性未来事件的风险。例如，关键卖方可能在项目期间停业，客户可能在设计完成后变更需求，或分包商可能要求对标准化操作流程进行优化。不过，识别并管理非事件类风险的意识正在不断加强。非事件类风险有以下两种主要类型。

(1) 变异性风险。已规划事件、活动或决策的某些关键方面存在不确定性，从而导致变异性风险。例如，生产率可能高于或低于目标值，测试发现的错误数量可能多于或少于预期，或施工阶段可能出现反常的天气情况。

变异性风险可通过蒙特卡洛分析加以处理，即用概率分布表示变异的可能区间，然后采取行动去缩小可能结果的区间。

(2) 模糊性风险。模糊性风险是对未来可能发生什么，存在不确定性。知识不足可能影响项目达成目标的能力，如不太了解需求或技术解决方案的要素、法规框架的未来发展，或项目内在的系统复杂性。

管理模糊性风险则需要先定义认知或理解不足之处，进而通过获取外部专家意见或以最佳实践为标杆来填补差距。也可以采用增量开发、原型搭建或模拟等方法来处理模糊性风险。

2. 项目韧性

随着对所谓"未知—未知"因素意识的增强，人们越来越明确地知道确实存在突发性风险。这种风险只有在发生后才能被发现。人们可以通过加强项目韧性来应对突发性风险。这就要求每个项目做到如下方面。

(1) 除了为已知风险列出具体风险预算，还要为突发性风险预留合理的应急预算和时间。

(2) 采用灵活的项目过程，包括强有力的变更管理，以便在保持朝项目目标推进的正确方向的同时，应对突发性风险。

(3) 授权目标明确且值得信赖的项目团队在商定限制范围内完成工作。

(4) 经常留意早期预警信号，以尽早识别突发性风险。

(5) 明确征求相关方的意见，以明确为应对突发性风险而可以调整项目范围或策略的领域。

3. 整合式风险管理

项目存在于组织背景中，可能是项目集或项目组合的一部分。在项目、项目集、项目组合和组织这些层面上，都存在风险。项目团队应该在适当的层面上承担和管理风险。在较高层面识别出的某些风险，将被授权给项目团队去管理；而在较低层面识别出的某些风险，又可能上交给较高层面去管理。采用整合式风险管理方法，可以确保所有层面的风险管理工作的一致性和连贯性。这样就能使项目集和项目组合的结构具有风险效率，有利于在给定的风险敞口水平下创造最大的整体价值。

11.1.4 裁剪时需要考虑的因素

因为每个项目都是独特的，所以有必要对项目风险管理过程的应用方式进行裁剪。裁剪时应考虑的因素包括(但不限于)如下方面。

1. 项目规模

由预算、持续时间、范围或团队人数所体现的项目规模，要求采取更详细的风险管理方法吗？或者项目小到只需要用简化的风险管理过程吗？

2. 项目复杂性

由高水平创新、新技术采用、商务安排、界面或外部依赖关系导致的项目复杂性提高，是否要求采用更稳健的风险管理方法？或者项目是否简单到只需要用简化的风险管理过程？

3. 项目重要性

项目的战略重要性有多大？项目的风险级别因旨在创造突破性机会、克服组织经营的重大障碍或涉及重大产品创新而提高了吗？

4. 开发方法

是否为瀑布式项目，风险管理过程可以相继或重复开展？或者此项目是否采取敏捷型方法，需在每个重复过程的开始阶段及执行期间处理风险？

根据上述需考虑的因素来裁剪项目风险管理过程，这是规划风险管理过程的一部分工作。裁剪结果将被记录在风险管理计划中。

11.2 规划风险管理

11.2.1 规划风险管理过程概述

规划风险管理是定义如何实施项目风险管理活动的过程。本过程的主要作用是确保风险管理的水平、方法和可见度与项目风险程度,以及项目对组织和其他相关方的重要程度相匹配。本过程仅开展一次或仅在项目的预定义点开展。图11-2描述了本过程的输入、工具与技术,以及输出。

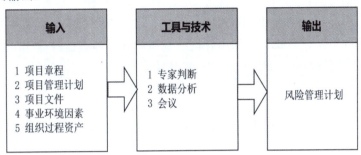

图11-2 规划风险管理过程的输入、工具与技术,以及输出

规划风险管理过程在项目构思阶段就应开始,并在项目早期完成。在项目生命周期的后期,可能有必要重新开展本过程,例如,在发生重大阶段变更时,在项目范围显著变化时,或者后续对风险管理有效性进行审查且确定需要调整项目风险管理过程时。

11.2.2 规划风险管理过程的输入

1. 项目章程

项目章程记录了高层级的项目描述和边界、高层级的需求和风险。

2. 项目管理计划

在规划项目风险管理时,应该考虑所有已批准的子管理计划,使风险管理计划与之相协调;同时,其他项目管理计划组件中所列出的方法论可能也会影响规划风险管理过程。

3. 项目文件

可作为本过程输入的项目文件包括(但不限于)相关方登记册。相关方登记册包含项目相关方的详细信息,并概述其在项目中的角色和对项目风险的态度;可用于确定项目风险管理的角色和职责,以及为项目设定风险临界值。

4. 事业环境因素

会影响规划风险管理过程的事业环境因素包括(但不限于)由组织或关键相关方设定的整体风险临界值。

5. 组织过程资产

会影响规划风险管理过程的组织过程资产包括(但不限于)：组织的风险政策；风险类别，可能用风险分解结构来表示；风险概念和术语的通用定义；风险描述的格式；风险管理计划、风险登记册和风险报告的模板；角色与职责；决策所需的职权级别；经验教训知识库，其中包含以往类似项目的信息。

11.2.3 规划风险管理过程的工具与技术

1. 专家判断

本过程应考虑具备以下专业知识或接受过相关培训的个人或小组的意见：熟悉组织所采取的管理风险的方法，包括该方法所在的企业风险管理体系；裁剪风险管理以适应项目的具体需求；在相同领域的项目上可能遇到的风险类型。

2. 数据分析

可用于本过程的数据分析技术包括(但不限于)相关方分析。可通过相关方分析确定项目相关方的风险偏好。

3. 会议

风险管理计划的编制可以是项目开工会议上的一项工作，或者可以举办专门的规划会议来编制风险管理计划。参会者可能包括项目经理、指定的项目团队成员、关键相关方，或负责管理项目风险管理过程的团队成员；如果需要，也可邀请其他外部人员参加，包括客户、卖方和监管机构。熟练的会议引导者能够帮助参会者专注于会议事项，就风险管理方法的关键方面达成共识，识别和克服偏见，以及解决任何可能出现的分歧。

在此类会议上确定开展风险管理活动的计划，并将其记录在风险管理计划中。

11.2.4 规划风险管理过程的输出

风险管理计划是项目管理计划的组成部分，用于描述如何安排与实施风险管理活动。风险管理计划可包括：风险管理战略、方法论、角色与职责、资金、时间安排、风险类别、相关方风险偏好、风险概率和影响定义、概率和影响矩阵、报告格式、跟踪。

11.3 识别风险

11.3.1 识别风险过程概述

识别风险是识别单个项目风险及整体项目风险的来源，并记录风险特征的过程。本过程的主要作用是记录现有的单个项目风险及整体项目风险的来源；同时汇集相关信息，以便项目团队能够恰当应对已识别的风险。本过程需要在整个项目期间开展。图11-3描述了本过程的输入、工具与技术,以及输出。

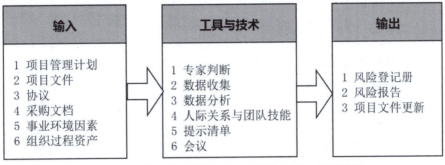

图11-3 识别风险过程的输入、工具与技术,以及输出

11.3.2 识别风险过程的输入

1. 项目管理计划

项目管理计划组件包括(但不限于):需求管理计划、进度管理计划、成本管理计划、质量管理计划、资源管理计划、风险管理计划、范围基准、进度基准、成本基准。

2. 项目文件

可作为本过程输入的项目文件包括(但不限于):假设日志、成本估算、持续时间估算、问题日志、经验教训登记册、需求文件、资源需求、相关方登记册。

3. 协议

如果需要从外部采购项目资源,协议所规定的里程碑日期、合同类型、验收标准和奖罚条款等,都可能造成威胁或创造机会。

4. 采购文档

如果需要从外部采购项目资源,项目团队就应该审查初始采购文档,因为从组织外部采购商品和服务可能提高或降低整体项目风险,并可能引发更多的单个项目风险;随着采购文档在项目期间的不断更新,还应该审查最新的文档,如卖方绩效报告、核准的变更请求和与检查相关的信息。

5. 事业环境因素

会影响识别风险过程的事业环境因素包括(但不限于):已发布的材料,包括商业风险数据库或核对单;学术研究资料;标杆对照成果;类似项目的行业研究资料。

6. 组织过程资产

会影响识别风险过程的组织过程资产包括(但不限于):项目文档,包括实际数据;组织和项目的过程控制资料;风险描述的格式;以往类似项目的核对单。

11.3.3　识别风险过程的工具与技术

1. 专家判断

本过程应考虑了解类似项目或业务领域的个人或小组的专业意见。项目经理应该选择相关专家,邀请他们根据以往经验和专业知识来考虑单个项目风险的方方面面,以及整体项目风险的各种来源。项目经理应该注意专家可能持有的偏见。

2. 数据收集

适用于本过程的数据收集技术包括(但不限于):头脑风暴、核对单、访谈。

3. 数据分析

适用于本过程的数据分析技术包括(但不限于):根本原因分析、假设条件和制约因素分析、SWOT分析、文件分析。

4. 人际关系与团队技能

适用于本过程的人际关系与团队技能包括(但不限于)引导。引导能提高用于识别单个项目风险和整体项目风险来源的许多技术的有效性。熟练的引导者可以帮助参会者专注于风险识别任务、准确遵循与技术相关的方法,有助于确保风险描述清晰、找到并克服偏见,以及解决任何可能出现的分歧。

5. 提示清单

提示清单是关于可能引发单个项目风险以及可作为整体项目风险来源的风险类别的预设清单。在采用风险识别技术时,提示清单可作为框架用于协助项目团队形成想法。风险分解结构底层的风险类别可作为提示清单来识别单个项目风险。某些常见的战略框架更适用于识别整体项目风险的来源,如PESTLE(政治、经济、社会、技术、法律、环境)和TECOP(技术、环境、商业、运营、政治),或 VUCA(易变性、不确定性、复杂性、模糊性)。

6. 会议

为了开展风险识别工作,项目团队可能要召开专门的会议(通常称为风险研讨会)。在大多数风险研讨会中,项目团队都会开展某种形式的头脑风暴。对于较大型项目,可能需要邀请项目发起人、主题专家、卖方、客户代表,或其他项目相关方参加会议;而对于较小型项目,可能仅限部分项目团队成员参加。

11.3.4　识别风险过程的输出

1. 风险登记册

风险登记册记录已识别的单个项目风险的详细信息。随着实施定性风险分析、规划风险应对、实施风险应对和监督风险等过程的开展,这些过程的结构也要记进风险登记册。

风险登记册可能包含有限或广泛的风险信息。当完成识别风险过程时，风险登记册的内容可能包括(但不限于)：已识别风险的清单、潜在风险责任人、潜在风险应对措施清单。

2. 风险报告

风险报告提供关于整体项目风险的信息，以及关于已识别的单个项目风险的概述信息。在项目风险管理过程中，风险报告的编制是一项渐进式的工作。随着实施定性风险分析、实施定量风险分析、规划风险应对、实施风险应对和监督风险过程的完成，这些过程的结果也需要记录在风险登记册中。在完成识别风险过程时，风险报告的内容可能包括(但不限于)：整体项目风险的来源、关于已识别单个项目风险的概述信息。

3. 项目文件更新

可在本过程更新的项目文件包括(但不限于)：假设日志、问题日志、经验教训登记册。

11.4 实施定性风险分析

11.4.1 实施定性风险分析过程概述

实施定性风险分析是通过评估单个项目风险发生的概率、影响及其他特征，对风险进行优先级排序，从而为后续分析或行动提供基础的过程。本过程的主要作用是重点关注高优先级的风险。本过程需要在整个项目期间开展。图11-4描述了本过程的输入、工具与技术，以及输出。

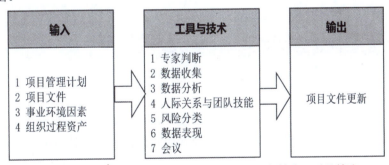

图11-4 实施定性风险分析过程的输入、工具与技术，以及输出

实施定性风险分析，使用项目风险的发生概率、风险发生时对项目目标的相应影响及其他因素，来评估已识别单个项目风险的优先级。这种评估基于项目团队和其他相关方对风险的感知态度，从而具有主观性。因此，为了实现有效评估，项目团队需要认清和管理本过程关键参与者对风险所持的态度。风险感知会导致评估已识别风险时出现偏见，所以项目团队应该注意找出偏见并加以纠正。如果由引导者来引导本过程的开展，那么找出并纠正偏见就是该引导者的一项重要工作。同时，评估单个项目风险的现有信息的质量，也有助于澄清每个风险对项目的重要性的评估。

实施定性风险分析能为规划风险应对过程确定单个项目风险的相对优先级。本过程会为每个风险识别出责任人,以便由他们负责规划风险应对措施,并确保应对措施的实施。如果需要开展实施定量风险分析过程,那么实施定性风险分析也能为其奠定基础。

根据风险管理计划的规定,整个项目生命周期中要定期开展实施定性风险分析过程。在敏捷开发环境中,实施定性风险分析过程通常要在每次迭代开设前进行。

11.4.2 实施定性风险分析过程的输入

1. 项目管理计划

项目管理计划组件包括风险管理计划。本过程中需要特别注意的是风险管理的角色和职责、预算和进度活动安排,以及风险类别、概率和影响定义、概率和影响矩阵和相关方的风险临界值。

2. 项目文件

可作为本过程输入的项目文件包括(但不限于):假设日志、风险登记册、相关方登记册。

3. 事业环境因素

能够影响实施定性风险分析过程的事业环境因素包括(但不限于):类似项目的行业研究资料;已发布的材料,包括商业风险数据库或核对单。

4. 组织过程资产

能够影响实施定性风险分析过程的组织过程资产包括(但不限于)已完成的类似项目的信息。

11.4.3 实施定性风险分析过程的工具与技术

1. 专家判断

本过程应考虑具备以下专业知识或接受过相关培训的个人或小组的意见:以往类似项目;定性风险分析。专家判断往往可通过引导式风险研讨会或访谈获取。应该注意专家可能持有偏见。

2. 数据收集

适用于本过程的数据收集技术包括(但不限于)访谈。结构化或半结构化的访谈可用于评估单个项目风险的概率和影响,以及其他因素。访谈者应该营造信任和保密的访谈环境,以鼓励被访者提出诚实和无偏见的意见。

3. 数据分析

适用于本过程的数据分析技术包括(但不限于):风险数据质量评估、风险概率和影响评估、其他风险参数评估(如紧迫性、可控性等)。

4. 人际关系与团队技能

适用于本过程的人际关系与团队技能包括(但不限于)引导。开展引导能够提高对单个项目风险的定性分析的有效性。熟练的引导者可以帮助参会者专注于风险分析任务、准确遵循与技术相关的方法、就概率和影响评估达成共识、找到并克服偏见，以及解决任何可能出现的分歧。

5. 风险分类

项目风险可依据风险来源、受影响的项目领域等标准来进行分类，确定哪些项目领域最容易被不确定性影响；风险还可以根据共同的根本原因进行分类。可用于项目的风险分类方法应该在风险管理计划中进行规定。对风险进行分类，有助于将注意力和精力集中到风险敞口最大的领域，或针对一组相关的风险指定通用的风险应对措施，从而有利于更有效地开展风险应对。

6. 数据表现

适用于本过程的数据表现包括(但不限于)：概率和影响矩阵、层级图。

7. 会议

要开展定性风险分析，项目团队可能要召开专门会议(通常称为风险研讨会)，对已识别的单个项目风险进行讨论。会议的目标包括审查已识别的风险、评估概率和影响(及其他可能的风险参数)、对风险进行分类和优先级排序。

11.4.4 实施定性风险分析过程的输出

可在本过程更新的项目文件包括(但不限于)：假设日志、问题日志、风险登记册、风险报告。

11.5 实施定量风险分析

11.5.1 实施定量风险分析过程概述

实施定量风险分析是就已识别的单个项目风险和不确定性的其他来源对整体项目目标的影响进行定量分析的过程。本过程的主要作用是量化整体项目风险敞口，并提供额外的定量风险信息，以支持风险应对规划。本过程并非每个项目必需，但如果采用，它会在整个项目期间持续开展。图11-5描述了本过程的输入、工具与技术，以及输出。

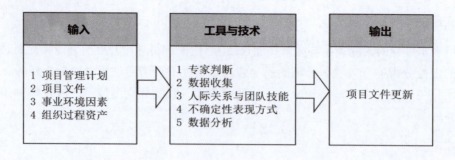

图11-5 实施定量风险分析过程的输入、工具与技术，以及输出

并非所有项目都需要实施定量风险分析。能否开展稳健的分析取决于是否有关于单个项目风险和其他不确定性来源的高质量数据，以及与范围、进度和成本相关的扎实项目基准。定量风险分析通常需要运用专门的风险分析软件，以及编制和解释风险模式的专业知识，还需要额外的时间和成本投入。项目风险管理计划会规定是否需要使用定量风险分析，定量分析最可能适用于大型或复杂的项目、具有战略性的项目、合同要求进行定量分析的项目，或主要相关方要求进行定量分析的项目。通过评估所有单个项目风险和其他不确定性来源对项目结果的综合影响，定量风险分析就成为评估整体项目风险的唯一可靠的方法。

在实施定量风险分析过程中，要使用被定性风险分析过程评估为对项目目标存在重大潜在影响的单个项目风险的信息。

实施定量风险分析过程的输出，则要用作规划风险应对过程的输入，特别是要据此为整体项目风险和关键单个项目风险推荐应对措施。定量风险分析也可以在规划风险应对过程之后开展，以分析已规划的应对措施对降低整体项目风险敞口的有效性。

11.5.2　实施定量风险分析过程的输入

1. 项目管理计划

项目管理计划组件包括(但不限于)：风险管理计划、范围基准、进度基准、成本基准。

2. 项目文件

可作为本过程输入的项目文件包括(但不限于)：假设日志、估算依据、成本估算、成本预测、持续时间估算、里程碑清单、资源需求、风险登记册、风险报告、进度预测。

3. 事业环境因素

能够影响实施定量风险分析的事业环境因素包括(但不限于)：类似项目的行业研究资料；已发布的材料，包括商业风险数据库或核对单。

4. 组织过程资产

能够影响实施定量风险分析过程的组织过程资产包括已完成的类似项目的信息。

11.5.3 实施定量风险分析过程的工具与技术

1. 专家判断

本过程应征求具备定量风险分析专业知识或接受过相关培训的个人或小组的意见。

2. 数据收集

适用于本过程的数据收集技术包括(但不限于)访谈。访谈可用于针对单个项目风险和其他不确定性来源,生成定量风险分析的输入。当需要向专家征求信息时,访谈尤其适用。访谈者应该营造信任和保密的访谈环境,以鼓励被访者提出诚实和无偏见的意见。

3. 人际关系与团队技能

适用于本过程的人际关系与团队技能包括(但不限于)引导。在由项目团队成员和其他相关方参加的专门风险研讨会中,配备一名熟练的引导者,有助于更好地收集输入数据。项目团队可以通过阐明研讨会的目的,在参会者之间建立共识,确保持续关注任务,并以创新方式处理人际冲突或偏见来源,进而改善引导式研讨会的有效性。

4. 不确定性表现方式

要开展定量风险分析,就需要建立能反映单个项目风险和其他不确定性来源的定量风险分析模型,并为之提供输入。

如果活动的持续时间、成本或资源需求是不确定的,则可以在模型中用概率分布来表示其数值的可能区间。单个项目风险可以用概率分布图表示,也可以作为概率分支包括在定量分析模型中。

5. 数据分析

适用于本过程的数据分析技术包括(但不限于):模拟、敏感性分析、决策树分析、影响图。

11.5.4 实施定量风险分析过程的输出

可作为本过程输出的项目文件包括(但不限于)风险报告,更新风险报告有助于反映定量风险分析的结果。风险报告通常包括:对整体项目风险敞口的评估结果、项目详细概率分析的结果、单个项目风险优先级清单、定量风险分析结果的趋势、风险应对建议。

11.6 规划风险应对

11.6.1 规划风险应对过程概述

规划风险应对是为处理整体项目风险敞口及应对单个项目风险而制订可选方案、选择应对策略并商定应对行动的过程。本过程的主要作用是制定应对整体项目风险和单个项目风险的适当方法。本过程还将分配资源,并根据需要将相关活动添加进项目文件和项目管理计划。本过程需要在整个项目期间开展。图11-6描述了本过程的输入、工具与技术,以及输出。

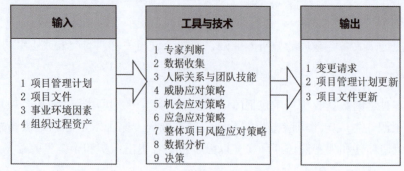

图11-6　规划风险应对过程的输入、工具与技术,以及输出

有效和适当的风险应对可以最小化单个威胁,最大化单个机会,并降低整体项目风险敞口;不恰当的风险应对则会适得其反。一旦完成对风险的识别、分析和排序,指定的风险责任人就应该编制计划,以应对项目团队认为足够重要的每项单个项目风险。这些风险会对项目目标的实现造成威胁或提供机会。项目经理也应该思考如何针对整体项目风险的当前级别做出适当的应对。

风险应对方案应该与风险的重要性相匹配、能经济有效地应对挑战、在当前项目背景下实现可行、能获得全体相关方的同意,并由一名责任人具体负责。项目经理往往需要从几套可选方案中选出最优的风险应对方案,为每个风险选择最可能有效的策略或策略组合,用结构化的决策技术来选择最适当的应对策略。对于大型或复杂项目,项目经理可能需要以数学优化模型或实际方案分析为基础,进行更加稳健的备选风险应对策略经济分析。

11.6.2　规划风险应对过程的输入

1. 项目管理计划

项目管理计划组件包括(但不限于):资源管理计划、风险管理计划、成本基准。

2. 项目文件

可作为本过程输入的项目文件包括(但不限于):经验教训登记册、项目进度计划、项目团队派工单、资源日历、风险登记册、风险报告、相关方登记册。

3. 事业环境因素

能够影响规划风险应对过程的事业环境因素包括(但不限于)关键相关方的风险偏好和风险临界值。

4. 组织过程资产

能够影响规划风险应对过程的组织过程资产包括(但不限于):风险管理计划、风险登记册和风险报告模板;历史数据库;类似项目的经验教训知识库。

11.6.3 规划风险应对过程的工具与技术

1. 专家判断

本过程应征求具备规划风险应对以下专业知识或接受过相关培训的个人或小组的意见：威胁应对策略；机会应对策略；应急应对策略；整体项目风险应对策略。

2. 数据收集

适用于本过程的数据收集技术包括(但不限于)访谈。

3. 人际关系与团队技能

适用于本过程的人际关系与团队技能包括(但不限于)引导。开展引导能够提高单个项目风险和整体项目风险应对策略制定的有效性。熟练的引导者可以帮助风险责任人理解风险、识别并比较备选的风险应对策略、选择适当的应对策略，以及找到并克服偏见。

4. 威胁应对策略

针对威胁，可以考虑下列五种备选策略。

(1) 上报。如果项目团队或项目发起人认为某威胁不在项目范围内，或提议的应对措施超出了项目经理的权限，就应该采用上报策略。被上报的风险将在项目集层面、项目组合层面或组织的其他相关部门加以管理，而不在项目层面。项目经理确定应就威胁通知哪些人员，并向该人员或组织部门传达关于该威胁的详细信息。对于被上报的威胁，组织中的相关人员必须愿意承担相对应的责任，这一点非常重要。威胁通常要上报给其目标会受该威胁影响的那个层级。威胁一旦上报，就不再由项目团队做进一步监督，虽然仍可出现在风险登记册中供参考。

(2) 规避。风险规避是指项目团队采取行动来消除威胁，或保护项目免受威胁的影响。它可能适用于发生概率较高，且具有严重负面影响的高优先级威胁。规避策略可能涉及变更项目管理计划的某些方面，或改变会受负面影响的目标，以便于彻底消除威胁，将它的发生概率降低到零。风险责任人也可以采取措施来分离项目目标与风险万一发生的影响。规避措施可能包括消除威胁的原因、延长进度计划、改变项目策略或缩小范围。有些风险可以通过澄清需求、获取信息、改善沟通或取得专有技能来加以规避。

(3) 转移。转移涉及将应对威胁的责任转移给第三方，让第三方管理风险并承担威胁发生的影响。采用转移策略，通常需要向承担威胁的一方支付风险转移费用。风险转移可能需要通过一系列行动才得以实现，包括(但不限于)购买保险、使用履约保函、使用担保书、使用保证书等；也可以通过签订协议，把具体风险的归属和责任转移给第三方。

(4) 减轻。风险减轻是指采取措施来降低威胁发生的概率和影响。提前采取减轻措施通常比威胁出现后尝试进行弥补更加有效。减轻措施包括采用较简单的流程、进行更多次测试、或者选用更可靠的卖方；还可能涉及原型开发，以降低从试验台模型放大到实际工艺或产品中的风险。如果无法降低概率，则可以从决定风险严重性的因素入手减轻风险发生的影响。例如，在一个系统中加入冗余部件，可以减轻原始部件故障所造成的影响。

(5) 接受。风险接受是指承认威胁的存在，但不主动采取措施。此策略可用于低优先级威胁，也可用于无法以任何其他方式加以经济有效地应对的威胁。接受策略又分为主动或被动方式。最常见的主动接受策略是建立应急储备，包括预留时间、资金或资源以应对出现的威胁；被动接受策略则不会主动采取行动，而只是定期对威胁进行审查，确保其并未发生重大改变。

5. 机会应对策略

针对机会，可以考虑下列五种备选策略。

(1) 上报。如果项目团队或项目发起人认为某机会不在项目范围内，或提议的应对措施超出了项目经理的权限，则应该采用上报策略。项目经理确定应就机会通知哪些人员，并向该人员或组织部门传达关于该机会的详细信息。

(2) 开拓。如果组织想确保把握住高优先级的机会，则可以选择开拓策略。开拓措施可能包括：把组织中最有能力的资源分配给项目来缩短完工时间，或采用全新技术或技术升级来节约项目成本并缩短项目持续时间。

(3) 分享。分享涉及将应对机会的责任转移给第三方，使其享有机会所带来的部分收益。分享措施包括建立合伙关系、合作团队、特殊公司或合资企业来分享机会。

(4) 提高。提高策略用于提高机会出现的概率和影响。提前采取提高措施通常比机会出现后尝试改善收益更加有效。通过关注其原因，可以提高机会出现的概率；如果无法提高概率，也许可以针对决定其潜在收益规模的因素来提高机会发生的影响。机会提高措施包括为早日完成活动而增加资源。

(5) 接受。接受机会是指承认机会的存在，但不主动采取措施。此策略可用于低优先级机会，也可用于无法以任何其他方式加以经济有效地应对的机会。接受策略又分为主动或被动方式。最常见的主动接受策略是建立应急储备，包括预留时间、资金或资源，以便在机会出现时加以利用；被动接受策略则不会主动采取行动，而只是定期对机会进行审查，确保其并未发生重大改变。

6. 应急应对策略

应急应对策略即设计一些仅在特定事件发生时才采用的应对措施。应该定义并跟踪应急应对策略的触发条件，例如，未实现中间的里程碑，或获得卖方更高程度的重视。采用此技术制定的风险应对计划，通常称为应急计划或弹回计划，其中包括已识别的、用于启动计划的触发事件。

7. 整体项目风险应对策略

风险应对策略的规划和实施不应只针对单个项目风险，还应针对整体项目风险。用于应对单个项目风险的策略也适用于整体项目风险，包括规避、开拓、转移或分享、减轻或提高、接受。

8. 数据分析

本过程可以考虑多种备选风险应对策略。可用于选择的首选风险应对策略的数据分析技术包括(但不限于)：备选方案分析、成本收益分析。

9. 决策

适用于风险应对策略选择的决策技术包括(但不限于)多标准决策分析，列入考虑范围的风险应对策略可能是一种或多种。决策技术有助于对多种风险应对策略进行优先级排序。

11.6.4 规划风险应对过程的输出

1. 变更请求

规划风险应对后，成本基准和进度基准，或项目管理计划的其他组件可能会被提出变更请求，其应该通过实施整体变更控制过程对变更请求进行审查和处理。

2. 项目管理计划更新

项目管理计划的任何变更都以变更请求的形式提出，且通过组织的变更控制过程进行处理。可能需要变更的项目管理计划组件包括(但不限于)：进度管理计划、成本管理计划、质量管理计划、资源管理计划、采购管理计划、范围基准、进度基准、成本基准。

3. 项目文件更新

可在本过程更新的项目文件包括(但不限于)：假设日志、成本预测、经验教训登记册、项目进度计划、项目团队派工单、风险登记册、风险报告。

11.7 实施风险应对

11.7.1 实施风险应对过程概述

实施风险应对是执行商定的风险应对计划的过程。本过程的主要作用是确保按计划执行商定的风险应对措施，管理整体项目风险敞口、最小化单个项目威胁，以及最大化单个项目机会。本过程需要在整个项目期间开展。图11-7描述了本过程的输入、工具与技术，以及输出。

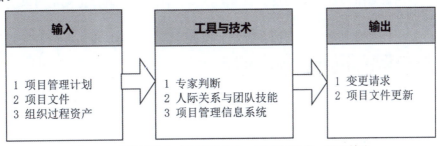

图11-7　实施风险应对过程的输入、工具与技术，以及输出

关注实施风险应对过程，能够确保已商定的风险应对措施得到实际执行。项目风险管理的一个常见问题是，项目团队努力识别和分析风险并制定应对措施，然后把经商定的应对措施记录在风险登记册和风险报告中，但是不采取实际行动管理风险。只有风险责任人加倍努力实施商定的应对措施，项目的整体风险敞口和单个威胁及机会才能得到主动管理。

11.7.2 实施风险应对过程的输入

1. 项目管理计划

项目管理计划组件包括(但不限于)风险管理计划。

2. 项目文件

可作为本过程输入的项目文件包括(但不限于)：经验教训登记册、风险登记册、风险报告。

3. 组织过程资产

能够影响实施风险应对过程的组织过程资产包括(但不限于)已完成的类似项目的经验教训知识库，其中会说明特定风险应对的有效性。

11.7.3 实施风险应对过程的工具与技术

1. 专家判断

在确认或修改(如必要)风险应对措施，以及决定如何以最有效率和最有效果的方式加以实施时，本过程应征求具备相关专业知识的个人或小组的意见。

2. 人际关系与团队技能

适用于本过程的人际关系与团队技能包括(但不限于)影响力。有些风险应对措施可能由直属项目团队以外的人员去执行，或由存在其他竞争性需求的人员去执行。这种情况下，负责引导风险管理过程的项目经理或人员就需要施展影响力，去鼓励指定的风险责任人采取所需的行动。

3. 项目管理信息系统

项目管理信息系统可能包括进度、资源和成本软件，用于确保把商定的风险应对计划及其相关活动，连同其他项目活动一并纳入整个项目。

11.7.4 实施风险应对过程的输出

1. 变更请求

实施风险应对后，成本基准和进度基准，或项目管理计划的其他组件可能会被提出变更请求。变更请求应该通过实施整体变更控制过程进行审查和处理。

2. 项目文件更新

可在本过程更新的项目文件包括(但不限于)：问题日志、经验教训登记册、项目团队派工单、风险登记册、风险报告。

11.8 监督风险

11.8.1 监督风险过程概述

监督风险是在整个项目期间，监督商定的风险应对计划的实施、跟踪已识别风险、识别和分析新风险，以及评估风险管理有效性的过程。本过程的主要作用是使项目决策都基于关于整体项目风险敞口和单个项目风险的当前信息。本过程需要在整个项目期间开展。图11-8描述了本过程的输入、工具与技术，以及输出。

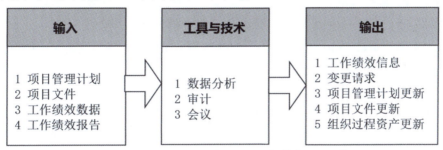

图11-8 监督风险过程的输入、工具与技术，以及输出

为了确保项目团队和关键相关方了解当前的风险敞口级别，通过监督风险过程对项目工作进行持续监督能发现新出现、正变化和已过时的单个项目风险。监督风险过程采用项目执行期间生成的绩效信息，以确定如下方面。

- 实施的风险应对是否有效。
- 整体项目风险级别是否已改变。
- 已识别单个项目风险的状态是否已改变。
- 是否出现新的单个项目风险。
- 风险管理方法是否依然适用。
- 项目假设条件是否仍然成立。
- 风险管理政策和程序是否已得到遵守。
- 成本或进度应急储备是否需要修改。
- 项目策略是否仍然有效。

11.8.2 监督风险过程的输入

1. 项目管理计划

项目管理计划组件包括(但不限于)风险管理计划。风险管理计划规定了应如何及何时审查风险，应遵守哪些政策和程序，与本监督过程有关的角色和职责安排，以及报告格式。

2. 项目文件

可作为本过程输入的项目文件包括(但不限于)：问题日志、经验教训登记册、风险登记册、风险报告。

3. 工作绩效数据

工作绩效数据包含关于项目状态的信息，如已实施的风险应对措施、已发生的风险、仍活跃及已关闭的风险。

4. 工作绩效报告

工作绩效报告是通过分析绩效测量结果而得到的，能够提供关于项目工作绩效的信息，包括偏差分析结果、挣值数据和预测数据。项目团队在监督与绩效相关的风险时，需要使用这些信息。

11.8.3 监督风险过程的工具与技术

1. 数据分析

适用于本过程的数据分析技术包括(但不限于)技术绩效分析、储备分析。

技术绩效测量指标可能包括：重量、处理时间、缺陷数量、储存容量等。实际结果偏离计划的程度可以代表威胁或机会的潜在影响。储备分析是指在项目的任一时点比较剩余应急储备与剩余风险量，从而确定剩余储备是否仍然合理。可以用各种图形(如燃尽图)来显示应急储备的消耗情况。

2. 审计

风险审计是一种审计类型，可用于评估风险管理过程的有效性。项目经理负责确保按项目风险管理计划所规定的频率开展风险审计。风险审计可以在日常项目审查会上开展，可以在风险审查会上开展，团队也可以召开专门的风险审计会。

3. 会议

适用于本过程的会议包括(但不限于)风险审查会。应该定期安排风险审查，来检查和记录风险应对在处理整体项目风险和已识别单个项目风险方面的有效性。

11.8.4 监督风险过程的输出

1. 工作绩效信息

工作绩效信息是经过比较单个风险的实际发生情况和预计发生情况，所得到的关于项目风险管理执行绩效的信息。它可以说明风险应对规划和应对实施过程的有效性。

2. 变更请求

执行监督风险过程后，成本基准和进度基准，或项目管理计划的其他组件可能会被提出变更请求，变更请求应该通过实施整体变更控制过程进行审查和处理。变更请求可能包括建议的纠正与预防措施，以处理当前整体项目风险级别或单个项目风险。

3. 项目管理计划更新

项目管理计划的任何变更都以变更请求的形式提出，且通过组织的变更控制过程进行处理。项目管理计划的任何组件都可能受本过程的影响。

4. 项目文件更新

可在本过程更新的项目文件包括(但不限于)：假设日志、问题日志、经验教训登记册、风险登记册、风险报告。

5. 组织过程资产更新

可在本过程更新的组织过程资产包括(但不限于)：风险管理计划、风险登记册和风险报告模板；风险分解结构。

本章小结

项目的特性决定了任何项目都存在风险。项目风险管理指在识别和管理未被其他项目管理过程所管理的风险。项目风险管理包括规划风险管理、识别风险、实施定性风险分析、实施定量风险分析、规划风险应对、实施风险应对和监督风险的各个过程。

本章首先对项目风险管理进行概述，主要包括项目风险管理的概念、过程、项目风险管理的发展趋势与新兴实践、裁剪时需要考虑的因素，然后分别就项目风险管理过程所包含的规划风险管理过程、识别风险过程、实施定性风险分析过程、实施定量风险分析过程、规划风险应对过程、实施风险应对过程、监督风险过程进行阐述，并对每个过程所涉及的输入、工具与技术，以及输出进行详细介绍。

复习与思考

一、单选题

1. 从客户的角度来看,如果没有把项目的风险管理好,(　　)将会对客户造成最久远的影响。
   A. 范围风险　　　　　　　　B. 进度计划风险
   C. 成本风险　　　　　　　　D. 质量风险

2. 项目在(　　)阶段的风险最大。
   A. 启动　　　　B. 计划　　　　C. 执行　　　　D. 收尾

3. 风险识别应最先解决的是(　　)。
   A. 影响程度高,发生概率较小的风险
   B. 影响程度低,发生概率较小的风险
   C. 影响程度高,发生概率较大的风险
   D. 影响程度低,发生概率较大的风险

4. 风险识别活动需要(　　)参加。
   A. 项目团队成员　　　　　　B. 风险管理专家
   C. 项目经理和高级管理者　　D. 全部项目相关方

5. 项目发生了一个风险,项目经理动用了应急储备,这种风险是(　　)。
   A. 已知—已知风险　　　　　B. 已知—未知风险
   C. 未知—未知风险　　　　　D. 次生风险

6. 某个新产品研发项目,预计投资200万美元。该产品未来市场前景很好的概率为50%,可收入1000万美元;市场前景一般的概率为30%,可收入500万美元;其余情况下则不亏、不赚。该项目的预期货币价值是(　　)。
   A. 450万美元　　　　　　　B. 650万美元
   C. 500万美元　　　　　　　D. 不知道其余情况的概率,故无法计算

二、判断题

1. 项目管理风险是对项目的风险进行识别和分析,并对项目风险进行控制的系统过程。(　　)
2. 转移风险从长期来看总是有益的。(　　)
3. 应急储备可以用来减轻项目的风险。(　　)
4. 转移风险可以降低风险发生的概率。(　　)

三、简答题

1. 简述项目风险管理的含义。
2. 项目风险管理的主要过程有哪几个阶段?
3. 简述应对威胁的五种备选策略内容。

4. 简述针对机会的五种备选策略内容。
5. 假设现有一个新服装开发项目，试说明该项目可能存在的风险。

四、计算题

为了适应市场的需要，某工厂提出了扩大电视机生产的两个方案。一个方案是建设大工厂，第二个方案是建设小工厂。建设大工厂需要投资600万元，工厂可使用10年，电视机销路好，每年赢利150万元，销路不好则亏损30万元。建设小工厂需要投资280万元，如电视机销路好，工厂3年后扩建，扩建需要再投资400万元，可使用7年，每年赢利170万元，不扩建则每年赢利60万元；如销路不好则每年赢利50万元。

计算：
试用决策树法选出合理的决策方案。经过市场调查，市场销路好的概率为0.8，销路不好的概率为0.2。

五、实战训练题

学生创业项目"撸猫吧"风险分析

某校大二学生甲、乙、丙、丁四位同学都非常喜欢小动物，尤其喜欢小猫，他们因经常一起在校园周围照顾喂养流浪猫狗而结识。在逐渐的交往过程中，他们发现，其实很多同学在家时候都有养各种小宠物，但是到了大学校园后，因为学校宿舍管理规定不允许，所以没有办法继续，但还是会非常向往能有再和小动物们同处的时间。

他们经过分析后，认为这一需求可以转化为有效商机，决定成立创业团队，推动该项目成型，项目名称为"撸猫吧"。顾名思义，就是给你一个空间和猫猫相处，可以满足人和动物和谐相处的需求，参考主题书店的模式；同时辐射周边社区居民，满足居民在临时出行阶段家里喂养的宠物寄养的需求。该项目经过团队头脑风暴和评估后，基本框架如下。

(1) 项目启动资金5万元，项目成员自有资金2万元，申请创业贷款3万元。
(2) 核心业务包括两部分，一是在店铺内提供座位和饮品，顾客进店后有消费饮品即可享受店内撸猫的快乐时光；二是宠物寄养，帮助有需要的顾客临时照顾宠物。
(3) 目标客户为在校大学生和周边社区居民。
(4) 店铺选址预备通过申请入驻学校创业园区的方式，获得免费场地资助。
(5) 项目试运行周期为1年，其中预备期3个月，1年后根据项目盈利状况确定是否继续经营。
(6) 店铺日常运营由4人轮流负责，不再雇佣其他员工。
(7) 市场推广主要通过和校园活跃公众号合作的方式进行推广，其中包括两场现场活动。
(8) 团队邀请了食品专业的一位老师担任项目指导老师。

问题：
根据以上项目情形，分析项目面临的风险，并提出相关管理策略，填写下面的表格。

项目风险管理策略						
风险来源	风险点阐述	负面后果预测	风险等级	风险概率	管理策略	策略要点

说明：

1. 风险来源：指根据项目进度/项目管理部门/项目资源分类等进行来源分别。
2. 风险点描述：详细描述风险内容。
3. 负面后果预测：指明风险可能带来的不良后果，尽可能量化。
4. 风险等级：按风险对项目可能造成的影响严重程度，分为1～5级，数字越大影响越小。
5. 风险概率：按风险可能发生的概率，分为ABC三个等级，A为80%及以上，B为30%～79%，C为29%及以下。
6. 管理策略：确定风险管理方向为规避、转移、控制、承担哪一种。
7. 策略要点：详细说明风险管理细节与责任人。

第 12 章

项目相关方管理

> 我们每天都在追问:"我们如何才能保持较高的客户满意度?我们如何借此在创新中取得领先地位?"我们一再这样自问,是因为如果我们不这样做,其他人就会这样做。
>
> ——比尔·盖茨

本章内容

- 项目相关方管理概述
- 识别相关方
- 规划相关方参与
- 管理相关方参与
- 监督相关方参与

案例导入

"史上最贵的冰淇淋"!宝马市值一夜蒸发约183亿!

2023年4月18日的上海车展上,宝马公司设立了一个冰淇淋摊位,本意是为参观者提供一份小小的惊喜。然而,当两位中国参观者上前询问是否可以领取冰淇淋时,工作人员却以"已经发完了"为由拒绝了他们。紧接着,一位外国参观者上前,工作人员却立刻拿出冰淇淋,热情款待。这一幕被在场的观众拍下来,迅速在网络上传播开来,引发了广泛的关注和讨论。

面对这样的舆论压力,宝马公司最初的反应是试图解释和澄清。他们表示,这只是个别员工的个人行为,并不代表公司的整体态度。然而,这样的解释并没有平息公众的愤怒。相反，更多的人开始质疑宝马公司的价值观和文化，认为他们对中国市场缺乏尊重和理解。这次网友所表达的强烈不满，其实是中国民众民族自尊心的又一次集中爆发。

随着事件的发酵，宝马公司的股价也开始下跌，市值蒸发183亿元，相当于近6亿个冰淇淋。更糟糕的是，一些重要的合作伙伴和投资者也开始对宝马公司产生疑虑，纷纷表示要重新评估与宝马公司的合作关系。

这一事件体现了相关方对项目的广泛而深刻的影响，凸显了项目相关方管理的重要性。

12.1 项目相关方管理概述

12.1.1 项目相关方管理的概念

项目相关方是指积极参与项目或其利益受项目实施或完成而受到积极或消极影响的个人或组织。简单来说，影响或者受项目影响的人，都是项目的相关方。项目相关方也称为项目干系人。

每个项目都有相关方，他们会受项目积极或消极影响，或者能对项目施加积极或消极的影响。有些相关方影响项目工作或成果的能力有限，而有些相关方可能对项目及其期望成果有重大影响。项目经理和团队正确识别并合理引导所有相关方参与的能力，决定着项目的成败。要提高项目成功的可能性就应该在项目章程被批准、项目经理被委任，以及团队开始组建之后，尽早开始识别相关方并引导相关方参与。应该把相关方满意度作为项目目标加以识别和管理。

从项目实施的角度考虑，项目相关方主要有组织内部的相关方、客户方的相关方、管理职能的其他外部相关方、影响或者受影响较弱的其他相关方，如项目组人员的家人、项目现场周边的居民等。

相关方影响的主要方面有资金、范围、限制、环境、绩效评定、验收等，几乎覆盖全部管理过程，离开了相关方，项目将偏离预期目标。对客户方相关方，主要影响为资金、范围、参与和支持、验收等方面，做好了客户方面的相关方管理，也就做好了60%的相关方管理工作。

项目相关方管理贯穿于整个项目过程。相关方满意度应作为项目目标加以识别和管理。有效引导相关方参与的关键是重视与所有相关方保持持续沟通(包括团队成员)，以理解他们的需求和期望、处理所发生的问题、管理利益冲突，并促进相关方参与项目决策和活动。

12.1.2 项目相关方管理过程

项目相关方管理包括用于开展下列工作的各个过程：识别能够影响项目或受项目影响的人员、团体或组织，分析相关方对项目的期望和影响，制定合适的管理策略来有效调动相关方参与项目的决策和执行。用这些过程分析相关方期望,评估他们对项目或受项目影响的程度,以及制定策略来有效引导相关方支持项目决策、规划和执行。这些过程能够支持项目团队的工作。

项目相关方管理的过程包括以下几个方面。

(1) 识别相关方:定期识别项目相关方,分析和记录他们的利益、参与度、相互依赖性、影响力和对项目成功的潜在影响的过程。

(2) 规划相关方参与:根据相关方的需求、期望、利益和对项目的潜在影响,制定项目相关方参与项目的方法的过程。

(3) 管理相关方参与:与相关方进行沟通和协作以满足其需求与期望,处理问题,并促进相关方合理参与的过程。

(4) 监督相关方参与:监督项目相关方关系,并通过修订参与策略和计划来引导相关方合理参与项目的过程。

图12-1概括了项目相关方管理的各个过程。虽然在《PMBOK指南》中各项目相关方管理过程以界限分明和相互独立的形式出现,但在实践中它们往往相互交叠和相互作用。

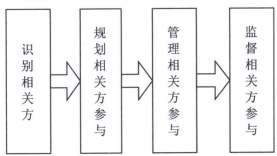

图12-1　项目相关方管理过程

为了实现项目收益,识别相关方和引导相关方参与的过程需要迭代开展。虽然在项目相关方管理中仅对这些过程讨论一次,但是,应该经常开展识别相关方、排列其优先级及引导其参与等活动。至少要在以下时点开展这些活动:项目进入其生命周期的不同阶段;当前相关方不再与项目工作有关,或者在项目的相关方社区中出现了新的相关方成员;组织内部或更大区域的相关方社区发生重大变化。

12.1.3　项目相关方管理的发展趋势和新兴实践

"相关方"一词的外延正在扩大,从传统意义上的员工、供应商和股东扩展到涵盖各式群体,包括监管机构、游说团体、环保人士、金融组织、媒体,以及那些自认为是相关方的人员(他们认为自己会受项目工作或成果的影响)。

项目相关方管理的发展趋势和新兴实践包括(但不限于)以下内容。

(1) 识别所有相关方,而非在限定范围内。

(2) 确保所有团队成员都涉及引导相关方参与的活动。

(3) 定期审查相关方社区,往往与单个项目风险的审查并行开展。

(4) 应用"共创"概念,咨询最受项目工作或成果影响的相关方。该概念的重点是,将团队内受影响的相关方视为合作伙伴。

(5) 关注与相关方有效参与程度有关的正面及负面价值。正面价值是相关方(尤其是强大相关方)对项目的更积极支持所带来的效益；负面价值是因相关方未有效参与而造成的真实成本，包括产品召回、组织信誉损失或项目信誉损失。

12.1.4 裁剪时需要考虑的因素

因为每个项目都是独特的，所以项目经理需要裁剪项目相关方管理过程。裁剪时应考虑的因素包括(但不限于)如下方面。

1. 相关方多样性

现有多少相关方？相关方群体中的文化多样性如何？

2. 相关方关系的复杂性

相关方社区内的关系有多复杂？相关方或相关方群体加入的网络越多，与其相关的信息或误传网络就越复杂。

3. 沟通技术

有哪些可用的沟通技术？为了实现技术的最大价值，目前采用怎样的支持机制？

12.2 识别相关方

12.2.1 识别相关方过程概述

识别相关方是定期识别项目相关方，分析和记录他们的利益、参与度、相互依赖性、影响力和对项目成功的潜在影响的过程。本过程的主要作用是使项目团队能够建立对每个相关方或相关方群体的适度关注。本过程应根据需要在整个项目期间定期开展。图12-2描述了本过程的输入、工具与技术，以及输出。

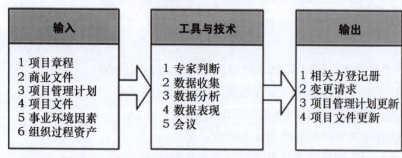

图12-2 识别相关方过程的输入、工具与技术，以及输出

本过程通常在编制和批准项目章程之前或同时首次开展。本过程需在必要时重复开展，至少应在每个阶段开始时，以及项目或组织出现重大变化时重复开展。每次重复开展本过程，都应通过查阅项目管理计划组件及项目文件来识别有关的项目相关方。

12.2.2 识别相关方过程的输入

1. 项目章程

项目章程会列出关键相关方清单，还可能包含与相关方职责有关的信息。

2. 商业文件

在首次开展识别相关方过程时，商业论证和收益管理计划是项目相关方信息的来源。
(1) 商业论证。商业论证确定项目目标，以及受项目影响的相关方的最初清单。
(2) 收益管理计划。收益管理计划描述了如何实现商业论证中所述收益。它可能指出将从项目成果交付中获益并因此被视为相关方的个人及群体。

3. 项目管理计划

在首次识别相关方时，项目管理计划并不存在，不过一旦编制完成，项目管理计划组件包括(但不限于)：沟通管理计划、相关方参与计划。其中，相关方参与计划确定了用于有效引导相关方参与的管理策略和措施。

4. 项目文件

并非任何项目文件都将成为首次识别相关方的输入。然而，相关方需要在整个项目期间识别。项目经历启动阶段以后，将会生成更多项目文件，用于后续的项目阶段。可作为本过程输入的项目文件包括(但不限于)：变更日志、问题日志、需求文件。

5. 事业环境因素

能够影响识别相关方过程的事业环境因素包括(但不限于)如下方面。
(1) 组织文化、政治氛围，以及治理框架。
(2) 政府或行业标准。
(3) 全球、区域或当地的趋势、实践或习惯。
(4) 设施和资源的地理分布。

6. 组织过程资产

能够影响识别相关方过程的组织过程资产包括(但不限于)如下方面。
(1) 相关方登记册模板和说明。
(2) 以往项目的相关方登记册。
(3) 经验教训知识库，包括与相关方偏好、行动和参与有关的信息。

12.2.3 识别相关方过程的工具与技术

1. 专家判断

本过程应征求具备以下相关专业知识或接受过相关培训的个人或小组的意见：理解组织内的政治和权力结构；了解所在组织和其他受影响组织(包括客户及其他组织)的环境和文化；了解项目所在行业或项目可交付成果类型；了解个体团队成员的贡献和专长。

2. 数据收集

适用于本过程的数据收集技术包括(但不限于)：问卷和调查、头脑风暴。用于识别相关方的头脑风暴技术包括头脑风暴和头脑写作。头脑写作是头脑风暴的改良形式，可以让个人参与者有时间在小组创意讨论开始前单独思考问题。信息可通过面对面小组会议收集，或在由技术支持的虚拟环境中收集。

3. 数据分析

适用于本过程的数据分析技术包括(但不限于)：相关方分析、文件分析。相关方分析会产生相关方清单和关于相关方的各种信息，例如，在组织内的位置、在项目中的角色、与项目的利害关系、期望、态度(对项目的支持程度)，以及对项目信息的兴趣。

4. 数据表现

适用于本过程的数据表现技术包括(但不限于)相关方映射分析和表现。相关方映射分析和表现是一种利用不同方法对相关方进行分类的方法。对相关方进行分类有助于团队与已识别的项目相关方建立关系。常见的分类方法包括：权力利益方格、权力影响方格，或作用影响方格、相关方立方体、优先级排序等。

5. 会议

会议可用于在重要项目相关方之间达成谅解。既可以召开引导式研讨会、指导式小组讨论会，也可以通过电子或媒体技术进行虚拟小组讨论，来分享想法和分析数据。

12.2.4 识别相关方过程的输出

1. 相关方登记册

相关方登记册是识别相关方过程的主要输出。它记录关于已识别相关方的信息，包括(但不限于)：身份信息、评估信息、相关方分类。

2. 变更请求

首次开展识别相关方过程，不会提出任何变更请求。但随着在后续项目期间继续识别相关方，新出现的相关方或关于现有相关方的新信息可能导致对产品、项目管理计划或项目文件提出变更请求。变更请求应该通过实施整体变更控制过程进行审查和处理。

3. 项目管理计划更新

在项目初始时识别相关方,不会导致项目管理计划更新。但随着项目进展,项目管理计划的任何变更都以变更请求的形式提出,且通过组织的变更控制过程进行处理。可能需要变更的项目管理计划组件包括(但不限于):需求管理计划、沟通管理计划、风险管理计划、相关方参与计划。

4. 项目文件更新

可在本过程更新的项目文件包括(但不限于):假设日志、问题日志、风险登记册。

12.3 规划相关方参与

12.3.1 规划相关方参与过程概述

规划相关方参与是根据相关方的需求、期望、利益和对项目的潜在影响,制定项目相关方参与项目的方法的过程。本过程的主要作用是提供与相关方进行有效互动的可行计划。本过程应根据需要在整个项目期间定期开展。图12-3描述了规划相关方参与过程的输入、工具与技术,以及输出。

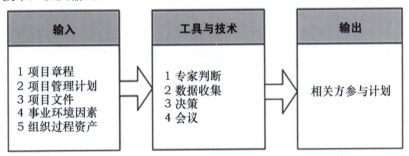

图12-3 规划相关方参与过程的输入、工具与技术,以及输出

12.3.2 规划相关方参与过程的输入

1. 项目章程

项目章程包含与项目目的、目标和成功标准有关的信息,在规划如何引导相关方参与项目时应该考虑这些信息。

2. 项目管理计划

项目管理计划组件包括(但不限于):资源管理计划、沟通管理计划、风险管理计划。

3. 项目文件

可用作本过程输入的项目文件包括(但不限于):假设日志、变更日志、问题日志、项目进度计划、风险登记册、相关方登记册。

4. 事业环境因素

能够影响规划相关方参与过程的事业环境因素包括(但不限于)：组织文化、政治氛围；人事管理政策；相关方风险偏好；已确立的沟通渠道；全球、区域或当地的趋势、实践或习惯；设施和资源的地理分布。

5. 组织过程资产

能够影响规划相关方参与过程的组织过程资产主要包括(但不限于)：组织对沟通的要求、经验教训知识库、支持有效相关方参与所需的软件工具。

12.3.3 规划相关方参与过程的工具与技术

1. 专家判断

本过程应征求具备以下专业知识或接受过相关培训的个人或小组的意见：组织内部及外部的政治和权力结构；组织及组织外部的环境和文化；相关方参与过程使用的分析和评估技术；沟通手段和策略；来自以往项目的关于相关方、相关方群体及相关方组织(他们可能参与过以往的类似项目)的特征的知识。

2. 数据收集

适用于本过程的数据收集技术包括(但不限于)标杆对照。标杆对照将相关方分析的结果与其他项目的信息进行比较。

3. 决策

适用于本过程的决策技术包括(但不限于)优先级排序或分级。应该对相关方需求及相关方本身进行优先级排序或分级。具有最大利益和最高影响的相关方，通常应该排在优先级清单的最前面。

4. 会议

会议用于讨论与分析规划相关方参与过程所需的输入数据，以便制订良好的相关方参与计划。

12.3.4 规划相关方参与过程的输出

相关方参与计划是项目管理计划的组成部分。它确定用于促进相关方有效参与决策和执行的策略和行动。基于项目的需要和相关方的期望，相关方参与计划可以是正式或非正式的，非常详细或高度概括的。相关方参与计划可包括(但不限于)调动个人或相关方参与的特定策略或方法。

12.4 管理相关方参与

12.4.1 管理相关方参与过程概述

管理相关方参与是与相关方进行沟通和协作以满足相关方需求与期望,并促进相关方合理参与项目的过程。本过程的主要作用是让项目经理能够提高相关方的支持,并尽可能降低相关方的抵制。本过程需要在整个项目期间展开。图12-4描述了本过程的输入、工具与技术,以及输出。

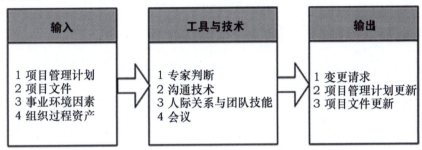

图12-4 管理相关方参与过程的输入、工具与技术,以及输出

在管理相关方参与过程中,需要开展多项活动,具体如下。

(1) 在适当的项目阶段引导相关方参与,以便获取、确认或维持他们对项目成功的持续承诺。

(2) 通过谈判和沟通管理相关方期望。

(3) 处理与相关方管理有关的任何风险或潜在关注点,预测相关方可能在未来引发的问题。

(4) 澄清和解决已识别的问题。

管理相关方参与有助于确保相关方明确了解项目目的、目标、收益和风险,以及他们的贡献将如何促进项目成功。

12.4.2 管理相关方参与过程的输入

1. 项目管理计划

项目管理计划组件包括(但不限于):沟通管理计划、风险管理计划、相关方参与计划、变更管理计划。

2. 项目文件

可作为本过程输入的项目文件包括(但不限于):变更日志、问题日志、经验教训登记册、相关方登记册。

3. 事业环境因素

能够影响管理相关方参与过程的事业环境因素包括(但不限于)：组织文化、政治氛围，以及组织的治理结构；人事管理政策；相关方风险临界值；已确立的沟通渠道；全球、区域或当地的趋势、实践或习惯；设施和资源的地理分布。

4. 组织过程资产

能够影响管理相关方参与过程的组织过程资产包括(但不限于)：企业的社交媒体、道德和安全政策及程序；企业的问题、风险、变更和数据管理政策及程序；组织对沟通的要求；制作、交换、存储和检索信息的标准化指南；以往类似项目的历史信息。

12.4.3　管理相关方参与过程的工具与技术

1. 专家判断

本过程应征求具备以下专业知识或接受过相关培训的个人或小组的意见：组织内部及外部的政治和权力结构；组织及组织外部的环境和文化；相关方参与过程使用的分析和评估技术；沟通方法和策略；可能参与过以往类似项目的相关方、相关方群体及相关方组织的特征；需求管理、供应商管理和变更管理。

2. 沟通技术

在开展管理相关方参与过程时，应该根据沟通管理计划，针对每个相关方采取相应的沟通方法。项目管理团队应该使用反馈机制来了解相关方对各种项目管理活动和关键决策的反应。反馈的收集方式包括(但不限于)：正式与非正式对话、问题识别和讨论、会议、进展报告、调查。

3. 人际关系与团队技能

适用于本过程的人际关系与团队技能包括(但不限于)：冲突管理、文化意识、谈判、观察和交谈、政治意识。

4. 会议

会议用于讨论和处理任何与相关方参与有关的问题或关注点。在本过程中需要召开的会议类型包括(但不限于)：决策、问题解决、经验教训和回顾总结、项目开工、迭代规划、状态更新。

12.4.4　管理相关方参与过程的输出

1. 变更请求

作为管理相关方参与的结果，项目范围或产品范围可能需要变更。所有变更请求应该通过实施整体变更控制过程进行审查和处理。

2. 项目管理计划更新

项目管理计划的任何变更都以变更请求的形式提出，且通过组织的变更控制过程进行处理。可能需要变更的项目管理计划组件包括(但不限于)：沟通管理计划、相关方参与计划。

3. 项目文件更新

可在本过程更新的项目文件包括(但不限于)：变更日志、问题日志、经验教训登记册、相关方登记册。

12.5 监督相关方参与

12.5.1 监督相关方参与过程概述

监督相关方参与是监督项目相关方关系，并通过修订参与策略和计划来引导相关方合理参与项目的过程。本过程的主要作用是随着项目进展和环境变化，维持或提升相关方参与活动的效率和效果。本过程需要在整个项目期间开展。图12-5描述了本过程的输入、工具与技术，以及输出。

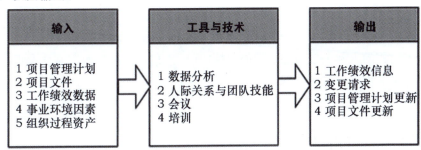

图12-5 监督相关方参与过程的输入、工具与技术，以及输出

12.5.2 监督相关方参与过程的输入

1. 项目管理计划

项目管理计划组件包括(但不限于)：资源管理计划、沟通管理计划、相关方参与计划。

2. 项目文件

可作为本过程输入的项目文件包括(但不限于)：问题日志、经验教训登记册、项目沟通记录、风险登记册、相关方登记册。

3. 工作绩效数据

工作绩效数据包含项目状态数据，例如，哪些相关方支持项目，他们的参与水平和类型。

4. 事业环境因素

能够监督相关方参与过程的事业环境因素包括(但不限于)：组织文化、政治氛围，以及治理框架；人事管理政策；相关方风险临界值；已确立的沟通渠道；全球、区域或当地的趋势、实践或习惯；设施和资源的地理分布。

5. 组织过程资产

能够监督相关方参与过程的组织过程资产包括(但不限于)：企业的社交媒体、道德和安全政策及程序；企业的问题、风险、变更和数据管理政策及程序；组织对沟通的要求；制作、交换、存储和检索信息的标准化指南；以往项目的历史信息。

12.5.3 监督相关方参与过程的工具与技术

1. 数据分析

适用于本过程的数据分析技术包括(但不限于)：备选方案分析、根本原因分析、相关方分析。

2. 人际关系与团队技能

适用于本过程的人际关系与团队技能包括(但不限于)：积极倾听、文化意识、领导力、人际交往、政治意识。

3. 会议

会议的类型包括为监督和评估相关方的参与水平而召开的状态会议、站会、回顾会，以及相关方参与计划中规定的其他任何会议。会议不局限于面对面或声音互动。虽然面对面互动最为理想，但可能成本很高。电话会议和电信技术可以降低成本，并提供丰富的联系方法和会议方式。

4. 培训

培训是指提高项目团队成员能力的全部活动，可以是正式的或非正式的。

12.5.4 监督相关方参与过程的输出

1. 工作绩效信息

工作绩效信息包括与相关方参与状态有关的信息，例如，相关方对项目的当前支持水平，以及与相关方参与度评估矩阵、相关方群体或其他工具所确定的期望参与水平相比较的结果。

2. 变更请求

变更请求可能包括用于改善相关方当前参与水平的纠正及预防措施。变更请求应该通过实施整体变更控制过程进行审查和处理。

3. 项目管理计划更新

项目管理计划的任何变更都以变更请求的形式提出,且通过组织的变更控制过程进行处理。可能需要变更的项目管理计划组件包括(但不限于):资源管理计划、沟通管理计划、相关方参与计划。

4. 项目文件更新

可在本过程更新的项目文件包括(但不限于):问题日志、经验教训登记册、风险登记册、相关方登记册。

本章小结

项目相关方是指积极参与项目或其利益受项目实施或完成而受到积极或消极影响的个人或组织。简单地说,影响或者受项目影响的人,都是项目的相关方。项目相关方也称为项目干系人。项目相关方管理的过程是识别相关方、规划相关方参与、管理相关方参与、监督相关方参与。

本章首先对项目相关方管理进行概述,主要包括项目相关方管理的概念、过程,项目相关方管理的发展趋势与新兴实践,以及裁剪时需要考虑的因素,然后分别就项目相关方管理过程所包含的识别相关方过程、规划相关方参与过程、管理相关方参与过程、监督相关方参与过程进行阐述,并对每个过程所涉及的输入、工具与技术,以及输出进行详细介绍。

复习与思考

一、单选题

1. 在( )项目管理过程中识别相关方。
   A. 启动、规划、执行、监控和收尾过程组
   B. 启动和规划过程组
   C. 规划和监控过程组
   D. 监控和收尾过程组

2. 项目经理正在启动一个新项目,识别所有相关方的主要原因是(　　)。

　　A. 识别成本并计划预算　　　　　　B. 了解预期期望,并将正面影响最大化

　　C. 计划沟通和收集需求　　　　　　D. 计划质量和识别风险

3. 项目完成后,客户称项目没有达到他们的满意水平。若要避免这种结果,项目经理应该在整个项目过程中(　　)。

　　A. 在项目每一阶段告知客户他们的请求都已在执行

　　B. 了解、评估、定义和管理客户期望

　　C. 向客户发送技术规范,供客户审查和批准

　　D. 识别并更换项目团队中的责任方

4. 项目经理计划让某团队执行一项新的网络服务项目,但该团队由于不具备必要的专业知识而不愿承担工作,并声称他们从未听说过该项目,该问题的根本原因是(　　)。

　　A. 未实施沟通计划

　　B. 项目经理未能让所有相关方参与进来

　　C. 该团队不愿承担此项工作

　　D. 项目经理未对缺乏专业知识的风险加以识别

5. (　　)是管理相关方期望的工具。

　　A. 数据收集　　　　　　　　　　　B. 人际关系技能

　　C. 决策　　　　　　　　　　　　　D. 信息管理系统

6. (　　)是规划相关方管理的输出。

　　A. 相关方登记册　　　　　　　　　B. 问题日志

　　C. 工作绩效信息　　　　　　　　　D. 相关方管理计划

二、简答题

1. 项目相关方管理的过程有哪些?
2. 简述识别相关方过程的工具和技术。
3. 监督相关方参与过程中人际关系与团队技能包括哪些?

三、案例分析题

1. 劳斯莱斯相关方管理

对于像劳斯莱斯公司一样的喷气式发动机制造商来说,在发展中国家发展航空业务通常既存在丰厚的利润又存在风险,为了保证其销售和服务的目标,这些喷气引擎制造商采取了以创造性的融资、长期合同或是以资本为基础的交易方式。然而,喷气式发动机市场正在以巨大速率持续扩张。劳斯莱斯制订了一个20年的项目计划,主要是研发大型的强推力的发动机,该项目预计仅其国内航空这项潜在的市场需求将达到4亿美元。如果把军用订单计算在内,其喷气式发动机销售的税收是非常可观的。劳斯莱斯预计,未来最大的市场增长点是为大型喷气式飞机设计的大型强推动力发动机。但是需要分析在该项目中

不确定的潜在的影响因素，如果没有很好地分析这些因素，有可能给项目造成不同程度的影响。

问题：

1. 劳斯莱斯公司的项目管理相关方有哪些人？
2. 如何针对相关方关注的问题来设计相关方管理战略？
3. 在劳斯莱斯公司中，如何认识相关方的重要性并管理他们的需求，分为哪几个步骤？
4. 分析劳斯莱斯相关方的步骤是什么？在劳斯莱斯公司中如何来识别全部的潜在相关方？
5. 分析劳斯莱斯公司相关方管理的核心理念是什么？

2. 谢经理的艰难处理

谢经理是某信息技术公司软件开发部的项目经理，6个月前他被公司派往新动力贸易集团有限公司(以下简称新动力)开发财务管理信息系统，并担任项目经理。谢经理已经领导开发过好几家公司的财务系统，并已形成较为成熟的财务管理软件产品，所以他认为此次去后应当只要适当地做一些二次开发，并根据用户需求进行少量的新功能开发即可大功告成。

谢经理满怀信心地带着他的项目团队进驻了新动力，谢经理和项目团队在技术上已经历过多次考验，他们在3个月的时间就将系统开发完毕，项目很快进入了验收阶段。可是新动力分管财务的陈总认为，一个这么复杂的财务系统在短短的3个月时间里就完成了，这在新动力的IT项目中还是首次，似乎不太可能。他拒绝在验收书上签字，并要求财务部的刘经理和业务人员认真审核集团公司及和各个子公司的财务管理上的业务需求，并严格测试相关系统的功能。

财务部的刘经理和相关人员经过认真审核和测试，发现系统开发基本准确，但实施起来比较困难，因为业务流程变更较大。这样一来，又过去了1个月，新动力的陈总认为系统还没有考虑集团公司领导对财务的需求，并针对实施较困难的现状，要求项目组从集团公司总部开始，一家一家子公司地逐步推动系统的使用。

谢经理答应了新动力陈总的要求，开始先在集团公司总部实施财务系统。可是2个月过去了，连系统都没有安装成功。集团公司信息中心的人员无法顺利地购买服务器，因为这个项目没有列入信息部门的规划；财务部门的人员说项目在集团中都推不动，何必再上。谢经理一筹莫展："我该如何让项目继续走向成功？"眼看半年过去了，项目似乎没有终结之日，更不用说为某信息技术公司带来效益。

面对项目的艰难处境，谢经理和他的团队认真分析了他们在项目的整体管理中所做的工作，发现了项目中存在的主要问题，积极主动地采取了应对的措施，最终圆满完成了整个项目的开发和应用。

问题：

1. 请描述项目相关方中需要重点关注的角色。

2. 项目相关方分析是项目整体管理中的一项重要工作，请说明如何进行项目相关方分析。

3. 谢经理和他的团队认真分析了他们在项目的整体管理中所做的工作，发现了项目中存在的主要问题，请描述谢经理发现的主要问题。

4. 面对项目的艰难处境，如果你是谢经理，你该如何做？

参考文献

[1] 项目管理协会. 项目管理知识体系指南[M]. 6版. 北京：电子工业出版社，2018.

[2] 左小德. 项目管理理论与实务[M]. 北京：机械工业出版社，2017.

[3] 卢锐，佟金萍. 项目管理[M]. 成都：西南交通大学出版社，2016.

[4] 陈志波，吴贤国. 建设项目全寿命周期运作模式研究[J]. 建筑经济，2006(7).

[5] 殷焕武. 项目管理导论[M]. 北京：机械工业出版社，2012.

[6] 邓田生. 项目管理[M]. 上海：上海交通大学出版社，2010.

[7] 杰弗里·K. 宾图. 项目管理[M]. 鲁耀斌，等，译. 北京：机械工业出版社，2010.

[8] 保罗·罗伯茨. 项目管理指南：通过变革获得持续利益[M]. 胡蓉，等，译. 大连：东北财经大学出版社，2009.

[9] 宋伟. 项目管理概论[M]. 北京：机械工业出版社，2013.

[10] 梁世连. 工程项目管理学[M]. 大连：东北财经大学出版社，2011.

[11] 刘常宝. 项目管理理论与实务[M]. 北京：机械工业出版社，2012.

[12] 张青. 项目管理其实很简单[M]. 北京：人民邮电出版社，2024.

[13] 秦效宏，李蕾. 项目管理[M]. 北京：清华大学出版社，2021.

附录

项目管理工具与技术介绍

序号	名称	小分类	描述
1	专家判断		来自项目内部和外部的具有专业知识或专业培训经历的任何小组或个人
2	项目管理信息系统		为指导与管理项目执行提供自动化工具,如进度计划软件、配置管理系统、信息收集与发布系统,或进入其他在线自动化系统的网络界面
3	访谈		一种通过与干系人直接交谈而获得信息的正式或非正式方法
4	焦点小组会议		把预先选定的干系人和主题专家集中在一起,了解他们对所提议产品、服务或成果的期望和态度
5	引导式研讨会		通过邀请主要的跨职能干系人一起参加会议引导式研讨会对产品需求进行集中讨论与定义它是快速定义跨职能需求和协调干系人差异的重要技术
6	群体创新技术	头脑风暴法	在正常融洽和不受任何限制的气氛中以会议形式进行讨论、座谈,打破常规,积极思考,畅所欲言,充分发表看法头脑风暴法是用来产生和收集对项目需求与产品需求创意的一种技术
		名义小组技术	名义小组技术是指在决策过程中对群体成员的讨论或人际沟通加以限制,但群体成员是独立思考的像召开传统会议一样,群体成员都出席会议,但群体成员首先进行个体决策名义小组技术是头脑风暴法的深化应用
		思维导图	思维导图(the mind map)又叫心智导图,是表达发散性思维的有效图形思维工具它把从头脑风暴中获得的创意,用一张简单的图联系起来,以反映这些创意之间的共性与差异,从而引导出新的创意
		亲和图	亲和图法(KJ法/affinity diagram),是将未知的问题、未曾接触过领域的问题的相关事实、意见或设想之类的语言文字资料收集起来,并按其相互亲和性(相近性)归纳整理这些资料,使问题明确起来,求得统一认识和协调工作,以利于问题解决的一种方法
		多标准决策分析	多标准决策分析借助决策矩阵,用系统分析方法建立多种标准,以对众多需要决策内容进行评估与排序

(续表)

序号	名称	小分类	描述
7	群体决策技术	一致同意	每个人都同意某个行动方案
		大多数原则	获得群体中50%以上的人的支持
		相对多数原则	根据群体中相对多数者的意见做出决定,即便未能获得大部分人的支持
		独裁	某一个人为群体做出决策
		多标准决策制定	该技术借助决策矩阵,用系统分析方法建立诸如风险水平、不确定性和价值收益等多种标准,以对众多创意进行评估和排序
8	德尔菲技术		将与问题有关的信息分别提供给请做过相关研究或有相关经验的专家,请他们独立发表自己的意见,并写成书面材料管理者收集并综合专家们的意见后,将综合意见反馈给各位专家,请他们再次发表意见如果意见分歧很大,可以开会集中讨论;否则,管理者分头与专家联络如此反复多次,最后形成代表专家组意见的方案德尔菲技术是决策学中的一种方法
9	人际关系与团队技能	冲突管理	在项目环境中,冲突不可避免让具有差异性的相关方就项目管理计划的所有方面达成共识常用的冲突解决方法有:撤退/回避、缓和/包容、妥协/调解、强迫/命令、合作/解决问题
		引导	引导是指有效引导团队活动成功以达成决定、解决方案或结论的能力引导者确保参与者有效参与,互相理解,考虑所有意见,按既定决策流程全力支持得到的结论或结果,以及所达成的行动计划和协议在之后得到合理执行
		会议管理	会议管理是确保会议有效并高效地达到预期目标规划会议时应采取以下步骤:准备并发布会议议程(其中包含会议目标)、确保会议在规定的时间开始和结束、确保适当参与者受邀并出席、处理会议中的期望、问题和冲突,记录所有行动及所分配的行动责任人
10	数据分析技术	备选方案分析	切忌一条道走到黑,凡事要有备份,也就是至少要有A计划和B计划备选方案有以下几种类型:互斥方案、独立方案和混合方案
		成本效益分析	通过比较项目的全部成本和效益来评估项目价值的一种方法
		挣值分析	用与进度计划、成本预算和实际成本相联系的三个独立的变量,进行项目绩效测量的一种方法
		根本因素分析	它是一项结构化的问题处理法,用以逐步找出问题的根本原因并加以解决,而不是仅仅关注问题的表征
		趋势分析	通过对有关指标的各期对基期的变化趋势的分析,从中发现问题,为追索和检查账目提供线索的一种分析方法
		偏差分析	利用项目测量结果,评估偏离范围基准的程度,确定偏离范围基准的原因和程度,并决定是否需要纠正或预防措施
		回归分析	它是确定两种或两种以上变量间相互依赖的定量关系的一种统计分析方法
11	专家评估法		专家评估法是由项目管理专家运用其经验和专业特长对项目活动进行估计和评价的方法

(续表)

序号	名称	小分类	描述
12	类比估算法		以过去类似项目的参数值(如持续时间、预算、规模、重量和复杂性等)为基础来估算未来项目的同类参数或指标成本较低、耗时较少,准确性也较低
13	参数估算法		参数估算法是一种运用历史数据和其他变量(如软件编程中的编码行数、要求的人工小时数)之间的统计关系来计算计划活动资源的费用估算的技术
14	模拟法		模拟法是指以一定的假设条件和数据为前提,借助仿真技术来估算任务的工期的方法比较常用的模拟法有蒙特卡洛模拟、三点估算等模拟法的计算量很大,通常在计算机的辅助下工作,可以计算和确定每件任务以及整个项目中各项任务工期的统计分布
15	问卷调查法		通过设计书面问题,向为数众多的受访者快速收集信息其适用于受众多,需要快速完成的调查
16	甘特图		甘特图又称为横道图、条状图它以提出者亨利·L.甘特先生的名字命名即以图示的方式通过活动列表和时间刻度形象地表示出任何特定项目的活动顺序与持续时间
17	观察		直接观察个人在各自的环境中如何开展工作和实施流程,也称"工作跟踪"
18	原型法		在实际制造产品之前,先造出该产品的实用模型,并据此征求对需求的反馈意见它符合渐进明细的理念
19	分解		把可交付成果(项目工作包)分解成更小的、更易于管理的组成部分,即项目工作包(活动)
20	检查		开展测量、审查与核实等活动,来判断工作和可交付成果是否符合要求及产品验收标准检查也称审查、产品审查、审计和巡检等
21	滚动式规划		滚动式规则是一种渐进明细的规划方式
22	模板		标准活动清单或以往项目的部分活动清单,经常可用做新项目的模板模板还可用来识别典型的进度里程碑
23	紧前关系绘图法(PDM)		用于关键路径法(CPM)是一种用方框或矩形(称为节点)表示活动,用箭线(表示活动之间的逻辑关系)连接活动的项目进度网络图绘制法
24	确定依赖关系	强制性依赖关系	强制性依赖关系又称硬逻辑关系,是合同所要求的或工作本身的内在性质所决定的依赖关系
		选择性依赖关系	选择性依赖关系又称首选、优先、软逻辑关系它是基于具体应用领域的最佳实践或项目的某种特殊性它影响总浮动时间,应全面记录和快速跟进
		外部依赖关系	项目活动与非项目活动之间的依赖关系,此关系不在项目团队的控制范围内
25	利用时间提前量与滞后量		利用时间提前量,可以提前开始紧后活动;利用时间滞后量,可以推迟开始紧后活动
26	进度网络图模板		利用标准化的进度网络图模板来加快项目活动网络图的编制速度
27	自下而上估算		将活动细分,然后估算资源需求,再求汇总,得到每一个活动的资源需求

(续表)

序号	名称	小分类	描述
28	储备分析		在进行持续时间估算(成本)时,需考虑应急储备(时间储备或缓冲时间或应急补贴)与管理储备用来应对进度方面的不确定性
29	进度网络分析		通过多种分析技术,如关键路径法、关键链法、假设情景分析和资源平衡等,来计算项目活动未完成部分的最早与最晚开始日期,以及最早与最晚完成日期
30	关键路径法		在不考虑任何资源限制的情况下,沿着项目进度网络路径进行顺推与逆推分析,计算出全部活动理论上的最早开始与完成日期、最晚开始与完成日期
31	资源平衡		如果共享或关键资源的数量有限或只在特定时间可用,或者为了保持资源使用量处于恒定水平,则需要进行资源平衡
32	假设情景分析		根据假设情景分析的结果来评估项目进度计划在不利条件下的可行性,以及为克服或减轻意外情况的影响而编制应急和应对计划
33	进度压缩	赶工	通过权衡成本与进度,确定如何以最小的成本来最大限度地压缩进度如批准加班、增加额外资源或支付额外费用,可能会导致风险和/或成本的增加
		快速跟进	把正常情况下按顺序执行的活动或阶段并行执行只适用于通过并行活动来缩短工期
34	进度计划编制工具		用活动清单、网络图、资源需求和持续时间等作为输入,自动化的进度计划编制工具能够自动生成活动的开始与完成日期,从而加快进度计划的编制过程
35	绩效审查		指测量、对比和分析进度绩效,如实际开始和完成日期、已完成百分比以及当前工作的剩余持续时间
36	质量成本		质量成本(COQ)是指在整个产品生命周期中的与质量相关的所有努力的总成本它包括为预防不符合要求、为评价产品或服务是否符合要求以及因未达到要求(返工)而发生的所有成本
37	项目管理估算软件		项目管理估算软件(如成本估算应用软件、电子表格软件、模拟和统计软件等)对辅助成本估算起作用
38	卖方投标分析		在成本估算过程中,可能需要根据合格卖方的投标情况来分析项目成本
39	成本汇总		以WBS中的工作包为单位对活动成本估算进行汇总,然后再由工作包汇总至WBS的更高层次(如控制账户),并最终得出整个项目的总成本
40	历史关系		有关变量之间可能存在一些可据以进行参数估算或类比估算的历史关系基于这些历史关系,利用项目特征(参数)来建立数学模型,预测项目总成本类比模型或参数模型的准确性及所需成本可能变动很大,但最为可靠
41	资金限制平衡		根据对项目资金的任何限制来平衡资金支出
42	挣值管理		综合考虑项目范围、成本与进度指标,帮助项目管理团队评估与测量项目绩效和进展EVM的原理适合任何行业的任何项目,同时计算并监测以下关键指标:PV、EV、AC;还监测偏差:SV、CV;还监测指数:SPI、CPI

(续表)

序号	名称	小分类	描述
43	预测EAC	新估算	根据已有的经验为剩余项目工作编制一个新估算：EAC=AC+自下而上的ETC，项目会产生额外的成本
		按预算单价	预计未来的全部ETC工作都按预算单价完成：EAC=AC+BAC-EV，只有在进行项目风险分析并取得有力证据后，才能做改进假设
		以当前CPI	ETC工作将按项目截至目前的累计成本绩效指数(CPI)实施：EAC=BAC/累计CPI
		SPI与CPI同存	分别给CPI和SPI赋予不同的权重，EAC=AC+[(BAC-EV)/(累计CPI*累计SPI)]
44	完工尚需绩效指数(TCPI)		TCPI=剩余工作(BAC-EV)/剩余资金{(BAC-AC)或(EAC-AC)}
45	绩效分析方法	偏差分析	在EVM中，它是指实际项目绩效与计划或预期绩效相比较成本与进度偏差是通常最需要分析的两种偏差
		趋势分析	趋势分析指在审查项目绩效随时间的变化情况，以判断绩效是正在改善或正在恶化
		挣值绩效分析	将基准计划与实际进度及成本绩效相比较
46	风险类别		按风险的来源对风险所做的分类风险来源包括技术、项目管理、组织或项目组织外部对风险分类目的是便于进行风险分析和进一步的风险管理
47	审计		审计是由国家授权或接受委托的专职机构和人员，依照国家法规、审计准则和会计理论，运用专门的方法，对被审计单位的财政、财务收支、经营管理活动及其相关资料的真实性、正确性、合规性、合法性、效益性进行审查和监督，评价经济责任，鉴证经济业务，用以维护财经法纪、改善经营管理、提高经济效益的一项独立性的经济监督活动
48	控制图	石川七大工具之二	用来确定一个过程是否稳定，或者是否具有可预测的绩效对于重复性过程，控制界限通常设在-/+3西格玛的位置，当某个数据点超出控制界限，或连续7个点落在均值上方或下方时，则认为过程已经失控
49	标杆对照		将实际或规划中的项目实践与可比项目的实践进行对照，以便识别最佳实践，形成改进意见，并为绩效考核提供一个基础这些可比项目来自执行组织内部或外部，也可以来自同一或不同应用领域
50	实验设计		实验设计(design of experiment, DDE)用来识别哪些因素会对正在开发的流程或正在生产的产品的特定变量产生影响应在规划质量过程中使用DOE来确定测试的类别、数量，以及这些测试对质量成本的影响
51	统计抽样		统计抽样指从目标总体中选取部分样本用于检查抽样的频率和规模应在规划质量过程中确定，以便在质量成本中考虑测试数量和预期废料等
52	流程图	石川七大工具之三	对一个过程的图形化表示，用来显示该过程中各步骤之间的相互关系

(续表)

序号	名称	小分类	描述
53	专用的质量管理方法		六西格玛、精益六西格玛、质量功能展开及CMMI等
54	其他质量规划工具		头脑风暴、亲和图、力场分析、名义小组技术、矩阵图、优先矩阵
55	质量审计		一种独立的结构化审查，用来确定项目活动是否遵循了组织和项目的政策、过程与程序
56	过程分析		按照过程改进计划中概括的步骤来识别所需的改进过程分析包括根本原因分析，它用于识别问题，探究根本原因，并制定预防措施的一种具体技术
57	因果图	石川七大工具之一	石川图或鱼骨图，直观地显示各种因素如何与潜在问题或结果相联系
58	直方图	石川七大工具之四	一种垂直的条形图，显示特定情况的发生次数直方图用数字和柱形的相对高度，直观地表示引发问题的最普遍原因
59	帕累托图	石川七大工具之五	一种按发生频率排序的特殊直方图，显示每种已识别的原因分别导致了多少缺陷排序的目的是指导如何采取纠正措施帕累托法则往往也称为二八原理
60	趋势图	石川七大工具之六	相当于没有界限的控制图，反映某种变化的历史和模式它是一种线形图，可以显示随时间推移的过程趋势、过程变化，或者过程的恶化和改进情况
61	散点图	石川七大工具之七	散点图显示两个变量间的关系需要在散点图上标出因变量和自变量数据点越接近对角线，两个变量之间的关系就密切
62	组织结构图与职位描述	层级型	采用传统组织结构图，以图形方式自上而下地显示各种职位及其相互关系，如工作分解WBS
		矩阵型	显示工作包或活动与项目团队成员之间的联系
		文本型	以概述的形式，提供诸如职责、职权、能力和资格等方面的信息，如职位描述、角色—职责—职权表
	组织结构图与职位描述	其他部分	与管理项目有关的某些职责，可以在项目管理计划的其他部分列出并解释
63	人际交往		在组织、行业或职业环境中与他人的正式或非正式互动人际交往活动包括主动写信、午餐会、非正式对话(如会议和活动)、贸易洽谈会和座谈会等
64	组织理论		阐述个人、团队和组织部门的行为方式
65	预分派		预分派即事先选定的，如竞标过程中的承诺、项目取决于特定人员的专有技能、项目章程中指定等
66	谈判		人员分派是通过谈判完成的，如项目管理团队与职能经理、执行组织中的其他项目管理团队、外部组织、卖方、供应商、承包商等
67	招募		如果执行组织内部缺少完成项目所需的人员，可从外部获得所需的服务，如咨询师或把相关工作分包给其他组织
68	虚拟团队		具有共同目标、在完成角色任务的过程中很少或没有时间面对面工作的一群人使用电子通信工具(如电子邮件、电话会议、网络会议和视频会议等)使虚拟团队成为可行在此环境中，沟通规划更为重要

(续表)

序号	名称	小分类	描述
69	人际关系技能		人际关系技能即软技能通过了解项目团队成员的感情、预测其行动，了解其后顾之忧，并尽力帮助解决问题，项目管理团队可大大减少麻烦并促进合作
70	培训		培训指提高项目团队成员能力的全部活动
71	团队建设活动		团队建设活动可以是议程或体验活动，其目的是帮助各团队成员更加有效地协同工作最重要是：把项目团队问题当作"团队的问题"加以讨论和处理团队建设的五个阶段长短取决于团队活力、团队规模和团队领导力
72	基本规则		制定基本规则，对项目团队成员的可接受行为做出明确规定尽早制定，可减少误解，提高生产力
73	集中办公		把许多或全部最活跃的项目团队成员安排在同一个物理地点工作，以增强团队工作能力
74	认可与奖励		需要对成员的优良行为给予认可与奖励奖励分有形奖励和无形奖励两种
75	观察和交谈		随时了解项目团队成员的工作和态度
76	项目绩效评估		开展正式或非正式的项目绩效评估取决于项目工期长短、项目复杂程度、组织政策、劳动合同要求以及所需定期沟通的数量和质量等因素其目的：澄清角色与职责，向团队成员提供建设性反馈，发现未知或未决问题，制订个人培训计划，以及确立未来各时期的具体目标
77	冲突管理		冲突是指人们由于某种抵触或对立状况而感知到的不一致的差异 冲突管理指在一定的组织中对各种冲突的管理
78	问题日志		问题日志能记录并帮助监控谁负责在目标日期之内解决某个特定问题
79	干系人分析		第一步，识别全部潜在项目干系人及其相关信息，如他们的角色、部门、利益、知识水平、期望和影响力；第二步，识别每个干系人可能产生的影响或提供的支持，并把他们分类，以便制定管理策略；第三步，评估关键干系人对不同情况可能做出的反应或应对，以便策划如何对他们施加影响，提高他们的支持和减轻他们潜在的负面影响
80	沟通需求分析		确定项目干系人的信息需求，包括信息的类型和格式，以及信息对干系人的价值
81	沟通技术		影响项目的因素：信息需求的紧迫性、可用技术、预期的项目人员配备、项目的持续时间、项目环境
82	沟通模型		基本沟通模型关键要素：编码、信息和反馈信息、媒介、噪声和解码
83	沟通方法	交互式沟通	在双方或多方之间进行多向信息交换这是确保全体参与者对某一话题达成共识的最有效方法，包括会谈、会议等
		推式沟通	把信息发送给需要了解信息的特定接收方它能确保信息发布，但不能确保信息到达目标受众或信息已被目标受众理解它包括信件、备忘录、报告、电子邮件、传真、语音邮件、新闻稿等
		拉式沟通	在信息量很大或受众很多的情况下使用它要求接收方自主、自行地获取信息内容，包括企业内网、电子在线课程等

(续表)

序号	名称	小分类	描述
84	管理技能		指导和控制一群人，以便协调他们的行为来完成个人无法完成的目标，包括演示技能、谈判、写作技能、公开演讲
85	预测方法	时间序列方法	以历史数据为基础来估算未来结果，包括挣值、移动平均数、外推法、线性预测、趋势估算以及成长曲线法等
		因果/计量经济学方法	找出影响被预测变量的根本因素，使用这种因果关系，可先估计自变量的值，以此来预测因变量其包括回归分析(线性回归或非线性回归)、自动回归移动平均数(ARMA)以及经济计量方法
		判断方法	直觉判断、主观判断和概率估算的综合，包括组合预测、调查、德尔菲法、情景规划、技术预测和类比预测
		其他方法	其他方法包括模拟预测、概率预测和总体预测
86	报告系统		项目经理获取、存储和向干系人发布项目成本、进度和绩效信息的标准工具
87	自制或外购分析		用来确定某项工作最好是由项目团队自行完成，还是必须从外部采购预算制约因素可能影响自制或外购决策；自制或外购分析应考虑全部相关成本，包括直接成本与间接成本
88	合同类型		买卖方的风险分担由合同类型决定
89	投标人会议		在投标书或建议书提交之前，在买方和所有潜在卖方之间召开的会议，其目的是保证所有潜在卖方对本项采购(包括技术要求和合同要求)都有清楚且一致的理解，保证没有任何投标人会得到特别优待
90	建议书评价技术		对于复杂的采购，如果要基于卖方对既定加权标准的响应情况来选择卖方，则应该根据买方的采购政策，规定一个正式的建议书评审流程
91	独立估算		采购组织可以自行编制独立估算，或者邀请外部专业估算师做出成本估算，并将此作为标杆，用来与潜在卖方的应答做比较
92	广告与互联网		在大众出版物或专业出版物上刊登，或互联网上快速找到现品，并以固定价格订购
93	采购谈判		指在合同签署之前，对合同的结构、要求以及其他条款加以澄清，以取得一致意见谈判的内容应包括责任、进行变更的权限、适用的条款和法律、技术和商务管理方法、所有权、合同融资、技术解决方案、总体进度计划、付款以及价格等谈判过程以形成买卖双方均可执行的合同文件而结束对于复杂的采购，合同谈判可以是一个独立的过程，有自己的输入(如各种问题或待决事项清单)和输出(如记录下来的决定)
94	合同变更控制系统		规定了修改合同的流程，包括文书工作、跟踪系统、争议解决程序，以及各种变更所需的审批层次
95	采购绩效审查		它是一种结构化审查，旨在依据合同来审查卖方在规定的成本和进度内完成项目范围和达到质量要求的情况，包括买方开展的检查、对卖方所编相关文件的审查，以及在卖方实施工作期间进行的质量审计
96	检查和审计		根据合同规定，由买方开展相关的检查和审计，可以验证卖方的工作过程或所完成的可交付成果对合同的遵守程度
97	绩效报告		向管理层提供关于卖方正在如何向合同目标迈进的信息

(续表)

序号	名称	小分类	描述
98	支付系统		首先由项目团队中具有相应权力的成员证明卖方已经令人满意地完成了相关工作；然后，通过买方的应付账款系统向卖方支付所有支付都必须严格按照合同条款进行并加以记录
99	索赔管理		有争议的变更也称为索赔、争议或诉求在整个合同生命周期中，通常应按照合同规定对索赔进行记录、处理、监督和管理如果合同双方无法自行解决索赔问题，则需要按照合同中规定的替代争议解决(ADR)程序进行处理谈判是解决所有索赔和争议的首选方法
100	记录管理系统		记录管理系统用来管理合同、采购文件和相关记录它包含一套特定的流程、相关的控制功能以及作为项目管理信息系统一部分的自动化工具它包含可检索的合同文件和往来函件档案
101	采购审计		采购审计是指对从规划采购过程到管理采购过程的所有采购过程进行结构化审查其目的是找出可供本项目其他采购合同或执行组织内其他项目借鉴的成功经验与失败教训
102	协商解决		在每个采购关系中，通过谈判公正地解决全部未决事项、索赔和争议，都是一个重要的目标如果通过直接谈判无法解决，则可以尝试替代争议解决(ADR)方法，如调解或仲裁如果所有方法失败了，则只能选择向法院起诉这种最不可取的方法